新世纪高等学校教材

北京高等教育精品教材

历史学基础课系列教材

中国历史文选（上册）

ZHONGGUO LISHI WENXUAN

汝企和　主　编

张　升　副主编

北京师范大学出版集团
BEIJING NORMAL UNIVERSITY PUBLISHING GROUP
北京师范大学出版社

图书在版编目（CIP）数据

中国历史文选·上册／汝企和主编.—北京：北京师范大学出版社，2008.11（2008.11 重印）
（新世纪高等学校教材，历史学基础课系列教材）
ISBN 978-7-303-09489-9

Ⅰ.中… Ⅱ.汝… Ⅲ.史籍－中国－古代－高等学校－教材 Ⅳ.K204

中国版本图书馆 CIP 数据核字（2008）第 135605 号

营销中心电话 010-58802181 58805532
北师大出版社高等教育分社网 http://gaojiao.bnup.com.cn
电子信箱 beishida168@126.com

出版发行：北京师范大学出版社 www.bnup.com.cn
北京新街口外大街 19 号
邮政编码：100875
印　　刷：北京联兴盛业印刷股份有限公司
经　　销：全国新华书店
开　　本：170 mm × 230 mm
印　　张：13.25
字　　数：234 千字
版　　次：2008 年 11 月第 1 版
印　　次：2008 年 11 月第 3 次印刷
定　　价：24.00 元

策划编辑：李雪洁　　责任编辑：李雪洁
美术编辑：毛　佳　　装帧设计：高　霞
责任校对：李　菡　　责任印制：李　啸

北京师范大学新世纪历史学教材编辑委员会

修订说明

在北京师范大学的百年发展历程中，历史学科一直占有重要地位。经过几代人的不懈努力，今天的北师大历史学系业已成为国内历史教学和科研的重要基地，不仅学术上出精品，而且注重教学改革，更新教学内容与课程体系，完善课程结构。

历史学系的教学改革前后历时20年，启动于20世纪80年代，深化于20世纪90年代。20世纪80年代的教学改革由著名历史学家白寿彝先生主持，重点放在教学内容和课程体系方面，因具开创性而获得1989年国家级优秀教学成果一等奖。进入20世纪90年代后，教学改革继续深化。为了加强基础课教学，完善学生的知识结构，并与历史学系进入“国家文科基础学科人才培养和科学研究基地”的教学需求相配合，我系组织教师编写并出版了一套历史学专业基础课教材。这套教材涵盖了历史学科各门主干课程的内容，基本满足了本科阶段历史学专业学生的学习需要，在系内的多轮使用中，得到学生的广泛好评。同时，由于具有编审谨严、结构合理、分量得当、适应面广的优势与特色，这套教材在各高校历史学科受到普遍欢迎。

时至今日，伴随着改革开放步伐的加快，历史学系又在调整自己的战略目标，根据自己的学科优势与特色设计发展之路。按照学校的部署，组建了新世纪历史学教材编辑委员会，在北京师范大学出版社的大力支持与配合下，首先着手对20世纪90年代编写出版的历史学基础课教材进行修订，力求通过高水平教材的修订与使用，促进教学质量的提高和新的人才培养目标的实现。这次修订，仍坚持以历史唯物主义作为指导思想的原则，结合学术发展与教学改革的需求，加入新的学术成果与教学理念，以顺应当今高等教育和历史学科教育教学的发展趋势，为21世纪的大学历史教育提供一套较为新颖、完善且适用面广的基础课教材。考虑到这套教材已具备的特色与优势，所以总体框架上不拟作过多更动。具体而言，原有章、节、目结构大体不变，正文中根据内容需要附插图、地图，每章之后附有若干思考题，全书后选附大事年表、中英文译名对照表和参考书目等栏目。根据学校新的教学计划，个别书名作了调整。

本次修订，虽作了部分更动，一些方面得以完善，但疏漏之处仍在所难免，还望方家不吝赐教。

北京师范大学新世纪历史学教材编辑委员会

2004 年 **5** 月

再版前言

本部教材首次出版于1999年，迄今将近十年。总体来说，这一教材最大的特色是以文字学、音韵学、训诂学（此三学古代合称“小学”）内容统领全书。这主要基于如下考虑：课程目的的要求，大学课程与中学课程质的区别，以往教学实践的启示和中学文言文课水平的不断提高。

对“中国历史文选”的课程目的，学术界历来看法不一（这些歧异观点集中反映于两辑《中国历史文选教学研究》和已出版的各教材之中）。我们认为，这门课是历史系的语言工具课，并以此为出发点来设计这门课程的内容。无论学习何种语言，最基本因素皆为字词和语法，古汉语亦不例外。古汉语语法与现代汉语有着千丝万缕的联系，而许多古汉语语言现象又非语法所能涵盖，因此古汉语字词问题就显得更为突出。以往的教学实践充分表明：对于古汉语特有的语法规律，学生掌握起来比较容易，短时间内就能有较大提高，而字词方面若想有明显进步，则须长时间积累。语言大师王力先生曾在《古代汉语的学习和教学》中指出：“我们在研读古代汉语的时候，……应该首先抓哪一方面呢？我想应该先抓词汇方面……语法方面固然很重要，但是由于语法是比较稳固的，古今差别不大，只消知道几个粗线条，再学习一些古代虚词，也就差不多了。至于词汇，它是变化比较快的，……所以先抓词汇方面是对的。”

要掌握字词，不外乎形、音、义三个方面。众所周知，古人对汉字的形、音、义，千百年来已作了极为深入的研究，其成果集中反映于文字学、音韵学、训诂学当中。这三项专门之学作为本科生课程，一向由中文系开设，历史系本科生迄今很少有设这些课的。然而作为历史系的语言工具课——“中国历史文选”的教学，适当引入“小学”的实用部分却完全必要。

“中国历史文选”与中学的文言文课紧密相连，作为大学课程，除在量的方面大大扩展外，与中学课程质的不同在于：大学除传授知识外，还要教给学生学习方法（用现在常讲的话说，即要提高学生的能力）。而“小学”的研究成果，恰为驾驭古汉语字词提供了最佳途径。学生掌握了这“三学”的实用部分，就可对每个汉字有非常深刻的理解，从而不但可准确把握每个字的各种含义，而且还可举一反三，即在离开教师之后仍能运用这些知识不断提高古汉语水平。正如刘家和先生指出的："这种方法给予学生的就不止是一杯水或一桶水，而是给了他们长流水的水源。"刘先生的话，指出了"中国历史文选"的发展方向。

实践是检验真理的唯一标准。以往的实践表明，引入"小学"知识确为解决"文选"教学难点的有效手段。从上述两部论文集中不难看出，有不少同行在这方面已作出宝贵探索。如陈虹先生在《历史文选与古代汉语》一文中，以数则精彩例证，说明运用音韵学知识可使教学中的疑难迎刃而解。她在文中总结道："音韵学这把钥匙，就是这样为同学们打开了众多的知识大门。"在1997年全国"中国历史文选"教学研讨会上提交的《历史系古代汉语教学之我见》一文中，她更进一步总结出运用"小学"内容教学的方法，即文字学方面，"第一是要讲透每个汉字部首的含义"，"第二则要讲清汉字字形在历史长河中的诸次演变"；音韵学方面，"形声字、多音字则同样可以利用来作为（音韵学）明白易懂的范例"，等等。

孙绍华先生也在《历史文选教学中的辩证法》一文中指出："学生自从掌握了钱大昕在声母上的新发现：'有舌头，无舌上，有重唇，无轻唇'之后，对大量类似'匪'读'彼'以及据此形成的通假关饔，几乎是一点即通。""由于平时在教学中，对于阅读古籍，强调要善识通假，运用古音韵知识解决疑难，引导学生从音韵角度切入，问题往往迎刃而解。"她还明确提出了要"从汉字的实际出发，充分发挥文字、音韵、训诂之学的功用"的观点（见《中国历史文选教学研究》第2辑）。1997年的研讨会上，梅显懋先生亦在《浅谈启发式原则在中国历史文选教学中的运用》一文中指出："当教师综合运用文字、音韵、训诂等知识来疏通文义时，学生往往表现出极大兴趣。"此外，论及在教学中运用"小学"知识的，还有刘启林先生的《中国历史文选教学法摭言》等文章。总之，以往的大量实践雄辩地证明：将"小学"知识引入课堂，不但完全可能，且已取得非常好的效果。

近年来中学文言文课水平不断提高，已发生很大变化。对于这些变化，有人进行了深入研究与精确统计，并编纂成《中学文言文索引词典》。编者的编纂动机，就是因发现"十年间（大学古代汉语）的教学效果之所以愈来愈不能尽如人意，关键在于我们对中学的实际情况不明，教学的立足点与出发点偏低了"，因此，"为了深入准确地了解中学文言文教学的现状"，"特地"编修此书。（本段与下段引文皆见韩峥嵘先生《古汉语文献导读》之"前言"）这部词典"把选入初、高中语文课本的一百九十二篇诗文所出现的全部词语和句子收揽无余"，而且对"中学语文课文言课文的词汇蕴含量"进行了"精确统计"："其总量为八千六百二十四个，去掉人名、地名则为七千三百九十四个，其中单音词为三千三百四十二个，复音词为三千八百六十九个”。词典作者还将这些数字与迄今影响最大的古汉语课本——王力先生的《古代汉语》进行比较，其结果为：“《古代汉语》为二百六十一篇，中学语文课本为一百五十篇，在《古代汉语》所选的二百六十一篇诗文中，有三十二篇已为中学语文课本所选，占百分之十二点三。”更重要的是：“《古代汉语》所要求学生注意掌握的一千一百二十三个常用词，只有七十五个不见于中学课本，仅为其百分之六点八。”据此，韩先生得出的结论是：“以上几点足以说明，中学语文的文言文部分比重大大增加，教学相当深入，已经和前些年不可同日而语了。”“根据中学文言文教学的深化，古代汉语教学的立足点、出发点必须相应提高这个实际情况，我们认为现行的古代汉语教材是需要更新的。”此文虽为中文系教授所作，但文章对中学有关情况的统计与分析，对“中国历史文选”课同样具有深刻意义，因为两系学生在中学的文言文基础完全相同。我们也必须考虑当前中学的情况，在教材中作出相应变化。

从上述统计中还可看出，中学文言文教学的发展，主要体现在量的方面，如文中“揭示”了“几个常用文言虚词在中学课本中出现的次数”：“之，二千二百五十次；其，七百六十八次；者，七百六十一次；所，三百三十九次……”这些数字生动表明：中学教学已为学生提供了比十年前丰富得多的感性知识，而大学的古汉语教学则应在质的方面有所提高，即更加着力于将学生丰富的感性认识上升到理性高度，而“小学”知识恰是对汉字形音义的理论总结。因此如果说，二十几年前将“小学”内容引入“中国历史文选”教学尚为时过早的话，那么今天，引入“小学”内容已变得日益迫切了！

本教材突出上述特色的尝试主要体现在如下四方面：

第一，知识介绍。我们将文字学、音韵学、训诂学中实用的内容深入浅出地摘编为短文，置于每册书之首，并精选历代名家关于小学的论述若干篇，附于短文之后。讲课时，将上述内容适当穿插于各篇课文之间进行讲解（其中易懂者则作为练习让学生翻译）。这样安排，首先是将“小学”知识摆在课本最突出的位置，以引起学生充分重视。而更为重要的是切实以这些知识贯穿全部教学始终，以使学生逐步加深理解，从而最终达到能独立运用这些知识来解决阅读中难题的目的。

第二，选篇。我们所选名篇，多为先秦、两汉之作，如前四史、子书和大部分经书等，这些名篇恰为中国历史上被后世学者注释最多的篇章。如《周易》一书，几千年来对其诠释、研究之书竟达三千余种，在这方面古今中外没有哪一部著作可以与之相媲美，堪称世界之最。对其他名篇的注释也往往超过原文几倍、几十倍，这些注释是“小学”资料的渊薮，且具有一定的权威性。因此选这些篇章，非常便于教师展开讲授“小学”内容。

第三，注释。我们在新教材注释中也注意引入“小学”方法。如《尚书·牧誓》的第一句为“时甲子昧爽”，其中“昧”为“暗”，学生容易理解，而“爽”为“明”则不易懂，我们在注释中指出：“爽，会意字，字形像古代窗棂，其空白处表示透进的光。”与仅仅注“爽”为“明”相比，这样注释显然可使学生对字义的理解深刻得多。又如《书教下》引《易系辞》的“（易）穷则变”一句，“穷”很容易被误解为“贫穷”。我们在注释中指出：“穷，身躬于穴，表示无出路之意。”这样从字形中分析字义，生动形象，可给学生留下深刻印象。

第四，实习系列。以往教科书中，仅有几部有练习题，罕有安排实习者。我们于1994年设立文献实习室，故此次新编教材，首辟实习系列。该系列前两单元为实习如何使用工具书，后几单元则是实习如何从文字学、音韵学、训诂学的角度剖析与理解汉字。

笔者认为，大学学生在四年内能学会使用多少种工具书，是其学术水平高下的主要标志之一。多掌握一种工具书，其自学能力便增长一分，这对古汉语学习尤为重要。要想真正掌握“小学”知识，有些工具书（如《辞源》《说文解字》《古文字类编》，等等）必须学会使用。以前课上我们也向学生介绍工具书，但由于没有教师指导下的实习，对一些较复杂工具书的使用，学生课上似乎学会了，但课后仍不会查。近年来我们在实习室内带领学生查找工具书，对于查找过程中出现的问题，教师当堂即给予指导和解决，这样学生很快便可掌握。

文字学、音韵学、训诂学本身即为实践性较强的学科，白兆麟先生曾指出：“显然，综合性和实用性是这门学科（指训诂学）的两大特征。”（见《简明训诂学》之《导论》）我们向学生介绍时，又偏重于其实用部分，因此要掌握这些内容，实习就显得格外重要。这次新编教材，我们制订出围绕“小学”知识的实习系列内容，并将其按文字学、音韵学、训诂学的次序分置于两册之中。

在选篇方面，这部教材也有一些与其他选本的不同之处。

第一，首次选入“小学”篇章（详见上文）。

第二，首次遍选四书五经。以往的二十多种教材，无一例外都选了经书，但对群经之首的《周易》却很少有人问津；选《论语》《孟子》者甚多，而选取《大学》《中庸》者亦鲜有闻。这次我们不但选入《周易》，且全文选入《大学》和《中庸》，从而使本书成为遍选四书五经的第一种选本。

众所周知，自汉武帝独尊儒术以来，五经就成为历代选官取士的必考内容。两千年来中华大地上每一位知识分子，特别是管理者与各方面的杰出人物，无不自幼苦读经书，将其内容烂熟于胸。中国封建社会国家机器的各层管理者——从天子到大臣，直至县乡官吏，亦无不尊奉经书为其统治的最高指南。四书为南宋大理学家朱熹选定，其《四书章句集注》也成为后世知识分子必读之书。元皇庆二年（公元1313年）十一月，元仁宗下诏定考试科目曰："考试程式，……《大学》《论语》《孟子》《中庸》内出题，并用朱氏《章句集注》……"（《元史》卷八十一《选举志》）自此后考试皆在四书范围内出题，明清数百年间一仍此例。故四书对中国六百年封建社会后期的影响，亦为其他任何文献所无法相比的。四书五经的思想，已溶入千百年来知识分子，特别是国家各级管理者的血液之中，成为指导他们处理一切国政大事的最高原则。从这一事实得出的必然结论是：五经（后期包括四书）是对中国封建社会历史发展影响最为深刻的文献，因此也应是我们《中国历史文选》应首先考虑选入的篇章。

"中国历史文选"课的早期开拓者一直在考虑如何使这门课更好地为学生学习历史服务，但其效果正如白寿彝先生所指出的："最初是强调跟中国古代史相配合。做了一个时期，大家都感觉到这个办法行不通。文选的一篇文章，往往需讲上一两个星期，古代史的几百年过程有时一两个小时就可以讲完，这两门课说什么也配合不上。"笔者认为，选学四书五经，就是将《中国历史文选》与中国古代史真正配合的方法——这是一种高层次的配合，有了这种配合，才能对千百年来中国各级统治者共同尊奉的指导思想有较全面的了解，从而也才有可能对其间的社会变化取得更深层次的理解。

第三，首次选入佛经、道藏。随着改革开放的深入，我国史学界逐渐拓宽眼界，将研究触角深入到社会各个领域和层面。我们这次编修，除注意选取竹简、诏令奏议、笔记文集、类书等篇章外（甲骨文、金文已成专门之学，故未选），还特选佛经、道藏各一篇。

佛教自东汉传入华夏大地，近两千年来对中国社会产生了极为深刻的影响，从最高统治者到庶民百姓，或多或少都要受到其直接、间接的影响（笔者认为，对反宗教者来讲，宗教同样对他们产生了很大影响，只是影响的性质不同而已）。道教是中国土生土长的宗教，中国古代统治思想、伦理学乃至养生学等，无不带有其印迹，历史上以道教为旗号的大规模农民起义也为人所共知。人们常以儒、释、道三者并举，就说明在中国历史上，这三者皆起过不容忽视的重大作用。因此要想真正理解中国社会的发展变化，亦须对释、道有所了解。

近代以来，不少史学巨匠已将研究触角深入宗教领域。如陈垣先生曾撰写《明季滇黔佛教考》《清初僧诤记》《中国佛教史籍概论》等专著。（见《中国佛教史籍概论》）他还撰写了《南宋初河北新道教考》，对道教亦有所探研。当代著名史学家何兹全先生、刘家和先生等也都对释教有所研究，并撰写了重要论文。我们的《中国历史文选》不可能全面介绍释、道二教，然让学生了解佛经、道藏亦为重要史料，却十分必要。我们选入佛经、道藏，正是基于这种考虑。

第四，别具特色的白文选篇。与以往相比，本教材中的白文选篇有两个特点，一为所选之书皆与前面所注释之书不同，这样可使学生接触更多史籍，拓展其史学眼界；二为对习见史书，注意选取其最具特色的篇章。

在教材的使用过程中，教育界发生了很大变化，为使我们的教学与时俱进，在保持上述特色的前提下，本次修订主要做了以下工作：

第一，将近年来的科研成果转化为新教材的内容。

近十年来笔者对术数文化进行了较为深入的研究，从而纠正了原书中注释欠妥之处，如对原第2册41页《史记·秦始皇本纪》中"始皇推终始五德之传，以为周得火德，秦代周德，从所不胜"的注释进行了修正。

同样，由于笔者近年来对《周易》进行了研究，从而发现了原注释中的问题，如对原第2册112页《汉书·艺文志序》中"于是始作八卦……以类万物之情"的注释作了修改。

第二，删繁就简。

为适应多数院校的教学情况，在保持原书优点的基础上，将原书的三册缩编为两册，将选篇内容压缩约40万字，使之更为精练；同时将原书的繁体字改为简体字，而辨识繁体字的任务则由实习课与作业来承担。这两项重大的改变，使这部教材适合于多数院校的实际情况，因此使之更适于推广。

第三，纠正原书印刷中的错字与标点。

本书初版之前，为保证高质量，责任编辑、笔者与校对工人先后进行了五次认真的校对，然而可能是由于当时激光照排技术的问题，书内仍然出现一些匪夷所思的错误，如将"虞国"误为"覩国"（第1册200页），将"行义"误为"行乌"（第1册249页），将"凭证"误作"韀证"（第2册56页），将"千里"误为"千飏"（第3册53页）等。这些显然不是常见的因形似、音似而造成的谬误。这次修订，经过认真的校对，纠正了原书中的上述谬误，进一步保证了教材的质量。

修订过程中，还将原书中注释超过30条的段落进行分段处理，使注释与原文衔接得更为紧密，从而更便于阅读。

编写这样一部涉及许多专门之学的教材，不当之处在所难免，诚望前辈、同仁不吝赐教。

汝企和

2008年2月

目　录

汉字的形体

所谓汉字的形体，就是指汉字的外形或体式。几千年来，汉字的形体发生了很大变化，大致可分为三个阶段。一是由商代的甲骨文、周代的金文、籀文和古文变为秦代的小篆；二是由秦代的小篆变为汉代的隶书；三是由汉代的隶书变为魏晋以后的楷书。汉字从甲骨文到小篆，可统称为古文字；隶书以后可统称为今文字。

甲骨文

这种文字因刻在龟甲、兽骨上而得名。又因这种文字主要用于占卜，所以也有人将其内容称为甲骨卜辞。甲骨文已摆脱了原始的孤立的象形符号，而形成了较完整的文字体系，这是因为：第一，甲骨文尽管有些字象形成分很重，但它们毕竟是一种文字符号了。作为文字，必须具备三个条件：稳定的字形、固定的读音和确切的字义。这些条件甲骨文都已具备了。第二，从造字方法上看，若暂且抛开转注不论，则其他五种造字方法，即象形、指事、会意、形声、假借，在甲骨文中皆已存在。第三，从数量上看，甲骨文的字数已相当可观。据《甲骨文编》（1965 年新版）统计，共 4672 字。而当时的实际数字显然要比这个数字大得多。

金　文

这种文字因主要是铸刻在钟鼎一类金属器皿上而得名，又叫钟鼎文或铜器铭文。迄今已发现的铸有铭文的铜器，已超过七千件，其中以西周时期的居多。

金文与甲骨文在形体上十分相似，从历史上讲，二者有直接的承袭关系。与甲骨文相比，金文形体的特点是笔画预粗，大小匀称，结构也日趋方整。

籀文　古文　小篆

籀文是春秋战国时代流行于秦国的一种文字，相传为周宣王时太史籀所造，故名。籀文就是通常所说的大篆。我们今天仍能从许慎的《说文解字》中见到籀文的字体。古文是战国时通行于东方六国的文字。因这种文字出现于汉代时发现的一批古文献上，与当时的籀文形体不同，故而有人以为是仓颉所造，孔子所传，因此叫古文。《说文》中收录的古文约有五百字。

小篆是秦代文字。秦统一六国后，在省改籀文的基础上创小篆，同时废除六国文字，使汉字写法整齐划一。小篆又叫秦篆。《说文》曰："篆，引书也。"段玉裁注："引书者，引笔而著于竹帛也。"因此"篆"无非就是一种书写方式而已。

籀文、古文、小篆的形体特点是：籀文与金文很相似，字形结构繁迭，但形体工整匀称；古文与籀文比，结构要简化许多；小篆形体线条化，整个字形匀圆整齐。

隶书　楷书

隶书起源于秦代，通行于汉代，因最初为徒隶所用，故名。汉字由篆书变为隶书，此即常讲的"隶变"，这是汉字形体与结构上的一次极为重要的变革。隶书是古今文字的分水岭。

楷书是源于汉末而通行于魏晋以后的一种字体。"楷"是楷模之意。楷书实际是隶书的变体、简体。楷书和隶书的区别主要在于形体而不在于结构。与小篆相比，隶书的特点是变圆为方，构件笔画化，形体更加趋于约易；而楷书的形体特点是彻底摆脱了象形文字的束缚，构件彻底笔画化，横平竖直，结构也更加方整、简易。

几千年来，汉字发展的总趋势是由繁变简。虽然汉字的字体几经变化，但它却始终未改变方块字的表意性质。

汉字的构造——六书

"六书"是战国末年到汉代，人们分析汉字的构造和使用而归纳出来的六种条例。

对六书历来有几种不同的说法，最为流行、也是符合汉字实际的一种是："象形、指事、会意、形声、转注、假借"六种。

象形　指事　会意

象形字：指字形像实物之形或该物特征的字。

例如：日、月、水、火，在甲骨文中为：⊖、D、S、凹

象形字比较直观地反映出一字最初的意义。

指事字：指本身是象征性符号或用象征性符号指出形体的某些部位、某个作用的字。

字本身即象征性符号的，如：一、二、三、四、五、六、七、八、九、十，在甲骨文中为：一、=、≡、☰、㐅、介、十、八、九、丨。

用象征性符号指出形体某个部位的，如：本、末，在金文中为木（指出树根的部位）、木（指出树梢的部位）。

会意字：指会合两个或两个以上独体字来表示一个意义的字。如：囚，甲文为囚，会合“人”、“口”表示囚禁。

会意字可以帮助我们认识字的本来意义。如竄，从穴从鼠，因此其本义是用老鼠逃进洞穴中来表示“躲藏”之义，而“逃跑”则是后来的引申义。

上面所举只是这三种字最简单的例子，实际上还有许多变化，就不一一列举了。

象形、指事、会意这三种字既有区别，又有共同特点，即都是建立在象形的基础之上的：指事字的主体仍是象形字，会意字的组成部分也都是象形的独体字。三种字都没有表音的成分。

形声字

形声字是指由表示字义类属部分与表明字音部分组成的字。其中表示字义类属的部分叫“形符”或“义符”，表明字音的部分叫“声符”或“音符”。

形符与声符的组成方式非常灵活，如：

左形右声：江、鞭、桃、论；

左声右形：鸠、和、颔、锦；

上形下声：花、室、篇、窘；

上声下形：召、想、架、盟；

外形内声：街、固、阁、裹；

外声内形：闻、辩、衡、闷。

还有的字声符只占一个角落，如“新”，从木从斤，“辛”声（省），（所以“新”的本意是析木）。可见形声字在造字时，形符和声符的位置非常灵活。

象形、指事、会意都是建立在象形的基础上，因此对许多词，如抽象概念等，无法予以记录。

而形声字就突破了这种限制，一切抽象概念、语言中产生的一切新词，都能用形符和声符相组合的方式把它记录下来。所以在汉字中，形声字占了一半多。

形声字的形符对阅读古书、掌握汉字的本义有一定的作用。一般讲，形符表示出该字的范畴。

如松、柏、杨、柳、杏、梨、桃、橘，其形符说明这些字皆属“树木”的范畴。

又如额、颊、颜、题、领、颠等字，其形符“页”的本义是人的头部，所以这些字的本义都与头有关。

转注与假借

转注是六书中争论最大的问题，历来众说纷纭，至今无法统一。这里只简单介绍一种说法：转注是指同源词，即有共同来源、有亲属关系的词。如天、颠；水，川；火，毁；弱，柔等（详见王力的《同源辞典》）。

“转注”与阅读古书关系不是很直接，而与训诂学关系较密切，故此处不多介绍了（详见本书中蒋礼鸿的文章：《转注的几种解释》）。

假借是指古汉语中用音同或音近的字来表示另一个字的含义这种情况。

假借字义分为两种情况：

一、本有其字的假借：这种情况又称为“通假”。如“畔”同“叛”、“蚤”同“早”、“罢”同“疲”、“被”同“披”、“锡”同“赐”，等等，都是本已有这个字，后来却又以另一个字借用为这个字。

这种假借字产生的原因，一是古人写的别字，时间长了，得到了人们承认，就成为“通假字”。二是各地的不同习惯，这实质上仍是别字。

二、本无其字的假借：虚词中这种情况最多。如“而”本义是胡子，但因说话中“而”字很常用，本来又没有这个字，于是便借用“而”来作这个虚词。又如语气词“与”是借用动词“与”，副词“乃”借用表示出气困难的“乃”，等等。

我们了解“六书”，目的在于掌握汉字构造的类型，从而加深对汉字的理解，更自觉地去区分和把握每个汉字的本义和引申义，识别假借字，提高阅读古书的能力。

经籍纂诂序❶

训诂之学，发端于《尔雅》❷，旁通于《方言》❸，六经奥义，五方殊语，既略备于此矣。嗣则叔重《说文》❹，稚让《广雅》❺，探赜索引，厥谊❻可

---

❶ 《经籍纂诂》，训诂书。清阮元（1764—1849年）主编，106卷。阮元字伯元，江苏仪征人，乾隆进士，官至湖广、两广、云贵总督。阮元于浙江督学任上“总汇名流”四十五人，分书类辑，历时两年编成本书。专训字义，不解字形，不注字音，收字按平水韵韵部排列，一韵一卷，故为一百零六韵。训解、例证全部采自前代文字训诂。作为综合性资料来使用甚为方便，许多资料为其他字书、辞书所不备。对文字本义、转注、假借分析十分精细，是阅读、研究古籍必备的工具书。今存嘉庆十七年（1812年）阮氏原刻本。一九八二年中华书局据此出版精装影印本，订正明显错误，加笔画索引、同字异体表。本次注释即据此本节选。本篇为王引之为《经籍纂诂》所作的序。王引之（1766—1834年）为清代著名训诂学家。字伯申，号曼卿，江苏高邮人，王念孙之子。嘉庆进士，官至工部尚书。长于音韵训诂之学，与父王念孙世称高邮王氏父子。著有《经传释词》《经义述闻》。

❷ 《尔雅》：训诂书，撰者不详。今本为19篇。实为我国第一部词典，对后世影响颇大，为十三经之一。

❸ 《方言》：全称《輶轩使者绝代语释别国方言》。训诂书，为西汉杨雄所撰。13卷（一说原本15卷）。杨雄向集于都城的各地孝廉和士兵调查记录方言，再经整理，前后历时二十七年方成此书。体例与《尔雅》相同。为汉语方言学的第一部著作。是方言史、语音史之重要资料。

❹ 叔重《说文》：即《说文解字》，字书。东汉许慎（约58—147年）撰。15卷，今本每卷分上下，共30卷。许慎字叔重，汝南召陵（今河南郾城）人。此书历时二十二年方成，旨在分析文字形体结构，探究原始意义。为我国第一部字典。对后世影响十分巨大，乃至形成“《说文》学”。至今仍是治古汉语，特别是识读、研究甲、金文的重要工具。

❺ 稚让《广雅》：训诂书，为三国魏张揖所撰。张揖字稚让，清河（今属河北）人，明帝太和中博士，精通文字训诂，著述很多。本书为增广《尔雅》而作，全书共10卷，体例与《尔雅》全同，但收词广泛，是继《尔雅》《方言》《说文》《释名》后又一重要语文著作，是研究古代词汇和训诂的重要资料。

❻ 谊：意义。

传。下及《玉篇》、《广韵》、《集韵》❶，亦颇搜罗遗训。而所据之书，或不可考；且旧书雅❷记，经史转注，未录者犹多。至于网罗前训，征引群书，考之著录❸家，罕见有此，惟《旧唐志》❹载天圣太后《字海》一百卷，诸葛颖《桂苑珠丛》一百卷，《新唐志》载颜真卿《韵海镜源》三百六十卷❺。自古字书、韵书未有若此多者，意❻其详载先儒训释，是以卷帙浩繁，而惜乎其书之已逸也。

曩者戴东原庶常❼，朱笥河学士❽，皆欲纂集传注，以示学者，未及成编。吾师云台先生❾，欲与孙渊如编修❿，朱少河孝廉⓫共成之，亦未果。及先生督学浙江，乃手定体例，逐韵增收，总汇名流，分书类辑，凡历二年之久，编成一百六十卷。展一韵而众字毕备，检一字而诸训皆存，寻一训而原书可识。所谓握六艺⓬之钤键，廓九流之潭奥⓭者矣。

夫训诂之旨，本于声音，揆厥⓮所由，实同条贯。如《周南·关雎篇》"左右芼之"之"芼"，传训"芼"为"择"，后人不从，而不知"芼"、"苗"声近义同。"左右芼之"之"芼"，传以为"择"，犹"田苗搜狩"之"苗"，

---

❶ 《玉篇》、《广雅》、《集韵》：《玉篇》：字书。为梁顾野王（519—581年）所撰。30卷。本书除可供研究字形、训诂使用外，还可作为音韵书来使用。是研究中古读音形成的重要资料。《广韵》：韵书。北宋陈彭年等奉诏撰。5卷。在王仁昫《刊谬补缺切韵》发现以前，是保存最完好、最早的切韵系统韵书。《集韵》：韵书。宋丁度（990—1053年）等奉敕撰。10卷。收字远远超过《切韵》《广韵》，是确定生僻字、异体字今读的重要依据。

❷ 雅：指正规的、标准的。

❸ 著录：目录学术语，即把书名作系统记载。

❹ 《旧唐志》：即《旧唐书·经籍志》。是二十四史中继《汉书·艺文志》《隋书·经籍志》后，又一篇著录一代藏书的志书。

❺ "载天圣太后……三百六十卷"：前两句见《旧唐书·经籍志》，后一句见《新唐书·艺文志》。三部书皆已佚。

❻ 意：推测。

❼ 戴东原庶常：即戴震（1723—1777年），字慎修，一号东原。清代杰出哲学家、音韵训诂学家。曾任翰林院庶吉士。庶吉士通常称为庶常。

❽ 朱笥河学士：即朱筠（1729—1781年），字竹君，号笥河。清代学者，官至侍读学士。

❾ 云台先生：即阮元，号云台，清代著名学者、文学家。

❿ 孙渊如编修：即孙星衍（1753—1818年），字伯渊，号渊如。清代文学家。乾隆进士，授编修。

⓫ 朱少河孝廉：即朱筠之子锡庚，字少白，又字少河。

⓬ 六艺：即六经，《诗》《书》《礼》《乐》《易》《春秋》。

⓭ 九流：原指战国时的九个学术流派，即儒家、道家、法家等。后泛指各学术流派。潭奥：原指幽深的内室，后引申为深奥之处。

⓮ 揆厥：揆（kuí）：估量；揣测。厥：其。

《白虎通》以为“择取”。《尔雅》：“芼，搴也。”亦与择取之义相近也❶。《召南·甘棠篇》“勿剪勿拜”，笺训“拜”为“拔”，后人不从，而不知“拜”与“拔”声近而义同也❷。《邶风·柏舟篇》“不可选也”，传训“选”为“数”，后人不从，而不知“选”与“算”古字通。朱穆《绝交论》作“不可算也”，郑注《论语》“何足算也”，以“算”为“数”，正与此义同也❸。

《新台篇》“籧篨不鲜”，笺训“鲜”为“善”，后人不从，而不知《尔雅》“鲜”、“省”二字皆训为“善”，正是一声之转。且下云“籧篨不殄”，“殄”读曰“腆”，其义亦为善也❹。《小雅·采绿篇》“六日不詹”，传训“詹”为“至”，后人不从，而不知“詹”之为“至”载于《尔雅》，乃古之方言。是以《方言》亦云：楚语谓“至”为“詹”也❺。《曲礼》“急缮其怒”，郑读“缮”为“劲”❻，后人不从，而不知“缮”之为“劲”，乃耕、仙二部之相转，犹“辨秩东作”通作“平秩”❼，“平平左右”亦作“便蕃左右”❽ 也。《学记》“术有序”，郑注云：“术”当为“遂”，声之误也。后人不从，而妄改为“州”，而不知“术”、“遂”古同声，故《月令》“审端径

---

❶ “《周南》”数句：“左右芼之”，《毛传》：“芼，择也。”据《说文·手部》：“择，柬选也。”“苗”据《说文·艸部》：“草生于田者，从艸田。”“田苗搜狩”为古代田猎名称。《公羊传》桓公四年：“狩者何？田狩也。春曰田，夏曰苗，秋曰搜，冬曰狩。”《白虎通·田猎》：“夏谓之苗何？则去其怀任者也。”

❷ “《召南》”数句：“勿剪勿拜”，《郑笺》：“拜之言拔也。”古代解释《诗经》者认为“拜”义为“攀下其枝，如人之拜也。”

❸ “《邶风》”数句：“不可选也”，《毛传》：“物有其容，不可数也。”按“数”、“算”字义本同。朱穆文集已佚，《绝交论》见《后汉书·朱穆传》注。《论语·子路》：“斗筲之人，何足算也！”何晏《集解》：“郑云算，数也。”

❹ 《新台篇》数句：《诗·邶风·新台》：“籧篨不鲜”，“籧篨不殄”。“籧篨”，粗竹席。“鲜”，郑笺：“善也。”“不鲜”意思是“不值得赞美”。“殄”，王引之认为读曰“腆”，“不腆”是古代成语，作“不成体统”、“不体面”解。《尔雅·释诂》：“鲜、省，善也。”

❺ “《小雅》”数句：“六日不詹”，《毛传》：“詹，至也。”《尔雅·释诂》：“摧、詹，至也。”郭注：“詹、摧，皆楚语方言云。”

❻ “《曲礼》”数句：“急缮其怒”，郑注：“急犹坚也。缮读曰劲。”“急缮其怒”意思是激励军队的威怒。

❼ 通作“平秩”：《尚书·尧典》：“寅宾出日，平秩东作。”意思是在寅月君主行祭天日之后，发动大家，按部就班地从事农业生产。“平秩东作”，孔安国曰：“平均次序东作之事，以务农也。”司马贞《史记·索引》谓《尚书·大传》曰：“辨秩东作”，则是训“秩”为“程”，言便课其作程者也。

❽ “便蕃左右”：《诗·小雅·采菽》：“平平左右。”毛传：“辨治也。”《左传》襄公十一年引《诗》作：“便蕃左右。”

术”，注云：“术”，《周礼》作“遂”也❶。

文字蒙求序❷

雪堂❸谓筠❹曰：“人之不识字也，病于不能分。苟能分一字为数字，则点划必不可以增减，且易记而难忘矣。苟于童蒙时，先令知某为象形，某为指事，而会意字即合此二者以成之，形声字即合此三者以成之，岂非执简御緐❺之法乎？惟是象形，则有纯形，有兼意之形❻，有兼声之形❼，有声意皆兼之形❽；指事，则有纯事，有兼意之事❾，有兼声之事，有声意皆兼之事❿，不可不辨也。

至于会意，虽即合形、事以为意，然有会两形者，有会两事者，有会一形一事者，亦有会形声字者。且或以顺递为意⓫，或以并峙为意，或于字之部位见其意⓬，或从是字而小变其字之形以见其意，或以意而兼形⓭，或以意而兼

---

❶ “《学记》”数句：《礼记·学记》：“术有序。”郑玄注：“术当为遂，声之误也。”《礼记·月令》：“审端径术。”注：“术”，《周礼》作“遂”。顾炎武认为“术”古音为“遂”。陈可大《集说》改“术”为“州”，非也。详见《日知录》卷六“术有序”条。

❷ 《文字蒙求》，清王筠（1784—1854年）撰。该书共4卷，从《说文解字》中选字两千个，分象形、指事、会意、形声四类编排。每字先书楷体，后附篆体，以便对照。多数不注字音。释义或先采《说文》原说，再加申说，或直接用作者己意。亦吸收他人之成果，大多平实允当，对许氏说法多有订正。偶有牵强附会之处。本次注释，据中华书局一九六二年影印本。本篇为王筠为《文字蒙求》所作之自序。文中对六书剖析入理，堪为一篇文字学佳作。

❸ 雪堂：即陈山嵋，王筠之友，清代学者。

❹ 筠：即本书作者，字贯山，号菉友，山东安丘人，道光元年（1821年）举人，曾任山西乡宁知县。对文字学研究精深，有《说文释例》《说文句读》等著作多种。

❺ 緐：即“繁”。

❻ 如“母”：《文字蒙求》：“从女，像怀子形。一曰像乳。”

❼ 如“舫”：意为小船。既取“方”之形，又兼取其声。

❽ 如“金”：《文字蒙求》：“点象金形。从土，土生金也。今声。”

❾ 如“甘”：《文字蒙求》：“从口含一。不定为何物，故以一指之。”

❿ 如“牵”：《文字蒙求》：“从牛，从叀之古文𢆯。意兼声，冖象引牛之縻也。”

⓫ 顺递为意：如天，《文字蒙求》：“从一大。此两字顺递为意者也，不可云从大一，亦不可云从一从大也。”

⓬ 于字之部位见其意：如“王”：《文字蒙求》：“一贯三为王，三者，天地人之道也，而三通之者，王也。……是由部位见意者也。”然据今之研究，“王”为大斧之象形，大斧象征权力。

⓭ 如“牢”字。

事❶，或所会不足见意而意在无字之处❷，或所会无此意而转由所从与从之者以得意❸。而且本字为象形、指事、而到❹之即可成意，反之即可成意❺，省之、增之又可以成意❻，叠二❼、叠三❽无不可成意。且有终不可会而两体、三体各自为意者❾，此其变化又不可不详辨也。

至于形声，则由篆变隶，大异本形者，必采之；为它字之统率者，必采之，不过三百字而尽。总四者而约计之，亦不过二千字。而尽当小儿四五岁时，识此二千字非难事也。而于全部《说文》九千余字，固已提纲挈领、一以贯之矣。余久欲勒❿为一书，而夙⓫夜在公，未之能成，然终以为训蒙之捷径也。于菉友何如？”筠曰：“善”。爰如雪堂意纂之，于象形、指事、会意，字虽无用者，亦皆搜辑。形声字所收者四类，总二千余字而已，诚约而易操者乎。说解取其简或直不加注，兼以诱之读《说文》也。篆文依钟鼎，以《说文》传写有讹也。恒见字⓬不加音切，不欲其緐也。

既成，以示雪堂，雪堂曰：“善。适铁蓭为我刊正《字略》，即以是书报谢之。”雪堂者，陈其姓，山嵋其名，筠之同年友也。铁蓭者，杨其姓，承注其名，又雪堂之同年同部友也。皆奇士，与筠善。

道光十有八年戊戌十二月三日，安邱王筠序。

“转注”的几种解释

许慎说“转注”道：“转注者，建类一首，同意相受，考、老是也。”这个说法语焉不详，后来研究《说文》的人，纷纷立说，绝大多数的人附和许氏的

---

❶ 如“步”字：《文字蒙求》：“此两足相接，是步也。”

❷ 如“爽”字：《文字蒙求》：“明也……取窗棂之意，其空白处乃字义也。”

❸ 如“建”字：《文字蒙求》：“立朝律也……聿尚无律意，而建以从聿为律者，因律从聿也。”

❹ “到”：通“倒”。如“帀”：《文字蒙求》：“子答切，周也，从倒‘㞢’。‘㞢’者，‘出’也。”

❺ 如“司”：《文字蒙求》：“臣司事于外者。从反‘后’。”

❻ 省之成意，如“支”：“去竹之枝也，从又持半竹。”增之成意，如“丰”：《文字蒙求》“丰从生而达于下，以见其盛也。”

❼ 叠二：如“林”“从”。

❽ 叠三：如“晶”，精光也；“聂”，附耳私小语也。

❾ 如“君”：《文字蒙求》：“尊也，从尹。发号，故从口。案此两对立文，不可合为一义。”

❿ 勒：统率。

⓫ 夙：早。

⓬ 恒见字：即常见字。

话，少数则抛开许说，自立新义。许氏的话既是那样简单，以至我们无从确知后来诸家是否真得许氏之意，其抛弃许氏的又是否恰当。《古汉语通论》于“转注”缺而不说，就是为此。但这样做终究不能慰希望略知“转注”之说者的意，所以这里略举清代以来较为流行的解释，以补《通论》之略，供寻究“六书”者参考。

“互训”说是较早的有影响的说法，主之者为戴震、段玉裁、王筠、刘师培等人。

戴震的《答江慎修先生论小学书》首先提出互训之说，他说：震谓“考、老”二字属谐声（即形声）、会意者，字之体；引之言转注者，字用之，“转注”之云，古人以其语言立为名类，通以今人语言，犹曰“互训”云尔。转相为注，互相为训，古今语也。《说文》于“考”字训之曰“老也”，于“老”字训之曰“考也”，是以序（指《说文叙》）中论转注举之。《尔雅·释诂》有多至四十字共一义，其六书转注之法欤？别俗异字，古雅殊语，转注而可知，故曰“建类一首，同意相受。”如“初、哉、首、基”之皆为始，“卬、吾、台、予”之皆为我，其义转相为注，曰“转注”。

戴震的弟子段玉裁，以及后来的《说文》学者王筠把“互训”的说法更加附合于《说文》，区分《说文》里有“同部转注”和“异部转注”（即两个以上可以相互解释的字在《说文》相同或不同的部里），并分析为许多条例，要之不出戴说的范围。这个说法的内容很简单，即：一、互相解释的字为转注；二、同义字（词）为“转注”。至于怎样叫做“建类一首”，则戴氏未加说明。段氏为之弥缝道：“建类一首”，谓分立其义之类而一其首，如《尔雅·释诂》第一条❶说“始”是也。（《说文解字》第十五篇注）

照段氏的话来看，凡属同义字（词）即为“类”，而它们的义就是“首”。这实在是很勉强的。因为这样的“类”将多至无数，而且会琐碎丛杂，无条例之可寻；而如“考，老也；老，考也”又将以何为首呢？有人讥戴、段以《释诂》为例来说转注是“建类一足”而非“建类一首”，这是谑而近虐的讥评，但却是戴、段所很难自解的。再者，戴、段以《释诂》为例来说互训，其实《释诂》一条中的几个字并非都能互相训释，例如：话、猷、载、行、讹，言也。“话”，案《说文》是“会合善言也”，《毛诗传》是“善言也”，《书·盘庚》中的“乃话民之弗率”，就是会合善言的意思；而“讹”是妖言、谣言。这两个字怎么能互训呢？

刘师培论转注，也以戴、段“互训”之说为据，而于用《尔雅》来解释互

❶ 《尔雅·释诂》第一条：“初、哉、首、基、肇、祖、元、胎、俶、落、权舆，始也。”

训则感觉其不可通，以为是“泛滥而失厥归❶”，因此他在其《转注说》里对戴、段说作了修正，以为只有《说文》里同部互训的字才算“转注”，除老部“老、考”互训以外，如草部“蔆（菱）、芰”互训、“茅、菅”互训、言部“谏、证”互训、木部“柟、梅”互训、“极、栋”互训等都是。刘氏的说法虽然纠正了戴、段泛滥之病，但仍然没有说清楚什么是“建类一首”。而且“六书”的条例于许慎之前，怎么能根据《说文》的分部来立“转注”的条例呢？可见，对戴、段说的补苴，是不能给我们以满足的。

“互训”说是企图从训诂方面来得到解释的，另有一些人则从形体方面来解释。为了便于称说，这里拟将这些人分为两类，而称之为“省形”说和“分注”说。

持“省形”说者有钱大昭、曾国藩。钱氏在他的《说文统释自序》里述说了对转注的看法，话说得很简单，后来曾国藩在《与朱太学孔扬论转注书》里对此说作了详细的阐述，他说：不佞窃不自揆，谬立一说，笃守许氏“老、考”之旨，以为：老者会意字也，考者转注字也。部首之可指数者，如牦部、爨部、画部、眉部、冓部、筋部、稽部、㯻部、㝱部、重部、老部、履部、饮部、盐部、弦部、酉部，皆转注之部也。凡形声之字，大抵以左体为母，以右体之得声者为子，而母字从无省画者。凡转注之字，大抵以会意之字为母，亦以得声者为子，而母字从无不省画者，省画则母字之形不全，何以知子之所自来，唯好学深思，精心研究，则形虽不全，而意可相受。如老字虽省去匕字，而可知考、耋等字之意从老而来；履字虽省去舟、夂，而可知履屐等字之意从履而来；㯻字虽省去豕字，而可知囊、橐等字之意从㯻而来；㝱字虽省去梦字，而可知寤、寐等字之意皆从㝱来；推之牦、爨、画、眉等部，莫不皆然。其曰“建类一首”者，母字之形模尚具也；其曰“同意相受”者，母字之画省而意存也。

这里已经说得很清楚，如若要用我们的话来翻译一遍，那就是，形符被省去一部分笔画的形声字，就是转注字。

持“分注”说的有郑珍、孙诒让。郑氏的说法见于他儿子知同的《说文浅说》所引，孙氏的说法见于他的《名原》的《转注楬橥》篇，举郑说可以该孙说：盖当文字少时，一字有数字之用，久之患其无别，于字义主分何字，即以何字注之。试举《说文》示、玉两部为例：如示部“齋”训“戒洁也。从示，齐省声”，“禷”训“以事类祭天神也。从示、类声”，玉部“玠”训“大圭也。从玉，介声……”“瑁”训“诸侯执玉朝天子，天子执玉以冒之，似犁冠。……从玉冒，冒亦声”。此等字寻常视之只是形声，推究其原，“齐、类、介、冒”

❶ 归：归宿。

即其本文，考诸经典，止作“斋戒”，止作“类于上帝”，止作“同冒”，其加示加玉为之偏旁，皆“注”也。合诸真形声字如“球、琳、琅、玕”等，成字时为形声两旁并作，单举“求、林、良、干”，则非此用矣。可知形声字以形旁为主，一形可造若干字，但各取声旁配之。转注大相别，字以声旁为主，一字分为若干用，但各以形旁注之。转注与形声事正相反，而实相成。

这个说法也很清楚，用我们的话来说就是，凡以假借字作声符（“齐、类、介、冒”不能就有斋戒、祭祀和玉器的意义）的形声字，就是转注。

“省形”说和“分注”说出发点不同，但是殊途同归，都把形声字说做了“转注”。这也是欠妥的。既然承认省声字是形声，有什么理由不承认省去形符一部分的字也是形声呢？说“球、琳、琅、玕”是真形声，而“斋、禷、玠、瑁”是假形声，前者以形旁为主，后者以声旁为主，这也不免是强为之说。形声字总是应该以声旁为主的❶，这里给郑氏立说以便利的是，古书有的是“齐、类、介、冒”作“斋、禷、玠、瑁”用，而没有以“求、林、良、干”作“球、琳、琅、玕”用，其实这完全是事出偶然，要是古人拿“求、林、良、干”当“球、琳、琅、玕”用，那又有什么不可以呢？从“乌”的字有“呜、鵃、坞”（虽然《说文》不载“呜”，但总不能不说它是一个字），而“呜呼”字古书是作“乌”的，同样是一形一声的字，为什么要派定“鵃、坞”是真形声，“呜”是假形声呢？再推衍一下，“说、悦”的声符是“兑”，古书通以“说”为喜悦（yuè），不作“悦”，难道“悦”不是以声旁为主吗？又难道“悦”不是真形声吗？可见拿声旁或形旁为主来判别形声或转注是很难成立的。既然“省形”和“分注”的字都是形声字，那么就不应该从形声字中拉出来管它们叫“转注”。

“省形”说附合《说文》特别紧密，把“建类一首，同意相受”都说出个道理来了。但也不是不容置疑的。第一，说《说文》有“转注之部”，这是强转注服从“说文”，其病与刘师培的“同部转注”同。第二，如所说，“首”是《说文》的部首。“首”是什么，许氏自己没有讲，而只说过《说文》的编制是“分别部首”的，“部首”之名尚在许氏之后，因而“首”是否就是部首也就无从质言了。

章炳麟也以同义之字为转注，而以声音为经（刘师培也有这个意思，从略）可以称为转注的“音转”说。他的《转注假借说》道：

字之未造，语言先之矣。以文字代语言，各循其声。方语虽殊，名义一也，其音或双声互转，叠韵相迆❷，则为更制一字，此所谓转注也。

---

❶ 参看《古汉语通论》。

❷ 迆：演变。

何谓"建类一首"，"类"谓声类。郑君（玄）《周礼序》曰："就其原文字之声类。"《夏官·序官》注曰："'薙'读如'鬀'小儿头之'鬀'[1]，书或为'夷'，字从类耳。"……"首"者，今所谓语基。《管子》曰："凡将起五音凡首。"（《地员》篇）《庄子》曰："乃中经首之会。"（《养生主篇》）此声音之基也。

"考、老"同在幽类，其义相互容变，其形小变，按形体，成枝别，审语言，同本株，虽制殊文，其实公族也。

章氏认为在语言里本是一个词儿，由于声音转变，用文字写下来，就成了形体不同，声音上有一定联系的几个字，这就是转注。文字因语言转变而不同，这是正确的，但这样是不是转注呢？可以看出，章氏比戴氏、段氏虽然多了个声音上的限制，但他所说的转注仍然是很泛滥的，任何象形、指事、会意、形声的字，只要意义相近或相同，字音有联系，都可以不加其他条件而称为转注。这样宽泛的说法也难以为我们所接受。至于他解释许慎的八个字，那更是他的一家之说。他的所谓"声类"，实际是他在《国故论衡·文始》里建立和使用的古韵二十三部，这又是拿自己的律令来驾驭造字和用字的古人了。二十三部是清代以来很多古韵学家共同努力的结果，怎么古人造字和用字的时候就先有了这个"类"呢？"首为语基"尤其渺茫难以捉摸，和段氏的"分立其义之类而一其首"同样不可指名，章氏在他的长达二千四五百言的《转注假借说》里，除了笼统地说出"语言根柢"是"首"以外，就没有明白指出有怎样一种"语言根柢"。

从戴氏到章氏，虽然解释的角度不同，但他们都是从"建类一首，同意相受，考、老是也"出发或附合这个定义和举例的。《说文》学者朱骏声抛弃了许说而特立一说，即"引申"说，他在《说文通训定声》的叙论里以两句简单扼要的话说明了他的主张：转注者，体不改造，引意相受，令、长是也。假借者，本无其意，依声托字，朋、来是也。

这个说法也是很清楚的，即引申就是转注，声借就是假借。《说文通训定声》里的各个篆文下常常立有转注一目，如"重"篆的"转注"目中引《礼记·祭统》"而又以重其国也"注："犹尊也。""尊"就是"重"的引申义。

这样讲转注，完全离开了许慎所说的话，从治《说文》的人来看，当然是"叶落而不粪本，狐死而不首丘"。假使从这样的观点看：象形、指事、会意、形声是文字的结构，转注、假借是文字的运用，那么以引申为转注，以声借为假借，倒也是安排恰当，而能说明文字运用的问题的。但这只能看作是对"六书"的新见解，是否于古义有当，却无从证实了。要不要把引申充当转注，看

[1] 鬀：即今"剃"字。

来只是一个名称问题，但“引申”既然足以明白了当地说明文字的运用，那又何必要把他塞入“六书”这张中药抽屉的柜子，而前无所据地强名之为“转注”呢？

这篇文章没有什么结语，如果要结语，则是：在文献不足的情况下，要构拟一说来充当古货，这不过是聊以自慰而已。

周　易❶

乾第一❷

䷀（乾下乾上）❸

《乾》❹：元亨。利贞。❺

❶ 《周易》又称《易经》，简称《易》。儒家经典。旧传伏羲做八卦，文王做辞，萌芽期可能早在殷周之际。书为经、传两部分：六十四卦与三百八十四爻，附卦辞、爻辞为经，作占卜之用，称《易经》、《古经》。解释卦辞与爻辞的七种文字，即《彖》（上、下）、《象》（上、下）、《系辞》（上、下）、《文言》、《说卦》、《序卦》、《杂卦》共十篇，旧称"《十翼》"，统称为《易传》。经文以象征八种自然现象的八卦形式推测自然和人事变化。把千变万化的事物抽象概括为阴、阳一对基本因素，认为阴阳二气交感是产生万物的本源。又提出"刚柔相推，变在其中"的朴素辩证法观点。从史学角度看，它记载的社会现象相当广泛，诸如政治、经济、社会制度、社会生活、思想意识，等等，都有所涉及，因此是相当重要的上古社会史料。《易传》则是古典哲学中异常重要的著作。西汉时经传别行，后合而为一。旧有郑玄注，已佚。今通行本有魏王弼、晋韩康伯注，唐孔颖达《周易正义》，唐李鼎祚《周易集解》等。底本据中华书局《十三经注疏》本（1979年）。此篇即为《乾》卦的卦象、卦辞与爻辞。

❷ 《周易》共六十四卦，《乾》卦为第一。

❸ 六爻卦中，上三爻为上卦，下三爻为下卦。《乾》是三爻卦的卦名。

❹ 这个《乾》是六十四卦的卦名。

❺ 元：大。亨：即享。大享为祭祀之名。利贞：卜问则结果有利。贞，《说文》"卜问也，从卜，贝以为贽。"贽，礼物。

新注选篇·经部

初九❶：潜龙，勿用。❷

九二：见龙在田，利见大人。❸

九三：君子终日乾乾，夕惕若，厉无咎。❹

九四：或跃在渊，无咎。❺

九五：飞龙在天，利见大人。

上九：亢龙，有悔。❻

用九：见群龙无首，吉。❼

坤第二❽

䷁（坤下坤上）❾

《坤》❿：元亨。利牝马之贞。⓫ 君子有攸往⓬，先迷后得主⓭，利，西南

❶ 九：《周易》中凡遇阳爻则记为九。六爻卦中，自下而上，阳爻分别记为：初九、九二、九三、九四、九五、上九。

❷ 潜：《说文》："藏也。"勿用：高亨"谓勿施行某事也。"故全句意为：筮遇此爻，不可有所作为。

❸ 见：现。大人：《易经》中指贵族。全句意为：筮遇此爻，大人到民间活动则有利，就像龙出现在地上一样。

❹ 乾乾：勤勉努力。惕若：惕然。惕，警惕。厉：危险。咎：灾难。全句意为：君子白天勤勉努力，夜间保持警惕，即使在危险的环境中也不会有灾难。

❺ 或：有时。此句承上文，省去主语龙。

❻ 亢：王肃："极高曰'亢'。"悔：较小的不幸。

❼ 九读为迥，通也。"用九"是《乾卦》特有的爻题，仅用于《乾卦》六爻皆动，变为《坤卦》之时。见：现。全句意为：群龙出现在天空，龙头都被云遮住了。用来比喻众人都得志而高飞，所以吉。

❽ 此篇即为《坤》卦的卦象、卦辞与爻辞。

❾ 参见《乾第一》注③。

❿ 这个《坤》是六十四卦的卦名。

⓫ 牝马：母马。贞：卜问。筮遇有关母马的事，遇到《坤》卦则有利。

⓬ 有攸往：有所往。

⓭ 迷：《说文》："惑也，从辵，米声。"《广雅·释诂》："迷，误也。"此即迷路之意。主：主人。全句意为：君子有所往，先迷路，后得主人招待。

得朋❶，东北丧朋❷。安贞吉❸。

初六❹：履霜，坚冰至❺。

六二：直方❻大不习，无不利❼。

六三：含章，可贞❽。或从王事，无成有终❾。

六四：括囊，无咎无誉❿。

六五：黄裳，元吉⓫。

上六：龙战于野，其血玄黄⓬。

用六：利永贞⓭。

---

❶ 朋：《周易集解》引崔憬曰："双贝为朋，价直二十大贝。"《诗·菁菁者莪》："锡我百朋。"郑《笺》："古者货贝，五贝为朋。"王国维曰："古贝五枚为系，二系为朋，释五贝者举其一系之数也。"另一说：朋为朋友。但《易经》中朋友称"友"，如《损》六三："一人行则得其友。"故释朋贝为胜。

❷ 丧：失。全句意为：向西南行则得朋贝，向东北行则丧失朋贝。

❸ 安贞吉：占问平安则吉。

❹ 六：《周易》中凡遇阴爻则记为六。六爻卦中，自下而上，阴爻分别记为：初六、六二、六三、六四、六五、上六。

❺ 履：《说文》："足所依也，从尸从彳从夂。"故其本义为鞋。此处活用为动词，"践踏"之义。全句意为：人在踏霜之时，坚冰将至。喻人事之吉凶皆为逐渐到来。

❻ 直：持也。方：併船也。

❼ "大"疑为衍文。全句意为：人持方舟渡河，因方舟不易翻船，故虽不熟悉驾船之术，亦无不利。

❽ 含章：含有文章。可贞：所占之事可行。意为人有文章在内，则占问之事可行。

❾ 或：或许，有时。终：事情有好的结果。全句意为：如果从事于王者，不能成功，也会有好的结果。

❿ 括：《周易集解》引虞翻曰："括，结也。"括囊，即束结囊口。无咎，无灾祸。全句喻人遇事而闭口不言，这样既无灾祸，也无美誉。

⓫ 裳：《说文》"下帬也"，音 cháng，即今之裙裤。元：大。全句意为：穿黄色的裙裤，大吉。

⓬ 玄黄：青黄混合之色。全句意为：龙相战于郊野，流血染泥土，成青黄混合之色。喻人双方作战，俱有牺牲。

⓭ 用六：用六是《坤》卦特有的爻题，仅在《坤》六爻皆变时，才以用六爻辞断事。全句意为：筮遇用六，利于占问长期的吉凶。

系辞（上）（节选）❶

天尊地卑，乾坤定矣❷。卑高以陈，贵贱位矣❸。动静有常，刚柔断矣❹。方以类聚，物以群分，吉凶生矣❺。在天成象，在地成形，变化见矣❻。是故刚柔相摩，八卦相荡❼。鼓之以雷霆，润之以风雨❽。日月运行，一寒一暑❾。乾道成男，坤道成女❿。乾知大始，坤作成物⓫。乾以易知，坤以简能⓬。易则易知，简则易从⓭。易知则有亲，易从则有功⓮。有亲则可久，有功则可大⓯。可久则贤人之德，可大则贤人之业。易简而天下之理得矣。天下之理得，而成位乎其中矣⓰。

---

1. 《系辞》是解释《周易》的七种文字之一，分上、下两篇，旧传为孔子所作，但自宋欧阳修即疑非出孔子之手。内容为泛论《易》理，颇为驳杂。
2. 尊：甲文作[illegible]，双手高举酒器状，后引申出尊贵、长辈等义。此处作“高”讲，接近其本义。卑：下。乾：天。坤：地。
3. 以：同已。陈：陈列。位：名词活用为动词，确定位置。
4. 常：恒久。刚：天的属性。柔：地的属性。断：分开。
5. 方：甲文作[illegible]，似人形。《说文》：“方，併船也，像两舟省总头形。”后引申出方位等义。高亨：“方当作人，篆文人作[illegible]，方作[illegible]，形似而误。”俞樾：“方之言四方也。”
6. 象：此指日、月、风、雨等自然现象。形：此指山泽、草木、鸟兽等。
7. 刚柔：指阳爻阴爻所象的刚柔两类物质。摩：《说文》：“研也，从手麻声。”郑玄：“摩，犹迫也，谓阴阳相薄（同搏）也。”荡：冲激。
8. 鼓：动。之，指万物。霆：闪电。润：滋润。在八卦中，震为雷，巽为风，坎为雨。
9. 在八卦中，离为日，坎为月。
10. 乾：天。坤：地。成：为。
11. 王念孙：“知犹为也，为亦作也。”大始：最开端。
12. 易：平易。知：即智。简：简易。乾以平易成其智，坤以简易成其能。
13. 第一个易是平易，后两个是容易。知：了解。从：遵从。
14. 亲：亲近天道的人。有功：发挥功效。
15. 久：永恒不绝。大：发扬光大。
16. 成位：确定位置。掌握了天下万物之理，就可以在其中确定阴阳、刚柔、上下、贵贱的位置了。

尚　书❶

盘庚（上）❷

盘庚迁于殷❸。民不适有居❹，率吁众戚出，矢言曰❺："我王来❻，即爰

---

❶ 《尚书》，先秦称《书》，入汉始称《尚书》，又称《书经》，尚通"上"，《尚书》，意即"上古之书"，是我国最早的一部历史文件汇编。相传为孔子所删定，按虞夏商周四代顺序，以典、谟、训、诰、誓、命等形式，记录了上起传说时的尧舜禹，中经夏商周三代，下迄春秋中期的秦穆公时期的部分事迹，是学习和研究我国上古历史的重要史料。汉初，有由伏生传授的《今文尚书》28篇，流传至今。景帝时，鲁恭王坏孔子宅，又得伏生所传多16篇的《古文尚书》，后于魏晋间全部亡佚。东晋时梅赜所献《古文尚书》，历经明清学者考证，定为伪作。清代《十三经注疏》本《尚书》，将《今文尚书》和《古文尚书》合编在一起，引用时必须慎重。《尚书》不仅在内容上史料价值很高，在体例和编纂方法上，对后世亦有深远的影响。《尚书》每篇有一标题，在标题之下，记一个完整的人或事件。它是记事本末体的萌芽。全书编排按照朝代顺序，每一朝代又按帝王顺序排列文献的先后，使人读后能了解一个王朝的兴衰历史过程。这实际上又是我国编年史的开端。特别是《禹贡》一篇，既为我国最早的一篇地理志，又为后世书志体开其先例。《尚书》的注本：唐孔颖达《尚书正义》（《十三经注疏本》）；清孙星衍《尚书今古文注疏》（《万有文库》本）；今人曾运乾《尚书正读》；今人杨筠如《尚书核诂》。底本据中华书局《十三经注疏》本（1979年）。

❷ 《尚书·盘庚》篇是盘庚迁都时对臣民的三次讲话。但这三篇的排列次序，与盘庚讲话的先后次序不相符。本文《盘庚（上）》，标题沿用旧称，实则为第三次讲话。

❸ 盘庚：商王名，成汤的十世孙，商代第十九世王。商王朝建立后，曾五次迁都，而第五次盘庚自奄（今山东曲阜）迁殷（今河南安阳）后，国都再无迁移，直至商亡。故又称商为殷。盘庚迁于殷，盘庚要迁都于殷。

❹ 适：往。有：名词词头。居：指新都邑之居。

❺ 率：皆。吁：呼。戚：亲贵大臣。出：出来。矢：直。主语"民"一直贯到"曰"。从"我王来"至"底绥四方"是人民对众戚说的话。

❻ 我王：指迁奄的南庚。

宅于兹❶，重我民❷，无尽刘❸。不能胥匡以生❹，卜稽❺，曰其如台❻？先王有服❼，恪谨天命❽，兹犹不常宁❾。不常厥邑❿，于今五邦⓫。今不承于古⓬，罔知天之断命⓭；矧曰其克从先王之烈⓮，若颠木之有由蘖⓯，天其永我命于兹新邑⓰，绍复先王之大业⓱，厎绥四方⓲？”

---

❶ 爰宅：犹《诗经·邶风·击鼓》的“爰居爰处”。爰，因。宅，动词，居。兹：此，指奄邑。

❷ 重：重视。

❸ 刘：杀，伤害。

❹ 胥：互相。匡：救助。生：生存。

❺ 卜：占卜。稽：卜以问疑。卜稽：占卜以决疑。

❻ 曰：如今语“这样说”。其：副词。如台（yí）：如何。其如台：可怎么样呢？上句说南庚迁于此奄郡，能重视我民。而今则政治上不能相救助以资生存，却要迁都，占卜也不能解决。说这话作为反对迁都的理由。

❼ 先王：指盘庚以前的商王，如汤、仲丁等人。服：事。

❽ 恪（kè）：敬。

❾ 兹：此，这样。犹：尚且。宁：安。

❿ 不常厥邑：不恒其都邑。厥，其。

⓫ 于今五邦：从立国到现在，已经建都五地了。即汤始居亳（今河南商丘北），仲丁自亳迁于嚣（即隞，今河南荥阳）；河亶甲自嚣迁相（今河南内黄）；祖乙居庇（今山东定陶）；南庚自庇迁奄（今山东曲阜）。这是说迁都也要从天。先王能恪谨天命，奉天命行事，才能不常厥邑。

⓬ 承：继。古：指先王的规矩。

⓭ 罔：无。断命：决定之命。

⓮ 矧（shěn）：况。克：能。烈：事业，功绩。

⓯ 若：如。颠木：斫倒的树。颠，倒。由蘖（niè）：《说文》引作“甹櫱”。蘖是“櫱”的或体。《说文》解：“甹，木生条也。”“櫱，伐木余也。”伐木余，即树干斫倒所余根部一小段。这一小段叫蘖，今语树兜。蘖身生芽长条，叫甹，今写“由”。“由蘖”古人连用为一词，即萌蘖。

⓰ 永我命：长久地延续我们的生命。永，延长。

⓱ 绍：继。复：光复。

⓲ 厎（zhǐ）：定。颠木有由蘖，由生于蘖，比喻事物必有根源。这是说而今则不承于先王的规矩，不知上天的决意，何况说（更谈不上）能从先王的事业，天还会延长我们的生命于新迁之邑，让我们绍复先王大业，安定四方吗？

盘庚斅于民由❶乃在位，以常旧服❷，正法度❸。曰：“无或敢伏小人之攸箴❹！”

王命众悉至于庭❺。王若曰❻：“格❼，汝众❽！予告汝，训汝猷❾。黜乃心，无傲从康❿。”

古我先王亦惟图任旧人共政⓫，王播告之⓬，修不匿厥指⓭，王用丕钦⓮。罔有逸言⓯，民用丕变⓰。今汝聒聒⓱，起信险肤⓲。予弗知乃所讼⓳。

“非予自荒兹德⓴，惟汝含德不惕予一人㉑。予若观火㉒。予亦拙谋㉓，作

---

❶ 斅（xué）：觉悟（《说文》），明白。民由：人民的情由。盘庚觉悟到人民反对迁都，实由对政治不满。

❷ 乃：副词，就。在位：指君主及居民高位的职官。以：用。常：经常。旧服：先王的旧制与故事。

❸ 正：饬，整顿。法度：法制。

❹ 曰：盘庚警告职官说。无：不要。或：有人。伏：压制。小人：小民。攸：所。箴（zhēn）：谏（马融说），规诫。人民主要是对当时政治不满。盘庚觉悟到这点，就与职官修旧职，正法度，盘庚警告说：谁都不许压制人民的规诫。这样就缓和了人民与君主、亲贵大臣的矛盾。然后盘庚又为迁都事命众人至庭，诰诫说服，事见下文。

❺ 众：臣民。悉：尽，都。庭：朝廷。

❻ 若：乃。

❼ 格：来。

❽ 汝众：你们大家。

❾ 训汝猷：给你们说明迁都的谋划。训，解释，说明。猷，谋。

❿ 黜乃心：你们要降心相从。黜，降。无傲从康：不要傲君上之命，从一时之安。康，安乐。

⓫ 古：昔。惟：是。图：谋，考虑。任：任用。旧人：指世代做官的人。共政：为政，管理政事。共，动词。

⓬ 王：指先王。播：布。之：代指共政之旧人。

⓭ 修：行。不匿厥指：不失其意旨。匿，亡（《说文》），失。厥，其。指，意旨。

⓮ 王用丕钦：王因此很敬重臣下。用，因。丕，大。钦，敬。

⓯ 罔：无。逸言：犹后言。

⓰ 民用丕变：人民因而大变化。

⓱ 聒聒（guō）：《说文》引作“懖懖”，愚而自用的样子。

⓲ 起：兴。信：伸。险：邪恶。肤：浮浅之言。

⓳ 乃：你们。讼：争辩。这句是责他们任意妄说，造出一些邪恶浮浅的话，我不知道你们所争辩的是什么。

⓴ 荒：废。兹德：指任用旧人之德。

㉑ 含德：存心。惕：敬（《说文》），敬畏。

㉒ 观：与“爟”（guàn）音同意，即举火。观火以比喻自己能烛照隐微。

㉓ 拙谋：明示迁都的谋划。拙，《说文》引作“炪”（音与拙同），火光。

乃逸❶。”

“若网在纲❷，有条而不紊❸；若农服田❹，力穑乃亦有秋❺。汝克黜乃心❻，施实德于民❼，至于婚友❽。丕乃敢大言汝有积德❾。乃不畏戎毒于远迩❿。惰农自安⓫，不昏作劳⓬，不服田亩⓭，越其罔有黍稷⓮。”

“汝不和吉言于百姓⓯，惟汝自生毒⓰，乃败祸奸宄以自灾于厥身⓱。乃既先恶于民⓲，乃奉其恫⓳，汝悔身何及⓴？相时憸民㉑，犹胥顾于箴言㉒，其发有逸口㉓，矧予制乃短长之命㉔！汝曷弗告朕㉕，而胥动以浮言㉖，恐沈

---

❶ 作乃逸：作成你们的安逸，使你们的安逸。

❷ 纲：网上的总绳。

❸ 条：条理。紊：乱。

❹ 服田：治田。服，事，治。

❺ 力：尽力。穑：耕作。乃：才。秋：禾谷熟。

❻ 克：能。黜：降。乃心：指私心。

❼ 实德：实在的好处，指迁新都。

❽ 至于婚友：施好处并及于你们的亲戚和左右。婚，亲戚。友，左右佐助的人。婚友是“汝”的婚友。

❾ 丕：大。大言：放言。汝有积德：你们有积累的德行。

❿ 乃：才。不畏：不怕。戎：大。毒：害。远迩：远处和近处。

⓫ 惰：懒惰。自安：自己心安。

⓬ 昏（mǐn），勉。作劳：犹言作苦。作，动词。

⓭ 服：事。

⓮ 越：句首助词。其：副词，表推断语气。罔有：没有。黍稷：指百谷。黍，黏米。稷，小米。

⓯ 和：谐。吉言：好话，指王迁都的话。于百姓：在百官当中。

⓰ 惟：是。自生毒：自己种下祸根。

⓱ 乃败祸奸宄：就生出败祸奸宄。乃，就。败，危败。祸，灾祸。奸，在外作恶。宄（guǐ），在内作恶。自灾：自害。厥：其。

⓲ 乃：你们。既：已经。先恶于民：给民导恶。先恶，导恶。

⓳ 乃：而。奉：承受。恫：痛苦。

⓴ 身：谓自身。

㉑ 相：看。时：是，这。憸（xiān）民：小民。

㉒ 犹：副词，还。胥：相，互相。顾于：顾及。箴言：规诫的话。

㉓ 逸口：失言。

㉔ 矧：况。制：掌握。短长之命：指生死之命。

㉕ 曷弗：何不。

㉖ 胥：相。动：鼓励。浮言：无根据的流言。

于众❶？若火之燎于原❷，不可向迩❸，其犹可扑灭❹？则惟汝众自作弗靖❺，非予有咎❻。”

“迟任有言曰❼：‘人惟求旧❽，器非求旧❾，惟新❿。’古我先王暨乃祖乃父胥及逸勤⓫，予敢动用非罚⓬？世选尔劳⓭，予不掩尔善⓮。兹予大享于先王⓯，尔祖其从与享之⓰。作福作灾⓱，予亦不敢动用非德⓲。”

“予告汝于难⓳，若射之有志⓴。汝无侮老成人㉑，无弱孤有幼㉒。各长于厥居㉓，勉出乃力㉔，听予一人之作猷㉕。无有远迩㉖，用罪伐厥死㉗，用德

---

❶ 恐：惧。沈：陷溺。
❷ 若：如。燎：燃烧。原：野。
❸ 向：面向。迩：靠近。
❹ 其：语气副词。
❺ 靖：安。
❻ 咎：过错。此句意为：你们自作不安，不是我的过错。
❼ 迟任（rén）：郑玄说“迟任，古之贤史”。
❽ 人惟求旧：用人要求旧人。
❾ 器：器用。
❿ 惟新：引以指国都也如器用，不合用了便不用，当徙新邑。惟，宜，应该。
⓫ 暨：与。胥及：相与。逸：安逸。勤：勤劳。
⓬ 非罚：不当的、非分的刑罚。此句为反问。
⓭ 选：择，称举的意思。劳：勤劳。
⓮ 掩：遮盖。
⓯ 兹：今。大享：大祭。
⓰ 从与享之：跟着受祭祀。与（yù），参与。
⓱ 作福作灾：作善作恶。
⓲ 非德：不当的、非分的奖赏。不敢动用非罚非德，意为秉承先王及尔祖的意志来处置。
⓳ 于：介词，在。难：艰难。
⓴ 射：射箭。志：标识。
㉑ 侮：欺侮。老成人：老年人。
㉒ 弱：轻，小视。孤有幼：孤与幼。
㉓ 长：长远。居：指新都的居所。
㉔ 勉：勤勉。
㉕ 猷：谋。
㉖ 远迩：指关系的亲疏。
㉗ 罪：刑罚。伐：惩处。死：当死，指恶。

彰厥善❶。邦之臧❷，惟汝众❸；邦之不臧，惟予一人有佚罚❹。凡尔众，其惟致告❺。自今至于后日，各恭尔事❻，齐乃位❼，度乃口❽，罚及尔身，弗可悔❾。”

牧 誓❿

时甲子昧爽⓫，王朝至于商郊牧野⓬，乃誓⓭。王左杖黄钺⓮，右秉白旄以麾⓯，曰：“逖矣⓰，西土之人⓱！”

王曰：“嗟！我友邦冢君御事⓲，司徒、司马、司空⓳，亚旅、师氏⓴，

---

❶ 德：恩德，指爵禄。彰：表彰。
❷ 邦：国家。臧：善。
❸ 惟汝众：是你们众人的功劳。
❹ 佚：失、过错。罚：罪。有佚罚：有罪过。
❺ 其：副词，表祈使语气。惟：思，考虑。
❻ 恭：汉石经作“共（gōng）”，行。
❼ 齐：整饬。位：职事。
❽ 度：本作“敷”，闭的意思，今借“杜”字。此句意为：闭塞浮言之口。
❾ 罚及尔身，弗可悔：否则惩罚到你们身上，悔之无及。
❿ 本篇选自《尚书》，记载了周武王在牧野战前誓师之词。《史记》在记述武王灭纣的历史时，曾大量采用此篇，学习时可相互参考。
⓫ 时：其时。甲子：古代用来记日的干支。武王继位十一年正月甲子日（周历二月五日）。昧爽：《说文》“旦明”，即黎明。昧，暗。爽，会意字，像古代的窗棂，其空白处表示透进的光，所以其义为“明”。两字合用表示天欲明而未明。
⓬ 王：周武王。朝：早晨。至于：来到。于，介词。商郊：商都郊外。牧野：地名，在商都以南七十里。
⓭ 乃：就。誓：誓师。
⓮ 杖：持。黄钺（yuè）：黄铜制的大斧。
⓯ 秉：握。白旄（máo）：白色的旄牛尾。麾（huī）：《说文》作“靡”，“旌旗所以指麾也”。这里是右手拿着旄指挥。
⓰ 逖（tì）：远。
⓱ 西土：指周族发源地，今陕西岐山地区。人：指从征战士。
⓲ 嗟：叹词。友邦：称联盟各邦。冢君：君长。冢（zhǒng），“长”的借字。御：控制，统治。这里是称呼友邦君长与掌权的大臣。
⓳ 司徒、司马、司空：官名，司徒管民，司马管兵，司空管土地。
⓴ 亚旅：指地位比卿低的大夫。亚，次。旅，众。师氏：中大夫。

千夫长、百夫长❶，及庸，蜀、羌、髳、微、卢、彭、濮人❷。称尔戈❸，比尔干❹，立尔矛❺，予其誓❻。”

王曰：“古人有言曰：‘牝鸡无晨❼。牝鸡之晨，惟家之索❽。’今商王受惟妇言是用❾，昏弃厥肆祀弗答❿，昏弃厥遗王父母弟不迪⓫；乃惟四方之多罪逋逃是崇是长⓬，是信是使⓭，是以为大夫卿士⓮，俾暴虐于百姓⓯，以奸宄于商邑⓰。”

---

❶ 千夫长：统千人之帅。百夫长：统百人之帅。《周礼·夏官司马》：“二千有五百人为师，师帅皆中大夫；五百人为旅，旅帅皆下大夫。”千夫长即师帅，百夫长即旅帅。

❷ 及庸……濮人：皆西南方诸侯，武王率领的联盟。庸，在今湖北竹山县西南。蜀，在四川成都。羌：在甘肃东南境。髳（máo），在今山西平陆南。微，在今陕西眉县境。卢，在今湖北襄樊市西南。彭，在今湖北房县附近。濮，约在今四川、湖北交界处的长江北岸。

❸ 称：举。

❹ 比：排齐。干：盾。

❺ 立：竖立。

❻ 其：副词，表郑重语气。

❼ 牝（pìn）：雌，母。晨：晨啼。

❽ 索：尽。

❾ 受：即“纣”。二字古同音异写。惟妇言是用：只是听用妇人的话。这句为突出宾语，用“惟……是……”句式，下文“惟四方之多罪逋逃是崇……”句式同。

❿ 昏（mǐn）：灭，同“泯”。昏弃：即《左传》绍公二十九年之“泯弃”。肆祀：大祭。肆，大。答：应，承。

⓫ 遗：留存。王父母弟：同祖兄弟。王父母，祖父母。迪：用。

⓬ 乃惟：却是。逋逃：逃亡，这里指罪人。逋（bū），亡。崇：尊重。长：敬。

⓭ 信：信任。使：使用。

⓮ 以为大夫卿士：以这些罪人为大夫卿士。

⓯ 俾（bǐ）：使。暴虐：施暴虐。

⓰ 奸宄（guǐ）：残害。

至喜❶。

七月流火，九月授衣。春日载阳❷，有鸣仓庚❸。女执懿筐❹，遵彼微行❺，爰求柔桑❻。春日迟迟❼，采蘩祁祁❽。女心伤悲，殆及公子同归❾。

七月流火，八月萑苇❿。蚕月条桑⓫，取彼斧斨⓬。以伐远扬⓭，猗彼女桑⓮。七月鸣鵙⓯，八月载绩⓰。载玄载黄⓱，我朱孔阳⓲，为公子裳。

四月秀葽⓳，五月鸣蜩⓴。八月其获㉑，十月陨萚㉒。一之日于貉㉓，取

---

❶ 田畯（jùn）：农官，也称农正或田大夫，古代贵族派到田间去监督农业劳动的下级官吏。喜（xī）：通“饎”，酒食。用酒食招待田畯。一说欢喜。

❷ 载阳：天气开始暖和。载，始。

❸ 有：动词词头。仓庚：鸟名，即黄莺，也叫离黄或黄鹂。叠韵词。

❹ 懿筐：深深的箩筐。

❺ 遵彼微行（háng）：顺着桑间小道走去。遵，顺，循。微行，小路。

❻ 爰：动词词头，于是。柔桑：柔嫩的桑叶。

❼ 迟迟：缓慢的样子。

❽ 采蘩祁祁：蘩，菊科植物，即白蒿。据明徐光启说：蚕子未孵化，煮白蒿叶汁浇它，容易孵化，当是一种蚕种催生术。祁祁，众多貌。此句意指采蘩的人很多。

❾ 殆：只怕。公子：贵族子弟。同归：一说被贵公子占有。一说陪同出嫁。

❿ 萑（huán）苇：即蒹葭，也叫芦荻。八月萑苇成长，收割晒干，可做蚕箔，让蚕在上面居歇。此处名词作动词用。

⓫ 蚕月：指夏历三月，养蚕时间。条桑：修剪桑枝，准备摘桑叶。

⓬ 斧斨（qiāng）：泛指斧头。斧柄孔圆的叫斧，方的叫斨。

⓭ 远扬：指长得高大的枝条。

⓮ 猗（yī）：通“掎”，牵引、拉着。引申为摘取。女桑：柔桑，指桑树上的嫩叶。

⓯ 鵙（jú）：鸟名，即伯劳。表示天气将寒。

⓰ 载绩：开始绩麻织布。

⓱ 载玄载黄：载，又、再。玄，黑红色。黄，黄色。指将丝麻织品染成黑红色、黄色。玄、黄均作动词用。

⓲ 我朱孔阳：以大红为最鲜明。我，指示代词，彼。朱，大红。孔，很。阳，鲜明。

⓳ 秀葽（yāo）：结子的苦葽。葽，《说文》：引刘向说它味苦，名苦葽，或是四月结子的某种苦菜。一说黄瓜或远志。

⓴ 蜩（tiáo）：蝉，知了。

㉑ 其获：收获庄稼。其，动词词头。

㉒ 陨萚（yǔn tuò）：落叶。萚，草木脱落的皮或叶。

㉓ 于貉（hé）：捕捉貉子。于，动词词头。貉，貉子，也叫狸，其毛皮非常珍贵。一说“貉”通“祃”，祃即祃祭，出兵时祭神。古代狩猎，也是“习兵之礼”，故贵族集合奴隶田猎前也用此礼。

彼狐狸，为公子裘❶。二之日其同❷，载缵武功❸。言私其豵❹，献豜于公❺。

五月斯螽动股❻，六月莎鸡振羽❼。七月在野❽，八月在宇❾，九月在户❿，十月蟋蟀入我床下⓫。穹窒熏鼠⓬，塞向墐户⓭，嗟我妇子⓮，曰为改岁⓯，入此室处⓰。

六月食郁及薁⓱，七月亨葵及菽⓲。八月剥枣⓳，十月获稻。为此春酒⓴，

---

❶ 裘：皮袍。

❷ 其同：指出猎前会合众人。其，动词词头。同，会合、集合。

❸ 载缵（zuǎn）武功：继续练习武功，指田猎之事。据崔述《读风偶识》云："一之日三句指'私猎'。二之日四句指'大猎'。"

❹ 言私其豵（zōng）：猎到的小野兽归我们私有。言，动词词头。私，私有。豵，一岁的小野猪，这里泛指小兽。

❺ 豜（jiān）：三岁的大野猪，泛指大野兽。大野兽要献给公家。

❻ 斯螽（zhōng）：昆虫名，即螽斯，蝗类，振翅能发声，古人以为是两腿摩擦发声。动股：双腿摩擦发声。股，腿。

❼ 莎（suō）鸡：昆虫名，纺织娘。振羽：振动翅膀发声。

❽ 野：原野，田野。

❾ 宇：屋檐下。

❿ 户：屋里。

⓫ 入：进入。

⓬ 穹窒（qióng zhì）熏鼠：把屋子里的洞穴全部堵塞，用烟熏逐老鼠。穹，穷尽。窒，堵塞。

⓭ 塞向：塞好朝北的窗子。向，朝北方向的窗子。墐（jìn）户：用泥浆涂抹柴门。墐，涂。

⓮ 嗟（jiē）：感叹词，这里作吩咐讲。

⓯ 曰为改岁：又算是过年了。曰，句首语气词。改岁，更改年岁，指过年，这里指周历。

⓰ 入此室处：进室内居住以避寒。处，居处。

⓱ 郁（yù）及薁（yù）：郁、薁都是植物名。郁，郁李，果实似李子，可吃。薁，野葡萄，果实可吃、可酿酒。

⓲ 亨：同"烹"，煮。葵：菜名，古称"百菜之主"，是一种重要蔬菜。菽：大豆，也指称各种豆类。

⓳ 剥（pū）枣：打枣子。剥，扑、打。

⓴ 春酒：以稻、枣为原料，冬天酿造，经春才成，故称春酒。

以介眉寿❶。七月食瓜，八月断壶❷，九月叔苴❸。采荼薪樗❹，食我农夫❺。

九月筑场圃❻，十月纳禾稼❼。黍稷重穋❽，禾麻菽麦。嗟我农夫：我稼既同❾，上入执宫功❿！昼尔于茅⓫，宵尔索绹⓬，亟其乘屋⓭，其始播百谷⓮。

二之日凿冰冲冲⓯，三之日纳于凌阴⓰。四之日其蚤⓱，献羔祭韭⓲。九月肃霜⓳，十月涤场⓴。朋酒斯飨㉑，曰杀羔羊㉒。跻彼公堂㉓，称彼兕觥㉔，万寿无疆㉕！

---

❶ 以介眉寿：祈求长寿。介，佐助。眉寿，长寿。唐孔颖达疏说："人到老了，眉上长有毫毛，叫做秀眉"，所以称长寿为眉寿。

❷ 断壶：摘断瓠瓜。断，摘断。壶，通"瓠"，瓠瓜。葫芦科草本植物，嫩果作菜，壳可作瓢。

❸ 叔苴：叔，拾取。苴，大麻的雌株，也叫子麻，麻子可食。

❹ 采荼（tú）薪樗（shū）：采苦菜，砍臭椿。荼，苦菜，叶有齿，嫩苗可食。樗，臭椿，苦木科落叶乔木，砍来当柴烧。薪，作动词。

❺ 食（sì）：使动用法，给……吃。这里指养活。

❻ 场圃：打谷场，菜园，即筑场于圃。古代场圃同地，春夏为圃，秋冬为场。

❼ 纳：指把粮食纳入谷仓。禾稼：泛指一般谷物。

❽ 重穋（tóng lù）：重，通"种"，早种晚熟的谷。穋，通"稑"，晚种早熟的谷。

❾ 既同：已经聚集。指把收获物集中起来送进仓库。

❿ 上入执宫功：上，通尚，还要。执，执行，指服役。宫，指贵族的宫室。功，工作。此句意为：农事既毕，还要替贵族服家内劳役。

⓫ 昼尔于茅：白天去割茅草。尔，语助词。于，动词词头。一说割取。

⓬ 宵尔索绹（táo）：晚上搓绳子。宵，晚上。索，搓，绞。绹，绳子。

⓭ 亟其乘屋：赶快爬到屋顶去修理房子。亟，急。乘，升，登。

⓮ 其始：指岁始，即初春。

⓯ 冲冲（chōng chōng）：象声词，凿冰的声音。

⓰ 凌阴：冰窖。凌，聚集的冰。阴，即"窨"，地窖。古代大夫以上贵族享有用冰祭祀和纳凉的特权。

⓱ 蚤：通"早"。朱熹说即早期，指下文的祭祖仪式。

⓲ 献羔祭韭：用羔羊和韭菜祭祖。古礼，仲春二月（周历四月）开冰献羔，用以祭祀祖先。

⓳ 肃霜：天高气爽。双声古联绵字。

⓴ 涤场：天空澄净。一说指农事完毕，把场地打扫干净。双声古联绵字。

㉑ 朋酒斯飨（xiǎng）：乡人在一起饮酒欢会。朋酒，两樽酒。斯，衬字。飨，享受。

㉒ 曰：句首语气词。

㉓ 跻（jī）彼公堂：跻，升、登。公堂，公共场所。一说贵族的厅堂。

㉔ 称彼兕觥（sì gōng）：举起酒杯。称，举起。兕觥，犀牛角酒器。

㉕ 万寿无疆：颂祝之词。万寿，大寿。无疆，无边界，引申为无止境。

公　刘❶

笃公刘❷！匪居匪康❸。乃埸乃疆❹，乃积乃仓❺。乃裹糇粮❻，于橐于囊❼。思辑用光❽。弓矢斯张❾，干戈戚扬❿，爰方启行⓫。

笃公刘！于胥斯原⓬。既庶既繁⓭，既顺乃宣⓮，而无永叹⓯。陟则在巘⓰，复降在原⓱。何以舟之⓲？维玉及瑶⓳，鞞琫容刀⓴。

笃公刘！逝彼百泉㉑，瞻彼溥原㉒。乃陟南冈㉓，乃觏于京㉔。京师之

---

❶ 本诗六章，每章十句，叙述周始祖后稷之曾孙公刘率领部落去邰迁豳，开创基业之诗。为周人自叙开国史诗六篇之一。

❷ 笃：厚，忠厚老实。公刘：姓姬名刘。公是国人对国君的尊称，后稷的曾孙，开创周王业的第二个伟大人物。据《史记·周本纪》载："公刘虽在戎狄之间，复修后稷之业，务耕种，行地宜，自漆、沮度渭，取材用，行者有资，居者有畜积，民赖其庆。百姓怀之，多徙而保归焉。周道之兴自此始，故诗人歌乐思其德。"

❸ 匪：通"非"，不。居：安。康：宁。此句意为：公刘不敢在邰安居乐业。

❹ 乃：于是。埸（yì）：小田的边界。疆：大田的边界。此句意为：整治田亩。

❺ 积：露天堆着。仓：用作动词，把粮食存放在粮仓里。

❻ 裹：包扎、包裹。糇（hóu）粮：干粮。

❼ 于：介词，在。橐（tuó）：没有缝底的口袋，装物后，用绳扎紧两头。囊（náng）：缝底的口袋。

❽ 思辑用光：思以辑和其人民，从而光显其国家。辑，和睦。用，以。光，光显、光大。

❾ 弓矢：弓和箭。斯：指示代词，复指弓矢。张：拉开弓弦。

❿ 干戈：盾和平头戟。戚扬：斧和钺，指准备各种武器。

⓫ 爰：于是。方：始，开始。启行（háng）：出发，启程。这里指从邰迁往豳。

⓬ 于：动词词头。胥：相也，即察看。斯原：这块大平原，即豳地原野。

⓭ 庶：人口多。繁：物产盛。据朱熹《诗经集传》云："庶、繁，谓居之者众也。"

⓮ 既顺乃宣：民心归顺，民情舒畅。据朱熹《诗经集传》说："顺，安。宣，遍也。言居之遍也。"

⓯ 永叹：长叹。

⓰ 陟（zhì）：登。巘（yǎn）：山顶。

⓱ 复降：又下来。原：平原。连上句指公刘上山下原，察看地势。

⓲ 舟：带，佩带。通"周"。

⓳ 维：语气词。玉及瑶：美玉和宝石。

⓴ 鞞琫（bǐng běng）：鞞，刀鞘的装饰物。琫，刀柄的装饰物。容刀：装饰过的佩刀。

㉑ 逝：往。百泉：许多泉水。百，虚数。

㉒ 瞻：看。溥（pǔ）原：广大的平原。溥，大、广大。

㉓ 南冈：南面的山冈。

㉔ 觏（gòu）：看见。京：地方，豳的邑名。

野❶，于时处处❷，于时庐旅❸，于时言言❹，于时语语❺。

笃公刘！于京斯依❻。跄跄济济❼，俾筵俾几❽，既登乃依❾。乃造其曹❿，执豕于牢⓫；酌之用匏⓬，食之饮之，君之宗之⓭。

笃公刘！既溥既长⓮。既景乃冈⓯，相其阴阳⓰。观其流泉⓱；其军三单⓲，度其隰原⓳。彻田为粮⓴；度其夕阳㉑，豳居允荒㉒。

---

❶ 京师：许多人住在高地上。京，高地。师，人多。后人把皇帝住的地方称做京师。

❷ 于时：于是。处处：指住着的屋子。

❸ 庐旅：指寄住的客人。

❹ 言言：指把话直说出来。言，直言。

❺ 语语：指说话。与人商量，向人询问。语，论难曰语。以上四句据朱熹《诗经集传》说："于是为之居室，于是庐其宾旅，于是言其所言，于是语其所语，无不于斯焉。"表示人们在此安居乐业。

❻ 依：安居。

❼ 跄跄（qiǎng qiǎng）：指许多人走路从容的样子。济济（jǐ jǐ）：指许多人有礼貌的样子。朱熹《诗经集传》："跄跄济济，群臣有威仪貌。"

❽ 俾：使。筵（yán）：竹席，用作动词，指铺席。几：矮桌，用作动词，指设几。

❾ 登：指坐上筵席。依：指凭几如礼。

❿ 造：到，即走到。曹：群，指养牲口的地方。

⓫ 执：捉。豕：猪。牢：关牲畜的屋子。此句意为：以猪肉为菜肴。

⓬ 酌之：给众宾客斟酒喝。匏：葫芦壳。此句意为：用剖开的葫芦壳当作舀酒器。

⓭ 君之：指君王，即公刘。宗：宗主，即公刘。之：指示代词，指众宾客，即群臣。

⓮ 既溥既长：指公刘芟夷垦辟，土地面积既广且长。

⓯ 景：通"影"，日影。这里指测日影以定方向。冈：山冈。这里指爬上山冈，瞭望远方。

⓰ 相：视、察看。阴阳：山北和山南。这里指辨别地气冷暖。

⓱ 流泉：指水泉灌溉之利。

⓲ 三单：把军队分成三批，轮班服役。单，通"禅"，有更番代替之意。据郑玄笺："邰，后稷上公之封，大国之制三军，以其余卒为羡。今公刘迁于豳，民始从之，丁夫适满三军之数。单者，无羡卒也。"

⓳ 隰原：低田和高田。

⓴ 彻田：周代税制。收田里收成十分之一的税。一说开垦荒田。

㉑ 夕阳：指山西的地方。此句意为：为了扩充土地，又勘测山西面地方。

㉒ 允荒：实在大得很。允，实在、确实。荒，大。

笃公刘！于豳斯馆❶。涉渭为乱❷，取厉取锻❸。止基乃理❹，爰众爰有❺，夹其皇涧❻。溯其过涧❼。止旅乃密❽，芮鞫之即❾。

---

❶ 于豳斯馆：在豳地要营造他的宫室。馆，用作动词，指造宫室。

❷ 渭：渭水。为乱：指船在水面上横渡过去。水正常流动为顺，横渡时扰乱了水的顺流故叫乱。朱熹《诗经集传》："涉渭取材，而为舟以来往。"

❸ 厉：石料。锻：铁料。

❹ 止基：定居的基础。止，居。基，定。理：治理好。

❺ 爰众爰有：人民越来越多，钱越来越足。众，人多。有，财足。

❻ 皇涧：水名。此句意为：皇溪的两岸都住着人。

❼ 溯：通"遡"，指向河的来源寻上去。过涧：水名。此句意为：过水的源头也住着人。

❽ 止旅：定居的人民。密：多、众。

❾ 芮（ruì）：水名。一作"汭"。鞫（jū）：水外面的地。之：指示代词，指芮鞫。即：就。

礼 记❶

大 学❷

大学之道❸，在明明德❹，在亲民❺，在止于至善❻。

知止而后有定❼，定而后能静❽，静而后能安❾，安而后能虑❿，虑而后能得⓫。

---

❶ 《礼记》，亦称《小戴礼记》，儒家经典之一。西汉刘向编定《礼记》130篇。戴德删其繁重，选定85篇，称《大戴礼记》。戴圣又从《大戴礼记》选定49篇，称《小戴礼记》。成为战国至西汉初期儒家各种论礼著作的选集。戴圣，字次君，梁（今河南商丘）人，曾任九江太守，与叔父戴德俱学礼于后苍，西汉今文礼学“小戴学”的开创者。汉宣帝时立为博士，参加石渠阁议，时称“小戴”。《礼记》的内容大致为孔子弟子及其后学所记。记述礼的定义和各种礼的细节，特别丧礼、祭礼占十七篇之多；记述爵禄、赐田、朝聘、学校、教学、养老、燕射、服饰等社会制度；记述音乐原理和音乐作用；记述政治理想和治国、治学方法；记述春夏秋冬气候及应时的各种措施等。是研究我国古代礼制、儒家思想的重要资料。《礼记》的通行本有清朱彬《礼记训纂》本、孙希旦《礼记集解》本、《十三经注疏》本等。底本据中华书局1980年影印阮元校刻《十三经注疏》本《礼记正义》。

❷ 《大学》原为《小戴礼记》中的一篇，是儒家最有系统地论述治国平天下的学说。汉武帝时，随《礼记》成为五经之一而进入学官。宋以前并不单行。北宋程颢、程颐将其从《小戴礼记》中抽出，加以整理，单独成篇。并与《中庸》《论语》《孟子》相配，合称四书。南宋朱熹作《四书章句集注》，将它列为四书之首。元以来，成为科举考试的必读教科书。《大学》的作者已不可考。按传统说法，是曾参所作。清以后一般学者都认为成书于战国末期至西汉之间。

❸ 大学之道：大，旧音泰（tài），含至高至极之意。大学，古代天子所设学校，与小学对举而言，教以穷理正心修己治人之道。道，儒家的道有多种解释，大致指一定的人生观、世界观、政治主张和思想体系，这里指宗旨、原则。

❹ 明明德：前一明字为使动词，使……显明。明德，美德，光明的德性。此句意为：使光明的德性显明起来。

❺ 亲民：程颐、朱熹认为亲当作“新”，形容词作使动词，使人民革旧布新。民，人民。王守仁认为亲仍作“亲”解，亲爱其人民。

❻ 止：达到。至善：善的最高境界。至，极、最。

❼ 知止：知道所当达到的最善境界。定：定向，目标。

❽ 静：心不妄动。

❾ 安：所处而安。

❿ 虑：思虑周详。

⓫ 得：获得。

物有本末❶，事有终始❷。知所先后❸，则近道矣❹。

古之欲明明德于天下者❺，先治其国；欲治其国者，先齐其家；欲齐其家者，先修其身；欲修其身者，先正其心；欲正其心者，先诚其意；欲诚其意者，先致其知❻；致知在格物❼。

物格而后知至❽，知至而后意诚，意诚而后心正，心正而后身修，身修而后家齐，家齐而后国治，国治而后天下平。

自天子以至于庶人❾，一是皆以修身为本❿。

其本乱而末治者⓫，否矣⓬。其所厚者薄⓭，而其所薄者厚⓮，未之有也。

《康诰》曰⓯：“克明德⓰。”《大甲》曰⓱：“顾諟天之明命⓲。”《帝典》

---

❶ 物有本末：物，事物。本末，树的根本和末梢。古文作“[illegible]”，指事字，引申为根本和枝节。这里的“本”指明德，“末”指新民。

❷ 终始：结局和开端。这里的“终”指能得，“始”指知止。

❸ 知所先后：能够知道和把握道德修养程序的主次先后，轻重缓急。所，结构助词。

❹ 道：指大学的道理，即至善之道。

❺ 明德于天下：使天下之人皆有以明其明德。即平天下。

❻ 先致其知：首先要获得丰富的知识。致，推极也。知，犹识也。推极吾之知识，欲其所知无不尽也。

❼ 致知：求得知识。致，达到，求得。知，知识。格物：推究事物的原理。格，至。一作正，正其不正。物，事。穷至事物之理。

❽ 物格：遇事接物之间一一加以推究明白。知至：知识蕴藏于内心，无所不知。

❾ 庶人：古代对农业劳动者的称谓。秦汉以后泛指没有官爵的平民。

❿ 一是：一切，一律。

⓫ 本：根本，此处指修身。乱：紊乱，含破坏之意。末治：指搞好齐家、治国、平天下之事。末，末节。

⓬ 否：不，不可能。

⓭ 厚：丰厚，重视。

⓮ 薄：淡薄，轻视。

⓯ 《康诰》：《尚书·周书》中的篇名，是周公对康叔受封于殷地时的训辞。他教育康叔明德慎罚，治理好殷民。这是一篇探讨周朝历史和政治思想的重要文献资料。

⓰ 克：能，能够。

⓱ 《大甲》：《尚书·商书》中的篇名。大，音“泰”。大甲，商代国王，商汤嫡长孙，大丁之子。既立，无道，不理国政。伊尹放之于桐，后大甲改悔，伊尹迎其复位，作《大甲》以戒之。

⓲ 顾諟（shì）天之明命：这是伊尹告诫大甲的话。顾，回顾，引申为经常想念。諟，是，此。明命，即明德，天所赋予的美德。

曰❶："克明峻德❷。"皆自明也❸。

汤之《盘铭》曰❹："苟日新❺，日日新，又日新。"《康诰》曰："作新民❻。"《诗》曰❼："周虽旧邦❽，其命维新❾。"是故君子无所不用其极❿。

《诗》云："邦畿千里⓫，维民所止⓬。"《诗》云："缗蛮黄鸟⓭，止于丘隅⓮。"子曰⓯："于止⓰，知其所止⓱。可以人而不如鸟乎！"《诗》云："穆穆文王⓲，于缉熙敬止⓳。为人君，止于仁⓴；为人臣，止于敬㉑；为人子，止

---

❶ 《帝典》：《尚书》中的篇名，即《尧典》，主要叙述尧、舜二帝的历史。

❷ 峻：《尧典》中作"俊"，伟大崇高之意。

❸ 自明：自明己德。

❹ 汤：指商汤。子姓，名履，商朝的建立者。《盘铭》：古代在青铜器上镌刻的用以申戒的铭文。盘：青铜器制的盥洗器具。铭：镌刻在青铜器上用以称颂功德或鉴戒自警的文字，后成为一种文体，称金文。

❺ 苟：诚，如果，假如。

❻ 作：鼓之舞之之谓作，振作兴起之意。

❼ 《诗》：指《诗经》，这里所引两句诗出自《诗经·大雅·文王》，是一首歌颂周文王的诗篇。

❽ 周：指周王国。周自后稷开国，居于西方，经夏、商两朝，都是诸侯国，到文王时，国力逐渐强盛，奠定了灭商的基础。至武王时，灭掉商朝，建立周朝。旧邦：古老的诸侯国。邦，古代诸侯封国之称。

❾ 命：上天的命令、意志。维新：更新，除旧布新。

❿ 君子：这里指统治者。极：尽。

⓫ 邦畿（jī）：古代天子之京都，方圆千里，包括京城及郊区。邦，都、京城。畿，郊区。

⓬ 维民所止：为人民居住之处。维，为。民，人民。止，居住。这两句诗引自《诗经·商颂·玄鸟》，这是一首祭祀时所唱的颂歌，叙述殷商始祖契因其母简狄吞玄鸟卵而生的传说，以及商王建立王业，武丁中兴功绩。所引两句诗在于说明一切事物都应有个落脚点。

⓭ 缗（mín）蛮：鸟鸣声。缗，原诗为"绵"字。黄鸟：黄雀，一种小鸟。

⓮ 止于丘隅（yú）：停在山丘的一角。止，栖息。于，介词，在。丘，多树的土山。隅，原诗为"阿"字，山坡。这两句诗引自《诗经·小雅·绵蛮》，意在说明小鸟尚且知道选择居住之处，何况人呢？

⓯ 子曰：孔子说。子，先生、老师。古代男子的通称。

⓰ 于止：进退居处。于，叹词，无义。止，居处。

⓱ 其：它，指代鸟。

⓲ 穆穆：端庄而深远。

⓳ 缉熙敬止：光明而又做到恭敬。缉，继续。熙，光明。敬，恭敬。止，安所止。这两句诗引自《诗经·大雅·文王》，意在说明止于至善。

⓴ 仁：仁政，仁义。

㉑ 敬：尊敬，恭敬。

于孝❶；为人父，止于慈❷；与国人交❸，止于信❹。”《诗》云：“瞻彼淇澳❺，菉竹猗猗❻。有斐君子❼，如切如磋❽，如琢如磨❾。瑟兮僩兮❿，赫兮喧兮⓫。有斐君子，终不可諠兮⓬！”如切如磋者，道学也⓭。如琢如磨者，自修也⓮。瑟兮僩兮者，恂栗也⓯。赫兮喧兮者，威仪也⓰。有斐君子，终不可諠兮者，道盛德至善⓱，民之不能忘也。《诗》云：“于戏⓲！前王不忘⓳。”君子贤其贤而亲其亲⓴，小人乐其乐而利其利㉑，此以没世不忘也㉒。

---

❶ 孝：孝顺父母。

❷ 慈：慈爱子女。

❸ 国人：住在都城里的人，也指周围的人们。古代有国、野之分。交：交往。

❹ 信：诚信，讲究信用。

❺ 瞻彼淇澳（qí yù）：看那淇水岸边。瞻，看、瞧。彼，它、那个。淇，淇水，在今河南北部，古代属卫国。澳，原诗作“奥”，亦作“隩”，崖岸弯曲的地方。

❻ 菉竹猗猗（yī yī）：菉竹，绿色的竹子。菉，通“绿”。猗猗，修美茂盛的样子。

❼ 有斐：有，助词，无义。斐，斐然，才华丰茂的样子。君子：指卫武公，曾为周天子卿士，有善政。

❽ 如切如磋：古代治骨器的不同方法。切，用刀切断。磋，用锉刬平。《尔雅·释器》：“骨谓之切，象谓之磋。”比喻治学要像切刬骨器那样严谨。

❾ 如琢如磨：古代治玉石器的不同方法。琢，用刀雕刻。磨，用沙磨光。比喻修身应像琢磨玉石器那样精细。

❿ 瑟兮僩（xiàn）兮：庄重威武的样子。瑟，“璱”的假借字，庄重。僩，威严，武毅。兮，语气词。

⓫ 赫兮喧（xuān）兮：光明盛大的样子。赫，光明。喧，原诗作“咺”，显扬。

⓬ 諠（xuān）：原诗作“谖”，忘记。以上九句诗引自《诗经·卫风·淇奥》。意在鼓励人们以卫武公为榜样，不断修身进德，止于至善。

⓭ 道：言、说。学：治学的功夫。

⓮ 自修：自我修养。

⓯ 恂栗（xún lì）：惶恐颤栗。引申为谦恭谨慎的样子。

⓰ 威仪：威声盛大，仪容肃穆。

⓱ 道：言、说。盛德至善：高尚的品德，达到了善的最高境界。

⓲ 于戏（wū hū）：同“呜呼”，叹词。

⓳ 前王：指周文王、周武王。以上两句诗引自《诗经·周颂·烈文》。意在说明后世蒙前王之泽，被前王之化，以见亲民之极功。

⓴ 君子：指后贤，后王。贤其贤：前一“贤”字为动词，作重视讲。后一“贤”字为名词，作贤人讲。亲其亲：前一“亲”字为动词，作亲近、亲爱讲。后一“亲”字为名词，作亲人讲。

㉑ 小人：指后世人民。乐其乐：前一“乐”字为动词，作享受讲。后一“乐”字作名词，作安乐讲。利其利：前一“利”字为动词，作获得讲，后一“利”字为名词，作利益讲。

㉒ 没世：终生，一辈子。

子曰：“听讼❶，吾犹人也❷，必也使无讼乎！”无情者❸，不得尽其辞❹，大畏民志❺，此谓知本❻。

此谓知本❼，此谓知之至也❽。

所谓诚其意者❾，毋自欺也❿。如恶恶臭⓫，如好好色⓬，此之谓自谦⓭。故君子必慎其独也⓮。小人闲居为不善⓯，无所不至⓰。见君子而后厌然⓱，揜其不善而著其善⓲。人之视己，如见其肺肝然，则何益矣！此谓诚于中⓳，形于外⓴。故君子必慎其独也。曾子曰㉑：“十目所视㉒，十手所指㉓，其严

---

❶ 听讼：审理案件。听，处理，判断。讼，诉讼，争讼。

❷ 犹：同。

❸ 无情：没有实情。情，实。

❹ 辞：指狡辩，虚伪之言辞。

❺ 民志：民心，引申为人民的舆论。

❻ 本：根本。

❼ 此谓知本：这就叫做知道根本。程颢、程颐认为这句是衍文。

❽ 此谓知之至也：知，知识。至，最高境界。朱熹认为“此句之上，别有缺文，此特其结语耳。”此缺文是释格物、致知的文字。于是他取程颢、程颐的意思，补写了“格物致知章”。由于此章非《大学》原文，故不列入。学习时可参考朱熹《大学章句》。

❾ 诚：使动用法，使……诚实。

❿ 毋：不。自欺：行有不慊于心，自己欺骗自己。

⓫ 恶（wù）恶（ě）臭：前一“恶”字作动词，作厌恶、厌恨讲。后一“恶”字为形容词，臭恶的。恶臭，臭气，难闻的气味。

⓬ 好（hào）好色：前一“好”字作动词，喜爱、喜欢。后一“好”字为形容词，美好的。好色，美好的颜色，指美女。

⓭ 自谦：自我满足。谦（qiè）：同“慊”，欢快、满足。

⓮ 慎其独：谨慎地警惕独处时的行为。

⓯ 闲居：平时独居。

⓰ 无所不至：没有地方不到，引申为什么坏事都干。

⓱ 厌（yā）然：隐蔽、掩藏的样子。

⓲ 揜（yán）：同“掩”，掩蔽、掩饰。著：显示，彰明。

⓳ 诚于中：里边有实在的东西。诚，实在，这里指心中藏着恶念。

⓴ 形于外：显露在外面。形，显露，表现。

㉑ 曾子：姓曾名参，孔子弟子。

㉒ 十目：虚数。指监视目光之多。

㉓ 十手：虚数。指监视人之多。

乎❶!”富润屋❷，德润身❸；心广体胖❹，故君子必诚其意。

所谓修身正在其心者：身有所忿懥❺，则不得其正❻；有所恐惧，则不得其正；有所好乐❼，则不得其正；有所忧患，则不得其正。心不在焉❽，视而不见，听而不闻，食而不知其味。此谓修身在正其心。

所谓齐其家在修其身者：人之其所亲爱而辟焉❾，之其所贱恶而辟焉❿，之其所畏敬而辟焉⓫，之其所哀矜而辟焉⓬，之其所敖惰而辟焉⓭。故好而知其恶，恶而知其美者，天下鲜矣⓮。故谚有之曰⓯：“人莫知其子之恶，莫知其苗之硕⓰。”此谓身不修不可以齐其家⓱。

所谓治国必先齐其家者：其家不可教⓲，而能教人者，无之。故君子不出家出成教于国⓳。孝者，所以事君也⓴；弟者㉑，所以事长也；慈者㉒，所以使众也。《康诰》曰：“如保赤子㉓。”心诚求之㉔，虽不中㉕，不远矣。未有

---

❶ 严：严厉，严峻。

❷ 富润屋：富贵可以使房屋华美。润，滋润，引申为修饰。

❸ 德润身：有道德则足以润泽其身。

❹ 胖（pán）：舒坦安康。

❺ 身：心，内心。忿懥（fèn zhè）：愤怒。

❻ 得：能，能够。

❼ 好乐：爱好逸乐。

❽ 焉：代词，此，这里。

❾ 之：介词，对于。辟：偏向、偏见、偏私。

❿ 贱恶：低贱和厌恶。

⓫ 畏敬：畏惧，尊敬。

⓬ 哀矜（jīn）：哀怜，同情。

⓭ 敖惰：简慢，怠惰。

⓮ 鲜（xiǎn）：少。

⓯ 谚：谚语。

⓰ 硕（shuò）：《说文》：“本谓头大”，引申为大，这里有茂盛之意。

⓱ 齐：整齐，整顿。

⓲ 教：教育，教化。

⓳ 君子：这里指治国者。成教于国：在国家内完成教化任务。于，介词，在。

⓴ 事君：奉侍君主。

㉑ 弟（tì）：通“悌”。《说文》：“善兄弟也”恭敬兄长，友爱弟弟。

㉒ 慈：慈爱。

㉓ 保：保护，爱护。赤子：初生的婴儿，这里指老百姓。

㉔ 之：代词，他，指保护赤子之心。

㉕ 中：中式，达到标准。

学养子而后嫁者也。一家仁❶，一国兴仁❷；一家让❸，一国兴让；一人贪戾❹，一国作乱：其机如此❺。此谓一言偾事❻，一人定国。尧、舜率天下以仁而民从之❼。桀、纣率天下以暴而民从之❽。其所令反其所好❾，而民不从。是故君子有诸己而后求诸人❿，无诸己而后非诸人。所藏乎身不恕⓫，而能喻诸人者⓬，未之有也。故治国在齐其家。《诗》云："桃之夭夭⓭，其叶蓁蓁⓮。之子于归⓯，宜其家人⓰。"宜其家人，而后可以教⓱国人。《诗》云："宜兄宜弟⓲。"宜兄宜弟，而后可以教国人。《诗》云："其仪不忒⓳，正是四国⓴。"其为父子兄弟足法㉑，而后民法之也。此谓治国在齐其家。

---

❶ 仁：仁爱。

❷ 兴：兴起，兴盛，引申为崇尚，追求。

❸ 让：谦让，谦逊。

❹ 贪戾：贪婪暴虐。

❺ 机：作用。

❻ 偾（fèn）事：败事。偾，覆败，败坏。

❼ 尧、舜：传说中原始社会后期部落联盟首领。尧，陶唐氏，名放勋，史称唐尧，禅位于舜。舜，有虞氏，名重华，史称虞舜，禅位于禹。被誉为两位圣明的君主。

❽ 桀、纣：历史上的两个暴君。桀，名履葵，夏代亡国之君，荒淫暴虐，被商汤击败，放逐于南巢。纣，名辛，商代亡国之君，荒淫残暴，被周武王击败，自焚于鹿台。

❾ 令：要人民从善的政令。反：违反，违背。

❿ 有诸己：为自己所有的，指自己有了善的品德。诸：之于的合音，通"之"。

⓫ 恕：恕道。即做到"己所勿欲，勿施于人，"以仁爱之心待人。

⓬ 喻：晓喻，开导。

⓭ 夭夭：草木茂盛的样子。《诗》以桃花喻少女，指少女风华正茂，光彩照人。

⓮ 蓁蓁（zhēn zhēn）：树叶茂盛的样子。由桃叶喻少女将来家室之盛。

⓯ 之子于归：这个姑娘要出嫁。之：代词，这个。子，女子、姑娘，古代子、女均可称子。于归，出嫁。

⓰ 宜其家人：适宜于他的家人，使夫家和顺吉祥。以上四句诗，引自《诗经·周南·桃夭》，这是一首祝贺女子出嫁及时之歌，意在说明家人相睦相亲，才能推而广之使国人和睦相亲。

⓱ 教：教化，教育。

⓲ 宜兄宜弟：家中兄弟之间和睦友爱。这句诗引自《诗经·小雅·蓼萧》，是一首谢恩祝福的歌，意在说明兄弟之间相亲相爱，才能使国人相亲相爱

⓳ 其仪不忒（tè）：他的行义没有差错。仪，礼仪，仪容。忒，差错。

⓴ 正是四国：可领导四方诸国。正是，亦作"是正"，含有纠正、匡正之意。四国，四方各国。以上两句诗引自《诗经·曹风·鸤鸠》，这是一首表面夸美，实为讽刺曹国国君之诗，意在说明只有自身正直，才能使人民效法。

㉑ 足法：足以为榜样。法，效法。

所谓平天下在治其国者❶，上老老而民兴孝❷，上长长而民兴弟❸，上恤孤而民不倍❹，是以君子有絜矩之道也❺。

所恶于上❻，毋以使下；所恶于下❼，毋以事上；所恶于前，毋以先后❽；所恶于后，毋以从前；所恶于右，毋以交于左❾；所恶于左，毋以交于右，此之谓絜矩之道。

《诗》云："乐只君子❿，民之父母。"民之所好好之⓫，民之所恶恶之⓬，此之谓民之父母。

《诗》云："节彼南山⓭，维石岩岩⓮，赫赫师尹⓯，民具尔瞻⓰。"有国者不可以不慎，辟则为天下僇矣⓱！

---

❶ 平天下：平治天下。

❷ 上：在上位者，指国君或统治者。老老：尊敬老人。前一"老"字作动词，尊敬、尊重。后一"老"字为名词，老人，也可作父母、长辈讲。

❸ 长长：敬重长辈。前一"长"字为动词，敬重、尊重。后一"长"字作名词，长辈。

❹ 恤（xù）孤：体恤、哀怜孤独无依的人。倍：同"背"，违背。

❺ 絜（xié）矩之道：制作方形的规矩。执矩以度天下一切的方形，即以己之意以度人。引申为道德上的示范、榜样作用。絜，测量、计度。矩，方。

❻ 恶（wù）：厌恶。毋：同"无"，不。

❼ 所：连词，如果，表示假设。

❽ 先后：先前的行为施加于后者。

❾ 交：加给，施加。

❿ 乐只君子：快乐的君子啊！只，语气词。这两句诗引自《诗经·小雅·南山有台》。意在说明君子应从民所欲，与民同好恶，共甘苦，才能无愧于民之父母。

⓫ 好（hào）：两个好字均作喜爱讲。

⓬ 恶（wù）：两个恶字均作厌恶讲。

⓭ 节彼南山：那座雄伟高峻的南山啊！节，高峻雄伟的样子。彼，那。

⓮ 维石岩岩：累累堆积的岩层，高峻险巇。维，发语词，无义。

⓯ 赫赫：光明显耀的样子，引申为权势显赫。师尹：太师尹氏。师，太师，周王朝执政"三大"之一。

⓰ 民具尔瞻：人民的目光都注视着你。具，通"俱"，都。尔，你。瞻，怀着崇敬的心情去看，这里有注视之意。以上四句诗引自《诗经·小雅·节南山》，这是一首讥刺周天子执政太师尹氏为政不平，大失民望之诗。意在说明为国者应谨慎施政，从民所望。

⓱ 辟：偏差，偏向。僇：通"戮"，杀戮，引申为推翻。

《诗》云："殷之未丧师❶，克配上帝❷。仪监于殷❸，峻命不易❹。"道得众❺，则得国；失众，则失国。

是故君子先慎乎德❻。有德此有人❼，有人此有土，有土此有财，有财此有用❽。德者，本也；财者，末也。外本内末❾，争民施夺❿。是故财聚则民散，财散则民聚。是故言悖而出者⓫，亦悖而入；货悖而入者⓬，亦悖而出。

《康诰》曰："惟命不于常⓭。道善则得之；不善则失之矣。"《楚书》曰⓮："楚国无以为宝⓯，惟善以为宝⓰。"舅犯曰⓱："亡人无以为宝⓲，仁亲以为宝⓳。"

---

❶ 殷：殷朝。丧师：失去众人，引申为丧失民心。

❷ 克配：能够配合，引申为符合、秉承。

❸ 仪监于殷：应该以亡殷为借鉴。仪，原诗为"宜"字，应该。监，原诗为"鉴"字，观察，引申为借鉴。

❹ 峻命不易：获得上天的大命不容易。峻，大。以上四句诗引自《诗经·大雅·文王》。意在教育有国者以亡殷为鉴，争取民心。

❺ 道：说。

❻ 是故：所以。慎：谨慎。

❼ 此：这，这就。

❽ 用：财用充足。

❾ 外本内末：疏远，轻视道德这个根本，亲近，重视财富这个末节。外，疏远、轻视。内，亲近、重视。本，道德。末，财富。

❿ 争民：争利于民。施夺：施劫夺之政于民。

⓫ 言悖：语言违背情理。悖，逆，背。

⓬ 货悖：用违背情理的手段聚敛财富。

⓭ 惟：只，只有。命：天命。不于常：没有一定的常规。

⓮《楚书》：楚国的古书。论宝之事见《国语·楚语·王孙圉论国之宝》。他认为楚国观射（yì）父、左史倚相等德才兼优的名臣是宝。

⓯ 楚国：古国名。西周时立国于荆山一带，春秋时并吞周围五十多个小国，国力强大，成为春秋五霸之一，战国时被秦所灭。

⓰ 善：好，指道德好。

⓱ 舅犯：狐偃，字子犯。晋文公之舅，故称舅犯。从晋文公流亡，有大功。

⓲ 亡人：流亡在外的人，这里是晋文公自称。晋文公，名重耳，晋献公之子，公元前636—前628年在位。春秋五霸之一。公元前655年，晋文公避骊姬之谗，流亡在翟，时晋献公卒，秦穆公使子显吊之，因劝其复国。晋文公鉴于时机尚未成熟，不受秦命。这两句话是舅犯教晋文公答秦使子显的婉言报谢辞，表达了自己具有仁人之心。

⓳ 仁亲：热爱亲人，指热爱晋献公。

《秦誓》曰[1]："若有一个臣[2]，断断兮[3]，无他技[4]。其心休休焉[5]，其如有容焉[6]。人之有技，若己有之。人之彦圣[7]，其心好之[8]，不啻若自其口出[9]。寔能容之[10]，以能保我子孙黎民，尚亦有利哉[11]。人之有技，媢疾以恶之[12]。人之彦圣，而违之俾不通[13]。寔不能容，以不能保我子孙黎民，亦曰殆哉[14]！"

唯仁人放流之[15]，迸诸四夷[16]，不与同中国[17]。此谓唯仁人为能爱人，能恶人。

见贤而不能举[18]，举而不能先[19]，命也[20]。见不善而不能退[21]，退而不能

---

[1] 《秦誓》：《尚书》中的一篇，内容为秦穆公败于晋而悔过自责之辞。

[2] 个：原书作"介"。

[3] 断断兮：忠诚老实、勤勤恳恳的样子。兮：语助词，无义。

[4] 技：技艺，本领。

[5] 休休：平易宽容的样子。

[6] 有容：有容之量。

[7] 彦圣：美好的德行。彦，美士。圣，通明。

[8] 好：喜欢，喜爱。

[9] 不啻（chì）：不仅，不但。

[10] 寔："实"的异体字。原书为"是"。

[11] 尚：庶几，差不多。原书为"职"。

[12] 媢（mào）疾：嫉妒。媢，原书为"冒"，忌。

[13] 违：拂戾，压抑。俾（bǐ）：使。不通：不能通达于上。通，原书为"达"。

[14] 殆：危险。

[15] 仁人：具有仁德的人。放流：放逐，流徙。

[16] 迸（bǐng）：通"屏"，屏除，屏退，引申为驱逐。四夷：东夷、西戎、南蛮、北狄，古代泛指四周边远地区的少数民族。

[17] 与：和，跟，同。中国：当时指汉族所居住的黄河流域中原地区。

[18] 举：举荐、推举。

[19] 先：尽先使用，引申为信任、亲近。俞樾《群经平议》说："'先'盖'近'字之误。'见贤而不能举，举而不能近。'与'见不善而不能退，退而不能远'正相对成文。'近'，古文作'岓'，篆文作'[illegible]'，'先'字篆文作'[illegible]'，两形相近，因而致误耳。"可参考。

[20] 命：郑玄《礼记大学注》说："'命'当为'慢'，声之误也"。《程子外书》说："'命'当作'怠'，字之误也"。朱熹说："未详孰是"，不作定论。这里似乎以慢为妥。作轻慢、怠慢讲。

[21] 退：斥退，屏退。

远❶，过也❷。好人之所恶，恶人之所好，是谓拂人之性❸，菑必逮夫身❹。

是故君子有大道❺，必忠信以得之❻，骄泰以失之❼。生财有大道❽，生之者众，食之者寡，为之者疾❾，用之者舒❿，则财恒足矣⓫！

仁者以财发身⓬，不仁者以身发财⓭。未有上好仁而下不好义者也；未有好义其事不终者也⓮，未有府库财非其财者也⓯。

孟献子曰⓰："畜马乘⓱，不察于鸡豚⓲；伐冰之家⓳，不畜牛羊；百乘之家⓴，不畜聚敛之臣㉑。与其有聚敛之臣，宁有盗臣㉒。"此谓国不以利为利，以义为利也。

长国家而务财用者㉓，必自小人矣㉔，彼为善之㉕。小人之使为国家，菑害并至，虽有善者㉖，亦无如之何矣。此谓国不以利为利，以义为利也。

---

❶ 远：指边远地区。
❷ 过：过失，错误。
❸ 拂：拂逆，违背。性：人之本性。
❹ 菑："灾"的异体字，灾祸。逮（dài）：及，到。
❺ 大道：重大的原则。这里指为政以德。
❻ 忠信：忠诚，信实。
❼ 骄泰：骄纵恣肆。
❽ 大道：以义为利。
❾ 疾：快，引申为积极性高。
❿ 舒：舒缓，引申为节用。
⓫ 恒：常，永远。
⓬ 以财发身：运用财富来发展自身的王业。
⓭ 以身发财：运用自身的权力来聚敛财富。
⓮ 终：终极，引申为成功。
⓯ 府库：国家储藏财富的地方。
⓰ 孟献子：鲁国大夫仲孙蔑。
⓱ 畜：养，豢养，引申为拥有。马乘（shèng）：四匹马拉的车。古代士初试为大夫，始得备车子，驾四马。
⓲ 察：察看，查看，引申为关心。豚：小猪，这里指猪。
⓳ 伐冰之家：古代卿大夫丧祭时有用冰的特权，指代卿大夫。伐冰，凿冰。
⓴ 百乘之家：拥有四百匹马一百辆车的采邑，即卿大夫有封邑者。后指代卿大夫。
㉑ 聚敛之臣：搜刮人民财富的家臣。
㉒ 盗臣：盗窃公家府库财物的家臣。
㉓ 长（zhǎng）：掌握，领导。务：专门从事。
㉔ 自：由，此句指由小人误导。
㉕ 彼为善之：他们受到国君的重视。朱熹《大学章句》说："此句上下，疑有缺文误字。"
㉖ 善者：有贤德才能的人。

中　庸❶

天命之谓性❷，率性之谓道❸，修道之谓教❹。道也者❺，不可须臾离也❻；可离非道也。是故君子戒慎乎其所不睹❼，恐惧乎其所不闻。莫见乎隐❽，莫显乎微❾，故君子慎其独也❿。

喜怒哀乐之未发⓫，谓之中⓬；发而皆中节⓭，谓之和⓮。中也者，天下之大本也⓯；和也者，天下之达道也⓰。致中和⓱，天地位焉⓲，万物育焉⓳。

---

❶ 《中庸》原为《小戴礼记》中的一篇，是儒家学说中最早而最精密的一篇哲学论文，可以看作是儒家学说的思想理论基础。以孔子为代表的言天道与性的哲学思想，至此而一变，形成思孟学派。因此，受到历代学者的重视，将它从《礼记》中辑出单行。北宋程颢、程颐认为："此篇乃孔孟传授心法"，视为儒学道统传文。南宋朱熹把它与《大学》《论语》《孟子》合编为四书，并为之作注。元以后，成为科举考试必读教科书，影响十分深远。《中庸》的作者历来都认为是孔子的孙子子思。至清代始有人怀疑，认为约成书于战国末期至西汉之间。《中庸》的中心思想在于阐述不偏不倚、无过无不及的中庸之道是最高最完美的道德，是人道的正执，天道的真理。

❷ 天命：由天所命，这里指自然的禀赋。性：人的本性。

❸ 率（shuài）：遵循。道：人道。此句指人遵着理行事。

❹ 修道：修明道德。教：教化。这里含有省察自己，教育他人之意。

❺ 道：谓日常事物当行之理，蕴藏在内心。

❻ 须臾（xū yú）：片刻，一会儿。

❼ 是故：所以。君子：中庸中的君子，有时指有德行的人，有时指有地位的人。这里指有德行的人。戒慎：警戒，谨慎。睹（dǔ）：见，察看。

❽ 见（xiàn）：同"现"，表现。隐：隐蔽，暗处。

❾ 显：显现、明显。微：细微。

❿ 慎其独：即慎独。独处时十分谨慎。其：语气助词，无义。

⓫ 喜：喜欢。怒：愤怒。哀：悲哀。乐（lè）：快乐。四者均属人的感情。发：表露。

⓬ 中：不偏不倚。

⓭ 中（zhòng）节：合于自然的道理。中，符合。节，法度，法则。

⓮ 和：无所乖戾，和洽。

⓯ 大本：大根源，指道之体。

⓰ 达道：天下人民共由之路，引申为事物运动变化所应遵循的普遍规律。

⓱ 致：到，达到。中和：指达到不偏不倚，无所乖戾，体用结合的境界。

⓲ 位：安于其所。

⓳ 育：生育，繁育。指万物各按自己的本性生长。

仲尼曰❶："君子中庸❷，小人反中庸❸。君子之中庸也，君子而时中❹；小人之（反）中庸也❺，小人而无忌惮也❻。"

子曰："中庸其至矣乎❼！民鲜能久矣❽！"

子曰："道之不行也❾，我知之矣。知者过之❿，愚者不及也。道之不明也⓫，我知之矣。贤者过之，不肖者不及也。人莫不饮食也，鲜能知味也⓬。"

子曰："道其不行矣夫⓭！"

子曰："舜其大知也与⓮！舜好问而好察迩言⓯，隐恶而扬善⓰，执其两端⓱，用其中于民，其斯以为舜乎⓲！"

子曰："人皆曰：'予知'⓳，驱而纳诸罟擭陷阱之中而莫之知辟也⓴。人

---

❶ 仲尼：孔子的字，即孔丘（公元前551—前479年），春秋鲁国陬邑（今山东曲阜东南）人，我国古代伟大的思想家、教育家，儒学的创始人。

❷ 中庸：儒家的最高道德标准。中，就是不偏不倚，无过无不及。庸，平常。

❸ 反：违背。

❹ 而（néng）：通"能"，能够。古籍中"而"和"能"常通用。时中：应时制宜，言行处处符合中道。

❺ （反）：《十三经注疏》本《礼记·中庸》篇无"反"字。唐陆德明《经典释文》说王肃本作"小人之反中庸也。"程颐、朱熹均以为当有反字。

❻ 忌惮：顾忌，害怕。

❼ 至：极，最。

❽ 鲜（xiǎn）：少。

❾ 道：中庸之道。行：实行，流行。

❿ 知者：聪明、睿智的人。

⓫ 明：著明，明了。按此段"行""明"二字当互易。因为"知""愚"就"知"言，"贤""不肖"就"行"言。二字互易，意更明白。

⓬ 味：滋味。

⓭ 其：助词。矣夫（fú）：叹词。

⓮ 舜：传说中父系氏族社会后期部落联盟领袖，姓姚，有虞氏，名重华，史称虞舜。知：同"智"，智慧。也与：语气词连用。"与"同"欤"。

⓯ 好（hào）：喜欢。察：审查，体察。迩（ěr）言：浅近的话，即平常人的话。迩，近。

⓰ 隐恶扬善：包涵缺点，表明优点。

⓱ 执其两端：把握事物的两个极端。如大小、厚薄之类。两端：这里指过与不及。

⓲ 斯：这个。

⓳ 予知：我是明智的。予：我。知：同"智"，明智。

⓴ 驱：驱逐，驱赶。纳：纳入，引申为落入。罟擭陷阱：比喻祸害所伏。罟擭（gǔ huò），捕捉野兽的器具。罟，网的总称。擭，装有机关的捕兽木笼。陷阱：捕捉野兽的地坑。辟（bì）：通"避"。躲避。

皆曰：'予知'，择乎中庸而不能期月守也❶。"

子曰："回之为人也❷，择乎中庸❸。得一善❹，则拳拳服膺弗失之矣❺。"

子曰："天下国家可均也❻，爵禄可辞也❼，白刃可蹈也❽，中庸不可能也。"

子路问强❾。子曰："南方之强与❿？北方之强与？抑而强与⓫？宽柔以教⓬，不报无道⓭，南方之强也；君子居之⓮。衽金革⓯，死而不厌⓰，北方之强也；而强者居之。故君子和而不流⓱，强哉矫⓲；中立而不倚⓳，强哉矫；国有道⓴，不变塞焉㉑，强哉矫；国无道㉒，至死不变，强哉矫"。

---

❶ 期（jī）：一周年、一整月或一昼夜。指时间短暂。

❷ 回：颜回，字子渊，鲁国人，孔子最得意的学生，最有德行。

❸ 择：选择。含有仔细审查之意。

❹ 善：中庸的道理。

❺ 拳拳：亦作"惓惓"，牢牢握着不舍弃的样子。服膺（yīng）：谨记在心，衷心信服。服，著。膺，胸。

❻ 均：均平，引申为平定治理。

❼ 爵（jué）禄：爵位，俸禄。爵，古代按功劳的大小，地位的尊卑，分公、侯、伯、子、男五等爵制。历代遵行而略有调整。辞：推辞，辞让。

❽ 白刃：明晃晃的利刃，快刀。蹈（dǎo）：踩，踏。

❾ 子路：姓仲名由，字子路，也字季路。鲁国人，孔子的学生，好勇，故问强。强：刚强，坚强，含有武勇之意。

❿ 与：语气词，表疑问。

⓫ 抑：语气词，表示选择、抑或。而：同"尔"。汝：指子路。

⓬ 宽柔：宽厚温柔。教：教育、教化。

⓭ 报：报复。无道：横暴无理。

⓮ 居之：守着它。

⓯ 衽（rèn）金革：指卧在兵戈甲胄上，安心于此。衽，卧席。金，兵戈之类武器。革，头盔铠甲之类战袍战帽。

⓰ 不厌：不悔。

⓱ 和而不流：善于与人和协，又不无原则地迁就。和，和协、调和。流，随波逐流，引申为无原则地迁就。

⓲ 强哉矫：赞许之辞。矫：强盛、武勇的样子。

⓳ 中立而不倚：指守中庸之道，无所偏倚。

⓴ 有道：指政治清明，天下太平。

㉑ 不变塞：不改变未达时的操守。塞（sè），堵。

㉒ 无道：指政治黑暗，不太平。

子曰："素隐行怪❶，后世有述焉❷；吾弗为之矣❸。君子遵道而行❹，半途而废；吾弗能已矣❺。君子依乎中庸，遯世不见知而不悔❻，唯圣者能之❼。"

君子之道❽，费而隐❾。夫妇之愚可以与知焉❿，及其至也⓫，虽圣人亦有所不能知。夫妇之不肖，可以能行焉，及其至也，虽圣人亦有所不能焉。天地之大也，人犹有所憾⓬。

故君子语大，天下莫能载焉⓭；语小，天下莫能破焉⓮。《诗》云⓯："鸢飞戾天⓰，鱼跃于渊⓱。"言其上下察也⓲。君子之道，造端乎夫妇⓳，及其至也，察乎天地。

---

❶ 素隐行怪：指探求隐僻不正之理，做奇异怪诞之事，以欺世盗名。素：朱熹说："按《汉书》当作索，盖字之误也。"按《汉书·艺文志·方技略·神仙家》引《中庸》云："索隐行怪，后世有述焉，吾不为之矣。""素隐"作"索隐"。颜师古《注》："索隐，求索隐暗之事，而行怪迂之道，妄令后人有所祖述，非我本志。"可见"索"误为"素"，寻求、探索之意。

❷ 述：称述，记述。

❸ 为：做。

❹ 道：中庸之道。

❺ 已：停止，中止。

❻ 遯（dùn）世：避世，这里意为终身。遯："遁"的异体字。

❼ 圣者：圣人。

❽ 道：指中庸之道。

❾ 费（fèi）：道之用，指用之广大无涯。隐：道之体，指道之体精细微妙。二者是用和体的关系。

❿ 夫妇：有两种说法。一指男人、女人，并非指夫妻。郑玄主此说。一指夫妻。朱熹主此说。均可通。愚：愚笨。与：参与。

⓫ 至：最，极尽，最精微之处。

⓬ 憾（hàn）：遗憾，不满意。

⓭ 载：装载，承载。

⓮ 破：看破，引申为剖析。

⓯《诗》：指《诗经·大雅·旱麓》，这是一首赞扬有道德修养的人，求福得福，能培养人才的诗。

⓰ 鸢（yuān）：鸟名。戾（lì）：到，达到。

⓱ 渊：深潭。

⓲ 察：至，含昭著明白之意。

⓳ 造端：开始，开端。造，开始。

子曰："道不远人❶，人之为道而远人❷，不可以为道。《诗》云❸：'伐柯伐柯❹，其则不远❺。'执柯以伐柯❻，睨而视之❼，犹以为远。故君子以人治人，改而止❽。

"忠恕违道不远❾，施诸己而不愿❿，亦勿施于人。"

"君子之道四⓫，丘未能一焉⓬。所求乎子以事父⓭，未能也；所求乎臣以事君⓮，未能也；所求乎弟，以事兄，未能也；所求乎朋友先施之，未能也。庸德之行⓯，庸言之谨⓰；有所不足⓱，不敢不勉⓲，有余不敢尽⓳。言顾行⓴，行顾言，君子胡不慥慥尔㉑!"

君子素其位而行㉒，不愿乎其外㉓。素富贵，行乎富贵；素贫贱，行乎贫

---

❶ 道：指率性讲。远人：远离人们。

❷ 人之为道而远人：指有的人在修道时专门好高骛远，这样，使本来离人不远的道反而远了。

❸《诗》：指《诗经·豳风·伐柯》，这是一首描写关于婚姻的诗。

❹ 伐柯：砍斧柄。

❺ 则：法则，引申为做斧柄的方法。

❻ 执：握、拿。

❼ 睨（nì）：斜视。

❽ 以人治人：即以人固有的道理去治理人，启发人之明德以去其恶。改而止：直到他改正为止。

❾ 忠恕：尽己之心为忠，推己及人为恕。违道：离开中庸之道。

❿ 施：加。己：自己。

⓫ 君子之道四：即下文所说的孝、弟、忠、信四种道德。

⓬ 丘：孔子自称其名。

⓭ 求：责，要求。事：奉侍，服侍。

⓮ 施：加，加给。

⓯ 庸德：平常的道德。行：实行。

⓰ 庸言：平常的言语。谨：谨慎。

⓱ 不足：不够。

⓲ 勉：勉励。

⓳ 有余：指言论方面自觉才力有余。

⓴ 顾：回头看，引申为照顾、顾及。

㉑ 胡：何。慥慥（zào zào）：忠厚笃实的样子。

㉒ 素：处在，安宁。位：地位。行：奉行。

㉓ 愿：倾慕，羡慕。其外：本位以外的东西。

贱；素夷狄❶，行乎夷狄；素患难，行乎患难。君子无入而不自得焉❷。

在上位，不陵下❸；在下位，不援上❹。正己而不求于人❺，则无怨，上不怨天，下不尤人❻。故君子居易以俟命❼，小人行险以徼幸❽。子曰："射有似乎君子❾，失诸正鹄❿，反求诸其身⓫。"

君子之道⓬，辟如行远⓭，必自迩⓮；辟如登高，必自卑⓯。《诗》曰⓰："妻子好和⓱，如鼓瑟琴⓲。兄弟既翕⓳，和乐且耽⓴。宜尔室家，乐尔妻孥㉑。"子曰："父母其顺矣乎㉒！"

子曰："鬼神之为德㉓，其盛矣乎㉔！视之而弗见，听之而弗闻；体物而

---

❶ 素夷狄：处在夷狄的地位上。夷狄，古代泛称居住在东方和北方的少数民族。

❷ 入：合于，引申为安于。自得：无所不足于心，即随遇而安，悠然自得，不作非分之望。

❸ 陵：同"凌"，欺凌，欺压。

❹ 援：攀附，巴结。

❺ 正己：端正自己。

❻ 尤：怨。

❼ 居易：处于平易而无危险的境地。易，平地，指素位而行。俟命：等待天命。

❽ 行险：冒险。徼（jiǎo）幸：企图以偶然的机会获得成功，或意外地免除不幸。徼，"侥"的异体字。

❾ 射有似乎君子：以射箭的道理来比喻君子，正己而不求于人。射，射礼。

❿ 失诸正鹄（zhēng gǔ）：箭未射中靶子。失，指没有射中。正鹄，箭靶。古代射礼时所张的箭靶叫"侯"。侯之中缝一块皮叫"鹄"，鹄之中画一个中心叫"正"。以射中正、鹄为优。

⓫ 反：回过头来。

⓬ 君子之道：指求取君子之道的方法。

⓭ 辟（pì）：同"譬"，譬如。

⓮ 迩：近。

⓯ 卑：下，低。

⓰《诗》：指《诗经·小雅·棠棣》，这是一首称道家庭和睦、兄弟友爱的诗。

⓱ 好和：和合，融洽。

⓲ 鼓：弹奏，名词作动词用。瑟（sè）琴：古代两种拨弦乐器的名称。这里比喻夫妇感情和谐。

⓳ 翕（xì）：聚合，和合。

⓴ 乐：快乐。耽（dān）：原诗为"湛"字。

㉑ 妻孥（nú）：妻子儿女的统称。孥，儿子。

㉒ 顺：舒心和顺。

㉓ 鬼神：鬼，古人认为人死后精灵不灭，称之为鬼。一般指已死的祖先。神，宗教及古代神话中所幻想的主宰物质世界，超乎自然，具有人格和意志的精灵。德：功德。

㉔ 盛：兴隆茂盛的样子。

不可遗❶。使天下之人，齐明盛服❷，以承祭祀❸，洋洋乎如在其上❹，如在其左右。《诗》曰❺：‘神之格思❻，不可度思❼！矧可射思❽！’夫微之显❾，诚之不可揜如此夫❿。”

子曰：“舜其大孝也与⓫！德为圣人⓬，尊为天子⓭，富有四海之内⓮，宗庙飨之⓯，子孙保之⓰。故大德，必得其位⓱，必得其禄，必得其名⓲，必得其寿。故天之生物，必因其材而笃焉⓳。故栽者培之⓴，倾者覆之㉑。

《诗》曰㉒：‘嘉乐君子㉓，宪宪令德㉔。宜民宜人㉕，受禄于天，保佑命

---

❶ 体物：体察事物。遗：遗弃，遗忘。

❷ 齐（zhāi）明：祭祀之前斋戒沐浴，以示虔敬。齐，同“斋”，斋戒。明，洁净。盛服：穿戴整齐华美的冠服。

❸ 承：奉，承奉。祭祀（sì）：指祭鬼祀神。祭，为祀神、供祖或以某种仪式追悼死者的通称。这里的祭是吉祭，目的在于祈福，与凶祭之“奠”不同。祭：从示，示，古祇字，以手持肉以享神祇，会意字。祀，祀神。

❹ 洋洋乎：飘忽的样子。

❺ 《诗》：指《诗经·大雅·抑》，原为西周时卫武公刺厉王，亦以自警之诗。所引三句，旨在说明中庸之道用广大而体精微。

❻ 格思：至，来。思：语气助词，无意义。

❼ 度（duó）思：测度，估计。

❽ 矧（shěn）：况，况且。射（yì）思：厌弃。

❾ 微：指鬼神之事虚无缥缈。显：指鬼神降祸福于人间又很明显。

❿ 诚：诚信，至诚。揜（yǎn）：遮掩。夫（fú）：语气词。

⓫ 与：同“欤”，语气词。

⓬ 圣人：具有最高智慧和道德的人。

⓭ 尊：尊贵。

⓮ 四海之内：泛指全国范围内。

⓯ 宗庙飨之：指在宗庙里受祭献。宗庙，古代天子、诸侯祭祀其祖先的庙。飨，祭献。

⓰ 保：保守，保持。

⓱ 位：指至尊的天子之位。

⓲ 名：名声，名誉。

⓳ 因：按照。材：质量，本质。笃：厚。

⓴ 栽：栽植，栽培。培：培育。

㉑ 倾：倾倒。覆：摧败。

㉒ 《诗》：指《诗经·大雅·假乐》，这是一首歌颂周成王的诗。引诗为《假乐》篇中的第一章，重申有大德者必受天命观点。

㉓ 嘉乐：喜欢，快乐。嘉，原诗为“假”字。“嘉”与“假”，同音假借字。君子：指周成王。

㉔ 宪宪：显著、盛明的样子，原诗为“显显”，意同。令德：美德。令，美、善。

㉕ 民：指没有地位的平民。人：指士大夫以上，有地位的贵族。

之，自天申之❶。’故大德者必受命。”

子曰：“无忧者❷，其惟文王乎❸！以王季为父❹，以武王为子❺，父作之❻，子述之❼。武王缵大王❽、王季、文王之绪❾，壹戎衣而有天下❿，身不失天下之显名⓫，尊为天子，富有四海之内，宗庙飨之，子孙保之。”

“武王末受命⓬，周公成文⓭、武之德，追王太王、王季⓮，上祀先公以天子之礼⓯，斯礼也，达乎诸侯大夫⓰，及士⓱庶人。父为大夫，子为士，葬

---

❶ 申：重申其命。

❷ 忧：忧愁，忧虑。

❸ 文王：姓姬名昌，季历子，继季历为诸侯，在位五十年，国力强盛，三分天下有其二，仍奉殷为天子，为武王灭纣打定坚实基础。

❹ 王季：姓姬名季历，周太王古公亶父第三子。因其子姬昌贤能，古公亶父欲以季历继位，然后传昌。古公亶父长子泰伯，次子虞仲明父意，便逃亡至荆蛮，断发文身，以让季历。古公亶父卒，由季历即位，修太王遗业，笃行仁义，传位于昌。武王建立周王朝，追尊季历为王季。

❺ 武王：西周王朝的建立者，姓姬名发，文王之子。他继承文王遗志，灭殷纣，建立周朝，定都于镐（今陕西西安南澧水东岸）。

❻ 作：开创，创业。

❼ 述：继承，绍述。

❽ 缵（zuǎn）：继承。大王：即王季之父古公亶父，周朝基业的创立者。周武王建立周朝，追封其为大王，“大”古读“太”。

❾ 绪：事业，这里指前人未竟之业。

❿ 壹戎衣：有不同解释。一作一著军装以伐纣。朱熹主此说。一作歼灭大殷。郑玄、陈乔枞主此说。郑玄《中庸注》说：“衣，读如殷。”因为古“衣”字作“䘥”，“殷”字亦从“䘥”声。壹同“殪”，是诛灭之意。戎作“大”解。壹戎衣就是“灭大殷”。

⓫ 显名：昭明于世的好名声。

⓬ 末：老，晚年。

⓭ 周公：姓姬名旦，文王之子，武王之弟，故又称“叔旦”，因采邑在周地（今陕西岐山北），又称“周公”。西周初年政治家。曾助武王灭纣，镇压武庚及三叔叛乱，辅成王摄政，分封诸侯，制礼作乐建立西周一系列典章制度。

⓮ 追……王（wàng）：追尊……为王。

⓯ 祀：祭祀。先公：指古公亶父之父组绀上溯到始祖后稷的历代祖先，称先公。

⓰ 达：至、到。诸侯：指西周、春秋时天子分封的各国国君，分公、侯、伯、子、男五等。大夫：周代国君之下有卿、大夫，管理国家政事。卿称上大夫，大夫称下大夫。一般泛称大夫。

⓱ 士：周代级别最低的贵族阶层。春秋时，士多为卿、大夫家臣。有的有食田，有的以俸禄为生。庶人：西周以后对农业生产者的称呼，其地位次于士而高于工、商、皂、隶。一般指平民。

以大夫，祭以士。父为士，子为大夫，葬以士，祭以大夫。期❶之丧，达乎大夫；三年之丧，达乎天子；父母之丧，无贵贱一也❷。”

子曰：“武王、周公其达孝矣乎❸！夫孝者，善继人之志❹，善述人之事者也❺。春秋❻，修其祖庙❼，陈其宗器❽，设其裳衣❾，荐其时食❿。”

“宗庙之礼，所以序昭穆也⓫；序爵⓬，所以辨贵贱也；序事⓭，所以辨贤也；旅酬下为上⓮，所以逮贱也⓯；燕毛⓰，所以序齿也⓱。”

“践其位⓲，行其礼，奏其乐；敬其所尊，爱其所亲，事死如事生⓳，事亡如事存⓴，孝之至也㉑。”

“郊社之礼㉒，所以事上帝也㉓；宗庙之礼，所以祀乎其先也㉔。明乎郊

---

❶ 期（jī）：一整年。丧：丧礼，指丧葬祭奠之礼，古称“凶礼”。

❷ 一：一致，一律。

❸ 其：大概。达孝：天下之人通称之谓孝。达，通。

❹ 善：善于，有委曲变通之意。

❺ 述：遵循，依照。

❻ 春秋：四季的代称，这里指祭祀的季节。

❼ 修：洒扫清洁之意。祖庙：供祀祖先的宫庙。祖，古代祭祀祖先叫“祖”。

❽ 陈：陈列。宗器：祭器。古代宗庙祭祀时所用的器物。

❾ 设：陈设，摆设。裳衣：衣裙，古代上衣而下裳。裳，裙。

❿ 荐：进献。时食：时鲜食品。

⓫ 昭穆：古代的一种宗法制度。宗庙中排列神主的次序是有规定的。始祖庙居中，以下父子按左昭、右穆的次序排列。这里指祭祀时，可以排列出父子、长幼、亲疏的秩序。

⓬ 爵：爵位。

⓭ 事：祭祀时的职事。

⓮ 旅酬：旅，众。酬，以酒相劝。古代在宗庙中一种饮酒的礼节。众子弟举杯为自己的长辈敬酒。下为上：从下到上敬酒。

⓯ 逮：及、及于。贱：指上文中的“下”者。

⓰ 燕毛：燕，同“宴”，宴会。毛，头发。祭祀完毕，举行宴会时，以毛发颜色来区别长幼，安排座次。

⓱ 序齿：按年龄大小排定座次或饮酒顺序。齿：年龄。

⓲ 践：登，履，升。其：指代先王、先公。以下的“其”所指均同。位：牌位，神主。

⓳ 死：刚死叫做死。

⓴ 亡：葬。存：活着。

㉑ 至：尽，极。

㉒ 郊社：周朝在冬至的时候于南郊举行祭天的仪式，称之为“郊”或“郊天”。夏至的时候在北郊举行祭地的仪式，称之为“社”或“郊社”。

㉓ 事：奉事。

㉔ 先：祖先。

社之礼，禘尝之义❶，治国其如示诸掌乎❷!”

哀公问政❸。子曰：“文武之政❹，布在方策❺。其人存，则其政举❻；其人亡，则其政息❼。人道敏政❽，地道敏树❾。夫政也者，蒲卢也❿。”

“故为政在人⓫，取人以身⓬，修身以道⓭，修道以仁⓮。仁者，人也，亲亲为大⓯。义者⓰，宜也⓱，尊贤为大⓲。亲亲之杀⓳，尊贤之等⓴，礼所生也㉑。”

“在下位㉒，不获乎上㉓，民不可得而治矣㉔。故君子不可以不修身；思

❶ 禘（dì）：古代一种极为隆重的祭礼，只有天子才能举行。这里所说禘祭，应为宗庙四时祭祀之一，于夏季举行。尝：四时宗庙祭礼之一，在秋季举行。《礼记·王制》：“天子、诸侯宗庙之祭，春曰礿，夏曰禘，秋曰尝，冬曰烝。”

❷ 示（zhì）诸掌：放置在手掌上的东西，言极为容易。示：有两种说法。郑玄释“置”，像放在手掌上一样。朱熹释“视”，像看自己手掌那样容易。

❸ 哀公：鲁国国君，名蒋，公元前494—前467年在位，卒谥“哀”。政：政治，即治理国家之事。

❹ 文武：周文王和周武王。

❺ 布：陈列。方策：指典籍。方，方版。策，同“册”，竹简。古时书写在木板和竹简上。

❻ 举：举起，引申为推行。

❼ 息：止息，停息。

❽ 人道：指以人施政的道理。敏：迅速，敏捷。

❾ 地道：指以沃土种植植物的道理。敏树：树木迅速成长。

❿ 蒲卢：即蒲苇。卢，同“芦”。

⓫ 故：所以。

⓬ 取人：选取人材。以：介词，用。身：指修养自身。

⓭ 道：指中庸之道。

⓮ 仁：是孔子心目中的一种最高道德的名称，有多种解释。这里指爱人，也就是人们之间相亲相爱。

⓯ 亲亲为大：指人们虽然相亲相爱，但以爱自己的亲人为主。前一“亲”字为动词，作爱字讲。后一“亲”字为名词，作亲人讲。

⓰ 义：仁义。

⓱ 宜：适宜。

⓲ 尊贤：尊敬贤人。

⓳ 杀（shài）：降等，减杀。

⓴ 等：等级。

㉑ 生：产生。

㉒ 下位：指处在臣子的地位。

㉓ 获：获得。

㉔ 民：人民。得：能。

修身，不可以不事亲；思事亲，不可以不知人❶；思知人，不可以不知天❷。

“天下之达道五❸，所以行之者三。曰：君臣也，父子也，夫妇也，昆弟也❹，朋友之交也。五者，天下之达道也。知❺、仁❻、勇三者❼，天下之达德也❽。所以行之者一也❾。”

“或生而知之❿，或学而知之⓫，或困而知之⓬，及其知之一也⓭。或安而行之⓮，或利而行之⓯，或勉强而行之⓰，及其成功一也。”

子曰：“好学近乎知⓱，力行近乎仁，知耻近乎勇⓲。”

“知斯三者⓳，则知所以修身⓴；知所以修身，则知所以治人；知所以治人，则知所以治天下国家矣。”

凡为天下国家有九经㉑，曰：修身也；尊贤也；亲亲也；敬大臣也㉒；体

---

❶ 知人：了解人。

❷ 知天：了解天，即知自然之理。

❸ 达道：天下古今所共同必经的路，即五种伦常关系，靠知、仁、勇三者实行。

❹ 昆弟：兄弟。昆，兄长。

❺ 知：同“智”，智慧。

❻ 仁：仁德。

❼ 勇：勇敢。

❽ 达德：天下古今所同得之理，即通行于天下的美德，落实在一个诚字上，依靠诚而实行。

❾ 一：诚实，至诚。

❿ 或：有的。生而知之：天生就有知识。

⓫ 学而知之：通过学习掌握知识。

⓬ 困而知之：遇到困难而学习获得知识。

⓭ 及：等到，及到。一：一样。

⓮ 安：安适。

⓯ 利：利益。指为利益所驱动。

⓰ 勉强：力量不够而强求。

⓱ 近：接近。

⓲ 耻：耻辱，羞耻。

⓳ 斯：这，此。指示代词。三者：指好学、力行、知耻三事。

⓴ 所以：怎样。

㉑ 为：治理。九经：九条定理、九条常规、九条大纲。

㉒ 敬：敬重，尊敬。大臣：指掌重权而有威望的辅政重臣。

群臣也❶；子庶民也❷；来百工也❸；柔远人也❹；怀诸侯也❺。

修身则道立❻，尊贤则不惑❼，亲亲则诸父昆弟不怨❽；敬大臣则不眩❾；体群臣则士之报礼重❿；子庶民则百姓劝⓫；来百工则财用足；柔远人则四方归之⓬；怀诸侯则天下畏之⓭。

齐明盛服⓮，非礼不动。所以修身也；去谗远色⓯，贱货而贵德⓰，所以劝贤也；尊其位，重其禄，同其好恶⓱，所以劝亲亲也；官盛任使⓲，所以劝大臣也；忠信重禄，所以劝士也；时使薄敛⓳，所以劝百姓也；日省月试⓴，既禀称事㉑，所以劝百工也；送往迎来，嘉善而矜不能㉒，所以柔远人也；继

---

❶ 体：体恤。

❷ 子：作动词用，爱……如子。庶民：一般老百姓。

❸ 来：招徕，招集。百工：西周时对工奴的总称，后泛指各种手工业工匠。

❹ 柔：怀柔，安抚，引申为优待。远人：有人指蕃国，有人指远方商旅或外族人，均可通。

❺ 怀：安抚，绥靖。

❻ 道立：中庸之道建立。

❼ 惑：迷惑。

❽ 诸父：伯父，叔父。怨：怨恨，怨望。

❾ 眩（xuàn）：眼花，引申为迷惑。

❿ 报礼：报答。礼，含有敬意，即怀着崇敬之心加以报答。重：深厚。

⓫ 劝：勉励，受到鼓励。

⓬ 归：归顺，归附。

⓭ 畏：畏惧，畏服。

⓮ 齐（zhāi）明：指斋戒沐浴，净化内心世界。齐，通斋。盛服：盛装。指衣冠穿戴整齐，仪容端庄。

⓯ 去谗：摒弃谗佞小人的坏话。去，摒弃。谗，挑拨离间，说坏话的馋人。远色：远离女色。

⓰ 贱货：轻视财物。贵德：珍贵道德。

⓱ 同其好恶：指用同一标准进行奖赏和惩罚，不因亲疏而有异。

⓲ 官盛：官属众多。任使：听任差使。

⓳ 时使：使用百姓要适时，要不违农时，即“使民以时”。薄敛：减轻赋税的征收。

⓴ 日省月试：古代对百工每日考察，每月试评其勤惰而发给报酬。

㉑ 既禀（xì lǐn）：同“饩廪”。薪资粮米。称事：与工效相称。事，工效。发给的工资与工作的效果相一致。

㉒ 嘉善：嘉奖善的、好的。矜：同情，怜悯。不能：才能不足的。

绝世❶，举废国❷，治乱持危❸，朝聘以时❹，厚往而薄来，所以怀诸侯也。凡为天下国家有九经，所以行之者一也❺。

凡事豫则立❻，不豫则废❼。言前定，则不跲❽；事前定，则不困❾；行前定，则不疚❿；道前定，则不穷⓫。

在下位，不获乎上，民不可得而治矣。获乎上有道⓬，不信乎朋友⓭，不获乎上矣；信乎朋友有道，不顺乎亲⓮，不信乎朋友矣；顺乎亲有道，反诸身不诚，不顺乎亲矣；诚身有道，不明乎善⓯，不诚乎身矣。

诚者⓰，天之道也；诚之者⓱，人之道也。诚者，不勉而中⓲，不思而得⓳，从容中道⓴，圣人也。诚之者，择善而固执之者也㉑。

---

❶ 绝世：已经绝禄的世家。古代卿大夫的宗邑由子孙世袭。

❷ 废国：指已被废灭的国家。

❸ 治乱持危：治平乱事，扶危为安。

❹ 朝聘（pìn）：古代诸侯定期朝见天子。一年一小聘，三年一大聘，五年一朝。以时：按时进行。

❺ 一：诚。

❻ 豫：豫备，准备。立：成功。

❼ 废：废弃，引申为失败。

❽ 跲（jiá）：绊倒，窒碍，这里指说话不流畅。

❾ 困：困难、困惑。

❿ 疚（jiù）：内心惭愧悔恨。

⓫ 道：道德。穷：完、尽；无出路。

⓬ 道：这里指方法。

⓭ 信：信任，诚信。

⓮ 顺：顺从，和顺。

⓯ 明：明白，懂得。

⓰ 诚者：上天赋予人们的道理。

⓱ 诚之者：人为的道理。

⓲ 勉：勉力，勉强。中：处事自然合理。

⓳ 得：获得。

⓴ 从容：举止行动自然安详。中道：中庸之道。

㉑ 固执：坚守不渝。执，握住。

博学之❶，审问之❷，慎思之❸，明辨之❹，笃行之❺。有弗学❻，学之弗能弗措也❼；有弗问，问之弗知弗措也；有弗思，思之弗得弗措也；有弗辨，辨之弗明弗措也；有弗行，行之弗笃弗措也。人一能之，己百之；人十能之，己千之。果能此道矣❽，虽愚必明，虽柔必强❾。

自诚明❿，谓之性；自明诚⓫，谓之教。诚则明矣⓬，明则诚矣。

唯天下至诚⓭，为能尽其性⓮；能尽其性，则能尽人之性⓯；能尽人之性，则能尽物之性⓰；能尽物之性，则可以赞天地之化育⓱；可以赞天地之化育，则可以与天地参矣⓲。

其次致曲⓳，曲能有诚，诚则形⓴，形则著㉑，着则明㉒，明则动㉓，动

---

❶ 博学：广博地学习。
❷ 审问：审慎地询问。
❸ 慎思：慎重地思考。
❹ 明辨：明晰地辨析。
❺ 笃行：笃实地履行。
❻ 弗：不。
❼ 措：放弃，废弃，引申为停止。
❽ 道：道理，原则。
❾ 柔：柔弱。
❿ 自：由，从。诚明：诚先而后明。即由于内心诚实而明察事理，合于天道。
⓫ 明诚：明先而诚后。即由于明察事理而达到内心诚实，合于人道。
⓬ 则：就、就能。
⓭ 唯：只有。
⓮ 尽其性：尽量发挥自己天赋的本性。
⓯ 人之性：人的本性。
⓰ 物之性：万物的本性。儒家学者认为，人与万物的本性，都包含着“明德”，只有至诚的圣人，才能充分发挥自己以及一切人的本性，进而发挥万物的本性。
⓱ 赞：助，帮助。化育：生化养育。
⓲ 参（sān）：并列。
⓳ 其次：指次于至诚的人，即通过学习达到至诚者。致曲：次于至诚的人，抓住善的一个方面努力去做，达到全体的至诚。致，推致。曲，达到至诚的一个方面，犹小小之事。
⓴ 形：指表露于外。
㉑ 著：显著。
㉒ 明：光明。
㉓ 动：感动。

则变❶，变则化❷，唯天下至诚为能化。

至诚之道❸，可以前知❹。国家将兴，必有祯祥❺；国家将亡，必有妖孽❻。见乎蓍龟❼，动乎四体❽。祸福将至，善，必先知之；不善，必先知之。故至诚如神❾。

诚者❿，自成也⓫；而道⓬，自道也⓭。诚者，物之终始⓮；不诚，无物。是故，君子诚之为贵⓯。诚者，非自成己而已也⓰，所以成物也。成己，仁也；成物，知也；性之德也⓱，合内外之道也⓲，故时措之宜也⓳。

故至诚无息⓴，不息则久，久则征㉑；征则悠远㉒，悠远则博厚㉓，博厚则高明㉔。博厚，所以载物也；高明，所以覆物也；悠久，所以成物也。博厚

---

❶ 变：转变，改变。
❷ 化：指化育万物。
❸ 道：原则，法则。
❹ 前知：事先预知未来之事。
❺ 祯（zhēn）祥：吉祥。
❻ 妖孽：指事物反常的现象。
❼ 见（xiàn）：同“现”。蓍（shī）龟：古代占卜用的蓍草和龟甲。
❽ 四体：四肢。
❾ 神：指灵验如神明。
❿ 诚者：至诚，这里指天命之性。
⓫ 自成：指物之所以自然成就。
⓬ 道：道路，这里指率性之理。
⓭ 自道：指自己所当行的路径。
⓮ 终始：从头至尾，包括整个事物发生、发展过程，即始终。
⓯ 贵：珍贵。
⓰ 成己：使自己有成就。
⓱ 德：仁德。
⓲ 合：符合。
⓳ 措：施行，实行。
⓴ 无息：不停息。
㉑ 征：验征，证明。
㉒ 悠远：久远，长久。悠，久。
㉓ 博厚：广博而深厚。
㉔ 高明：高大而光明。

配地❶，高明配天，悠久无疆❷。如此者，不见而章❸，不动而变，无为而成❹。

天地之道❺，可一言而尽也❻：其为物不贰❼，则其生物不测❽。天地之道，博也，厚也，高也，明也，悠也，久也。今夫天，斯昭昭之多❾，及其无穷也，日月星辰系焉❿，万物覆焉。今夫地，一撮土之多⓫，及其广厚，载华岳而不重⓬，振河海而不洩⓭，万物载焉。今夫山，一卷石之多⓮，及其广大，草木生之，禽兽居之，宝藏兴焉⓯。今夫水，一勺之多⓰，及其不测，鼋、鼍、蛟、龙、鱼、鳖生焉⓱，货财殖焉⓲。

《诗》云⓳："惟天之命，于穆不已⓴。"盖曰㉑："天之所以为天也。""于乎不显㉒，文王之德之纯㉓。"盖曰："文王之所以为文也，纯亦不已。"

---

❶ 配：匹配，相配。
❷ 无疆：没有疆界。指无边无际。
❸ 章：通"彰"，明显，显著。
❹ 无为：无所作为。
❺ 道：道理。
❻ 尽：完。
❼ 不贰：无二心，这里指纯一不二。
❽ 不测：不能估计，测度。
❾ 昭昭：小小的光明。
❿ 星辰：星系的总称。系：悬挂，悬系。
⓫ 撮（cuō）：用指爪取物，形容其所取之少。
⓬ 华岳：西岳华山，为五岳之一。
⓭ 振：收，引申为收容、容纳。洩：同"泄"，泄漏，渗漏。
⓮ 一卷（quán）石：一块一块的小石头。卷，《七经考文》说："卷，本作'拳'。谓石小如拳。"
⓯ 兴：开发，发掘。
⓰ 一勺：形容所取水之少。勺，勺子。古代舀酒的器具，青铜制，形如有曲柄的小斗。
⓱ 鼋（yuán）：大鳖。鼍（tuó）：鳄鱼的一种，又称扬子鳄，爬行纲，鼍科。蛟：古代传说龙一类的动物，能发水。龙：古代传说中一种有鳞有须有爪能兴云作雨的神异动物。
⓲ 殖：生殖，产生。
⓳ 《诗》：见《诗经·周颂·维天之命》，这是一首祭祀文王的乐歌。
⓴ 于：叹词。穆：肃穆，深远。不已：不止。
㉑ 盖：推原之词，表示原因。
㉒ 于乎：同"呜呼"，叹词。不显：即丕显，非常光明昭著。不，同"丕"，语气词。
㉓ 纯：纯洁无瑕。

大哉圣人之道❶：洋洋乎发育万物❷，峻极于天❸。优优大哉❹！礼仪三百❺，威仪三千❻，待其人然后行❼。故曰：苟不至德❽，至道不凝焉❾。故君子尊德性而道问学❿，致广大而尽精微⓫，极高明而道中庸，温故而知新，敦厚以崇礼⓬。是故居上不骄，为下不倍⓭。国有道，其言足以兴⓮；国无道，其默足以容⓯。《诗》曰⓰："既明且哲⓱，以保其身⓲。"其此之谓与⓳！

子曰："愚而好自用⓴；贱而好自专㉑；生乎今之世，反古之道㉒；如此者，烖及其身者也㉓。"

非天子，不议礼㉔，不制度㉕，不考文㉖。今天下，车同轨㉗，书同文㉘，

---

❶ 大哉：伟大啊！

❷ 洋洋：充足盈满的样子。

❸ 峻极：极其高峻。

❹ 优优：宽裕充足的样子。

❺ 礼仪：经礼，典礼制度。如嘉、吉、丧、宾、军之礼。

❻ 威仪：曲礼，指礼的细节。古时典礼中的动作、仪文及待人接物的仪节，如升、降、揖、退之类。三千：指礼节条文之多。

❼ 人：圣人，贤人。

❽ 苟：假使，如果。至德：最高的德性。

❾ 至道：圣人之道，即指中庸之道。凝：凝聚，形成。

❿ 尊德性而道问学：尊敬崇拜圣人自然至诚的德性，通过勤学好问，不懈努力达到至诚。

⓫ 致广大而尽精微：使学问和天赋德性日臻广大，达到精深高妙的境界。

⓬ 敦厚：加厚，笃厚。

⓭ 倍：同"悖"，违背。

⓮ 兴：振兴，指振兴国家。

⓯ 其默足以容：指缄默不语，足以为执政者所容，因而远避灾祸。

⓰ 《诗》：指《诗经·大雅·烝民》，这是一首歌颂周王室大臣仲山甫的诗。

⓱ 既明且哲：既高明又智慧。

⓲ 保：保全。

⓳ 其此之谓与：这句诗说的大概就是这个意思吧。

⓴ 好：喜欢。自用：只凭自己主观意图行事。

㉑ 贱：卑贱。自专：按自己的主观意志独断专行。

㉒ 反：同"返"，引申为恢复、推行。

㉓ 烖（zāi）：同"灾"，灾祸。

㉔ 议礼：指制订礼制。

㉕ 制度：制定法度。

㉖ 考文：考订文字，指规定文字的笔画和形体。

㉗ 轨：车子两轮间的距离。古代造车，两轮间的距离都有定制。如秦始皇定制为六尺。

㉘ 书同文：书写的是同样书体的文字。

行同伦❶。虽有其位❷，苟无其德，不敢作礼乐焉❸；虽有其德，苟无其位，亦不敢作礼乐焉。

子曰："吾说夏礼❹，杞不足征也❺；吾学殷礼❻，有宋存焉❼；吾学周礼，今用之，吾从周❽。"

王天下有三重焉❾，其寡过矣乎❿！上焉者⓫，虽善无征⓬；无征不信；不信民弗从。下焉者⓭，虽善不尊；不尊不信，不信民弗从。故君子之道，本诸身⓮，征诸庶民，考诸三王而不缪⓯，建诸天地而不悖⓰，质诸鬼神而无疑⓱，百世以俟圣人而不惑。质诸鬼神而无疑，知天也。百世以俟圣人而不惑，知人也。

是故君子动而世为天下道⓲，行而世为天下法⓳，言而世为天下则⓴。远之则有望㉑，近之则不厌㉒。

---

❶ 伦：指伦理道德。

❷ 位：职位，这里指天子之位。

❸ 乐（yuè）：音乐。古代天子制礼作乐，以治理天下。

❹ 说：讲说，谈论。

❺ 杞（qǐ）：古国名，在今河南杞县。相传杞开国君主是夏禹后裔东楼公。

❻ 殷礼：殷代礼法。

❼ 宋：古国名。开国君主是商纣王的庶兄微子启。建都于商丘（今河南商丘南）。

❽ 从：遵从，听从。

❾ 王（wàng）：称王，统治天下。三重：三件重大的事，即议礼、制度、考文。

❿ 寡过：减少错误。、

⓫ 上焉者：指远于当今之世的礼仪制度，如前文所说的夏礼、殷礼。

⓬ 征：验征，证明。

⓭ 下焉者：指身为圣人而处于下位的人，即孔子，虽善于礼，而不在尊位。

⓮ 本诸身：以修身为根本。

⓯ 三王：有不同说法，一指禹、汤、文武；一指禹、汤、周文王。缪（miù）：通"谬"，错误。

⓰ 建：建立。悖（bèi）：通"背"，违背。

⓱ 质：质问、询问。也可作证实讲。

⓲ 君子：指君主。动：指语言行动。道：道路，引申为遵行。

⓳ 法：法则，效法。

⓴ 则：准则。

㉑ 望：钦慕，景仰。

㉒ 厌：厌倦。

《诗》曰❶："在彼无恶❷，在此无射❸。庶几夙夜❹，以永终誉❺！"君子未有不如此，而蚤有誉于天下者也❻。

仲尼祖述尧、舜❼，宪章文、武❽，上律天时❾，下袭水土❿。辟如天地之无不持载⓫，无不覆帱⓬。辟如四时之错行⓭，如日月之代明⓮。万物并育而不相害⓯，道并行而不相悖⓰，小德川流，大德敦化⓱，此天地之这所以为大也。

唯天下至圣⓲，为能聪明睿知⓳，足以有临也⓴。宽裕温柔，足以有容也㉑。发强刚毅㉒，足以有执也㉓。齐庄中正㉔，足以有敬也㉕。文理密察㉖，足以有别也㉗。

---

❶ 《诗》：指《诗经·周颂·振鹭》，这是一首周王设宴招待来朝的诸侯时所唱的乐歌。原《诗序》说："《振鹭》，二王之后来助祭也。"二王，指夏、殷之后代，杞、宋国君。

❷ 彼：他，指诸侯所在国。恶（wù）：憎恶，厌恶。

❸ 此：这。指周王所在地，即朝廷。射（yì）：通"斁"，厌恨，厌恶。

❹ 夙（sù）夜：早晚。

❺ 以永终誉：各诸侯长保众多的名誉。永：长久。终："众"的假借字。誉：名誉，声誉。

❻ 蚤（zào）：通"早"。

❼ 祖述：宗其道而传述之。含遵循、效法之意。

❽ 宪章：效法，取法。

❾ 律：法，效法。天时：古时用意很广泛，有时指节气、气候。有时指阴晴寒暑变化。这里指自然变化的时序。

❿ 袭：因，符合。水土：指地理环境。

⓫ 辟：同"譬"，譬如，比方。持载：承载。

⓬ 覆帱（dào）：覆盖的意思。帱，覆盖。

⓭ 错行：更迭交替运行。

⓮ 代明：交替照明。

⓯ 并育：同时生长。相害：互相妨害。

⓰ 道：天地之大道。隐指孔子中庸之道。悖：违背。

⓱ 敦化：朴实淳厚。

⓲ 至圣：最伟大的圣人。

⓳ 睿（ruì）知：明智，智慧。

⓴ 临：临民，居上而治民。

㉑ 容：容纳，包容。

㉒ 发强：奋发自强。

㉓ 执：操执决断，固守天下之正理。

㉔ 齐（zhāi）庄：庄重、恭敬、虔诚的样子。中正：不偏不倚。

㉕ 敬：恭敬谨慎。

㉖ 文理：文章条理。密察：缜密察明。

㉗ 别：明辨是非邪正。

溥博渊泉❶，而时出之❷。溥博如天，渊泉如渊。见而民莫不敬，言而民莫不信，行而民莫不说❸。

是以声名洋溢乎中国❹，施及蛮貊❺；舟车所至❻，人力所通，天之所覆，地之所载，日月所照，霜露所队❼，凡有血气者❽，莫不尊亲❾；故曰配天❿。

唯天下至诚，为能经纶天下之大经⓫，立天下之大本⓬，知天地之化育，夫焉有所倚⓭？肫肫其仁⓮，渊渊其渊，浩浩其天⓯。苟不固聪明圣知达天德者⓰，其孰能知之⓱？

《诗》曰⓲："衣锦尚絅⓳"。恶其文之著也⓴。故君子之道，闇然而日

---

❶ 溥（pǔ）博：普遍广博。溥，普遍。渊泉：深潭。

❷ 出：溢出，涌出。

❸ 说（yuè）：同"悦"，喜悦，喜欢。

❹ 洋溢：充满，引申为广泛传播。中国：指华夏地区。

❺ 施（yì）：及、到，延续，引申为传播。蛮貊（mò）：指我国古代南蛮北貊等边远的少数民族。

❻ 舟车：船和车。

❼ 队（zhuì）：同"坠"，物体从高处落下叫坠。

❽ 血气者：指有生命的人。

❾ 尊亲：尊重和亲近。

❿ 配天：与天相匹配。

⓫ 经纶：原指整理丝缕，引申为治理、创制。大经：指常道、法则。

⓬ 大本：根本大德。

⓭ 倚：偏倚，倚傍。

⓮ 肫肫（zhūn zhūn）：诚恳、诚挚的样子。

⓯ 浩浩：原指水势浩大的样子，引申为广阔无际。

⓰ 固：实实在在。达天德者：通达天赋美德的人。天德，指天赋的仁义礼智信。

⓱ 孰：谁，哪一个。

⓲ 《诗》：指《诗经·卫风·硕人》和《诗经·郑风·丰》，《硕人》叙述庄姜初嫁庄公时的情景。《丰》叙述男方迎亲而女方父母变志、女不得行而悔恨之诗。

⓳ 衣（yì）锦尚絅（jiǒng）：穿着锦绣的衣服，外罩粗麻单衣，比喻真道蕴藏在内。衣，穿，作动词。尚，加在上面。絅，粗麻单衣。

⓴ 恶：厌恶。文：文彩。著：显著，引申为耀眼。

章❶；小人之道，的然而日亡❷。君子之道：淡而不厌❸，简而文❹，温而理❺，知远之近❻，知风之自❼，知微之显❽，可与入德矣❾。

《诗》云❿："潜虽伏矣⓫，亦孔之昭⓬。"故君子内省不疚⓭，无恶于志⓮。君子之所不可及者，其唯人之所不见乎！"

《诗》云⓯："相在尔室⓰，尚不愧于屋漏⓱。"故君子不动而敬⓲，不言而信⓳。

《诗》曰⓴："奏假无言㉑，时靡有争㉒。"是故君子不赏而民劝㉓，不怒而民威于鈇钺㉔。

---

❶ 闇然：暗淡的样子。闇，同"暗"。日章：日渐彰明。章，同"彰"。

❷ 的然：鲜艳的样子。的，鲜艳，显著。

❸ 淡：平淡，恬淡。

❹ 简：简约，简朴。

❺ 理：条理。

❻ 知远之近：要往远处去，必须从近处开始。

❼ 知风之自：教化别人，必须从自己做起。风，风教。

❽ 知微之显：从微小苗子中推知显著的结果。微，小。

❾ 入德：进入道德之门。

❿ 《诗》：指《诗经·小雅·正月》，这是一首大夫刺周幽王的诗。

⓫ 潜：潜藏，潜伏。伏：隐慝。

⓬ 孔：很，甚。昭：明白，清楚。

⓭ 内省（xǐng）不疚（jiù）：经常在内心省察自己，不感到惭愧。疚，原意为久病，引申为忧虑不安、惭愧。

⓮ 无恶：无愧。志：心。

⓯ 《诗》：指《诗经·大雅·抑》，这是一首卫武公刺厉王，亦以自警之诗。

⓰ 相：看，注视。尔室：你的居室，指一人独居于室。

⓱ 屋漏：屋的西北角。古代室内西北隅施设小帐，安藏神主，为人所不见的地方。这里实指能慎独。

⓲ 动：行动。敬：恭敬。

⓳ 信：诚信，信任。

⓴ 《诗》：指《诗经·商颂·烈祖》，这是一首祭祀商王中宗太戊的乐歌。

㉑ 奏假（gé）：原诗作"鬷假"，意为祷告，指进祭而感格于神明。奏，同"鬷"，进。假，同"格"。无言：默默无声，引申为潜移默化。

㉒ 靡有：没有。

㉓ 赏：赏赐。劝：受到鼓励。

㉔ 鈇钺（fū yuè）：同"斧钺"，原指古代军法用以杀人的斧子，引申为刑杀。鈇，铡刀，古时用以腰斩的刑具。钺，古代一种兵器，青铜制，圆刃或平刃，安装木柄，持以砍斫。

《诗》曰❶：“不显惟德❷，百辟其刑之❸！”是故君子笃恭而天下平❹。

《诗》云❺：“予怀明德❻，不大声以色❼。”子曰：“声色之于以化民❽，末也❾。”《诗》曰❿：“德輶如毛⓫。”毛犹有伦⓬。“上天之载⓭，无声无臭⓮。”至矣⓯！

---

❶ 《诗》：指《诗经·周颂·烈文》，这是一首周成王亲政告祖，诸侯前来助祭，祭毕告诫诸侯之诗。

❷ 不显：充分显扬。不，通“丕”，大。

❸ 百辟：指众诸侯。辟，君主。刑：同“型”，法则，榜样。

❹ 笃恭：笃实，恭敬。

❺ 《诗》：指《诗经·大雅·皇矣》，这是一首叙述周朝祖先开国创业的史诗。

❻ 予：我。

❼ 以：与，和。

❽ 声色：言论和仪容，这里指厉声厉色。化：教化，感化。

❾ 末：细微末节。

❿ 诗：指《诗经·大雅·烝民》，这是一首歌颂周宣王大臣仲山甫之诗。

⓫ 德輶（yóu）如毛：德行很轻，好比一根毫毛。德，指德的微妙深奥。輶，古时一种轻便的车，引申为轻。毛，羽毛，毫毛。

⓬ 伦：比较，类比。

⓭ 载：事。

⓮ 臭（xiù）：气味。“上天之载，无声无臭”引自《诗经·大雅·文王》，这是一首歌颂周文王的诗。

⓯ 至：极，最。

左　传❶

郑伯克段于鄢❷

初❸，郑武公娶于申❹，曰武姜❺，生庄公及共叔段❻。庄公寤生❼，惊姜氏，故名曰“寤生”，遂恶之❽。爱共叔段，欲立之。亟请于武公❾，公弗许。及庄公即位❿，为之请制⓫。公曰：“制，岩邑也⓬，虢叔死焉⓭。佗邑唯

---

❶ 《左传》，《春秋左氏传》的省称，原称《左氏春秋》。是我国先秦时期一部形式完备的编年体史书，也是一部文学名著。古文经学派以为它是专为解释《春秋》而作。记事上溯周宣王二十三年（公元前805年），早于《春秋》所记83年。书中编年记事起自鲁隐公元年（公元前722年），止于鲁悼公四年（公元前464年），共259年，比《春秋经》多出17年。又记事下延至周贞定王十六年（公元前453年），已在孔子卒后26年。《左传》作者和成书年代，说法不一，《史记》载鲁人左丘明作，唐以前无异词。中唐后学者提出疑问。现在一般学者认为春秋末左丘明草创此书，而后由授受者逐步写定于战国中期以前。《左传》主要记述春秋时期各诸侯国的史事及其相互关系，内容涉及政治、经济、军事、外交、文化和各方面代表人物，兼及西周时期部分史事和夏、商以前的古史传说。取材甚广，包括各国旧史，故《志》及《训》《典》《语》《令》《世》等书，口碑传说。是研究春秋史的重要典籍。《左传》的通行本有清阮元刻《十三经注疏》附校勘记本，1981年中华书局出版杨伯峻《春秋左传注》本等。底本据中华书局1980年影印阮元校刻《十三经注疏》本《春秋左传正义》。

❷ 本篇选自《左传》隐公元年，标题为后人所加。记述了郑庄公与其弟共叔段争夺君位的斗争。反映了春秋时期诸侯国内部贵族之间矛盾的加剧。刻画了郑庄公伪善的面貌和阴险毒辣的手段。

❸ 初：当初。这是《左传》追记往事的习惯说法，这里指郑伯克段于鄢以前之事。

❹ 郑武公：姓姬，名掘突，公元前770—前744年在位，都于今河南新郑县。申：国名，姜姓，在今河南南阳县。

❺ 武姜：武公之妻。武是她丈夫的谥号，姜是母家的姓。

❻ 庄公：郑庄公，公元前743—前701年在位，郑为伯爵，故称郑伯。为春秋初年势力强大的诸侯。共（gōng）叔段：共，国名，在今河南辉县。叔，表示弟辈的排行。段，名字。因段逃到共国，故称共叔段。

❼ 寤（wù）生：即逆生，足先头后的难产。寤，通“牾”，逆，倒。

❽ 恶（wù）：厌恶，厌恨。

❾ 亟（qì）：屡次，多次。

❿ 及：到了，等到。即位：天子或诸侯就职叫即位。

⓫ 制：地名，即虎牢，在今河南荥阳县汜水镇。原为东虢国领地，为郑所占。

⓬ 岩邑：险要的城邑。

⓭ 虢叔：东虢国的国君。焉：那里。

命❶。”请京❷，使居之，谓之京城大叔❸。

祭仲曰❹：“都，城过百雉❺，国之害也。先王之制：大都，不过参国之一❻；中，五之一；小，九之一。今京不度❼，非制也❽。君将不堪❾。”公曰：“姜氏欲之，焉辟害❿？”对曰：“姜氏何厌之有⓫？不如早为之所⓬，无使滋蔓⓭！蔓，难图也⓮。蔓草犹不可除⓯，况君之宠弟乎？”公曰：“多行不义⓰，必自毙⓱，子姑待之⓲。”

既而大叔命西鄙⓳、北鄙贰于己⓴。公子吕曰㉑：“国不堪贰㉒，君将若之何㉓？欲与大叔，臣请事之；若弗与，则请除之，无生民心㉔。”公曰：“无庸㉕，将自及㉖。”

---

❶ 佗：通“他”。唯命：唯命是听。
❷ 京：郑邑名，在今河南荥阳县东。
❸ 大（tài）：通“太”。
❹ 祭（zhài）仲：名足，字仲，郑国大夫。
❺ 都：指国都以外的都邑。城：城墙。雉：量词，高一丈，长三丈。百雉，高一丈，长三百丈。侯伯之城，方五里，径三百雉，故其大都不得超过百雉。
❻ 参国之一：国都的三分之一。参，同“三”。国，国都。
❼ 不度：不合法度。
❽ 非制：不是先王的制度。
❾ 不堪：受不了。堪，经得起。
❿ 辟：同“避”，避开，避免。
⓫ 厌：通“餍”，饱，满足。
⓬ 早为之所：及早安排他在便于控制的地方。所，处所。
⓭ 滋蔓：滋长蔓延，指势力不断扩张。
⓮ 图：图谋，指设法对付。
⓯ 蔓草：蔓延的野草。
⓰ 不义：不正义的事情。
⓱ 毙：踣（bó）也，跌倒。
⓲ 姑：姑且，暂且。
⓳ 既而：不久。鄙：边邑。
⓴ 贰于己：指使原属庄公管辖的边邑，同时臣属于自己。贰：两属，臣属于二主。
㉑ 公子吕：字子封，郑国大夫。
㉒ 国不堪贰：国家受不了两属的情况。
㉓ 若之何：对他怎么办。
㉔ 无生民心：不要使人民产生二心。
㉕ 无庸：用不着。庸，用，常与否定副词无、勿等连用。
㉖ 自及：自己招来祸患。

大叔又收贰以为己邑❶，至于廪延❷。子封曰：“可矣，厚将得众❸。”公曰：“不义不昵❹，厚将崩❺。”

大叔完聚❻，缮甲兵❼，具卒乘❽，将袭郑。夫人将启之❾。公闻其期❿，曰：“可矣！”命子封帅车二百乘以伐京⓫。京叛大叔段。段入于鄢⓬。公伐诸鄢⓭。五月辛丑⓮，大叔出奔共⓯。

《书》曰⓰：“郑伯克段于鄢。”段不弟⓱，故不言弟；如二君，故曰“克⓲”；称“郑伯”，讥失教也⓳：谓之郑志⓴。不言出奔，难之也㉑。

遂置寘姜氏于城颍㉒，而誓之曰㉓：“不及黄泉㉔，无相见也！”既而悔之。

---

❶ 贰：指上文的两属之地。

❷ 廪延：郑邑名。在今河南延津北。

❸ 厚：指扩大土地。众：指取得民心。

❹ 昵：亲近，这里指为团结。这二句意为：不义则不能团结民众。

❺ 崩：原义为山崩塌，引申为崩溃。

❻ 完：修固城墙。一说囤聚粮食。

❼ 缮：制造。《广雅》：“缮，治也。”甲兵：铠甲和武器。

❽ 具卒乘（shèng）：准备好步卒和兵车。乘，四马拉的兵车。

❾ 夫人：指姜氏。启之：指为段打开城门，作内应。

❿ 期：指段准备偷袭郑的日期。

⓫ 帅：通“率”，率领。车二百乘：兵车二百乘。古代兵制，兵车一乘，配备甲士三人，步卒七十二人。二百乘，有甲士六百人，步卒一万四千四百人。

⓬ 鄢（yān）：郑邑名。在今河南鄢陵县境。

⓭ 诸：之于的合词。

⓮ 五月辛丑：鲁隐公元年五月二十三日。

⓯ 奔：跑，逃亡。

⓰ 《书》：指《春秋经》。下文“郑伯克段于鄢”一句，为《春秋经》原文。随后几句解释《春秋经》何以要这样记载的原因。

⓱ 不弟：不遵守做弟弟之礼。

⓲ 克：战胜，攻克。

⓳ 讥：讥讽，讥刺。失教：失于教诲弟弟之责。

⓴ 郑志：指杀段是郑庄公本意。

㉑ 难之：责难庄公。

㉒ 寘（zhì）：安置，这里含放逐之意。颍城：城邑名。在今河南临颍县西北。

㉓ 誓之：向她发誓。

㉔ 不及黄泉：不到死亡。黄泉，地下的泉水，这里指墓穴，借指死亡。

颍考叔为颍谷封人❶，闻之❷，有献于公❸。公赐之食。食舍肉❹。公问之。对曰："小人有母，皆尝小人之食矣，未尝君之羹❺，请以遗之❻。"公曰："尔有母遗，繄我独无❼！"颍考叔曰："敢问何谓也❽？"公语之故，且告之悔。对曰："君何患焉❾？若阙地及泉❿，隧而相见⓫，其谁曰不然⓬？"公从之。公入而赋⓭："大隧之中，其乐也融融⓮！"姜出而赋⓯："大隧之外，其乐也泄泄⓰！"遂为母子如初。

君子曰⓱："颍考叔，纯孝也⓲。爱其母，施及庄公⓳。《诗》曰⓴'孝子不匮㉑，永锡尔类㉒。'其是之谓乎㉓？"

---

❶ 颍考叔：郑国大夫。颍谷：郑边邑，在今河南登封县西南。封人：官名。掌管边疆事务。
❷ 闻之：听到庄公有后悔之意。
❸ 有献：有物进献。
❹ 舍（shě）肉：将肉放置一边。舍，通"捨"，放置。
❺ 羹：熟肉。《尔雅·释器》："肉谓之羹"。
❻ 遗（wèi）：留给，赠给。之：她，指颍考叔之母。
❼ 繄（yī）：语气词。
❽ 敢：做谦词，胆敢，敢于。
❾ 患：忧患，忧心。
❿ 阙：通"掘"，挖掘。及泉：达到地下水。
⓫ 隧：用作动词，挖隧道。
⓬ 其：语气词，加强反问。不然：不是这样，指挖黄泉相见之事。
⓭ 入：进入隧道的一侧入口处。赋：赋诗。
⓮ 融融：和洽快乐的样子。
⓯ 出：指姜氏从隧道的另一侧入口处进入隧道，母子在隧道中相见，然后一起出来。
⓰ 泄泄（yìyì）：和睦快乐的样子。与"融融"文意相似，可互相为文。
⓱ 君子曰：作者假托君子对所记史事的评论。这是《左传》习用的评论方式。后来史书中的《论》《赞》，即导源于此。
⓲ 纯孝：大孝。纯，大。
⓳ 施（yì）：延，延及。指影响到。
⓴《诗》：指《诗经·大雅·既醉》。
㉑ 孝子不匮：孝子的孝道没有穷尽。匮，尽，匮乏。
㉒ 永锡尔类：永远赐影响给你的同类。锡，通"赐"，赐予，给予。类，同类，族类。
㉓ 其是之谓乎：大概说的就是这种情况吧。其，语气词，表委婉。是，这，这个。

召陵之盟❶

四年春❷，齐侯以诸侯之师侵蔡❸。蔡溃❹，遂伐楚❺。楚子使与师言曰❻："君处北海，寡人处南海❼，唯是风马牛不相及也❽。不虞君之涉吾地也❾，何故？"管仲对曰❿："昔召康公命我先君大公曰⓫：'五侯九伯⓬，女实征之⓭，以夹辅周室⓮。'赐我先君履⓯：东至于海⓰，西至于河⓱，南至于穆

---

❶ 本篇选自《左传》僖公四年。公元前 656 年，齐桓公为称霸天下，亲率八国联军攻楚，但楚也毫不示弱，向齐国开展针锋相对的外交斗争，不卑不亢，最终达成协议，签订盟约。

❷ 四年：鲁僖公四年，公元前 656 年。

❸ 齐侯：齐桓公，姓姜名小白，公元前 685—前 643 年在位。春秋五霸之一。齐属侯爵，故称齐侯。诸侯之师：据《春秋》记载，指齐、鲁、宋、陈、卫、郑、许、曹八国诸侯军队。蔡：国名。姬姓，武王时所封。在今河南汝南、上蔡等地。齐桓公侵蔡原因，据《左传》僖公三年载："齐侯与蔡姬乘舟于囿，荡公。公惧，变色；禁之，不可。公怒，归之，未之绝也。蔡人嫁之。"

❹ 溃：溃败，溃散。

❺ 遂伐楚：于是就讨伐楚国。据《史记·管晏列传》，伐楚为管仲之谋。管仲觉得桓公以私怨侵蔡，不光明正大，而伐楚却是名正言顺。

❻ 楚子：楚成王，子爵。芈姓，公元前 671—前 626 年在位，自称王。使与师言：派使臣到诸侯联军中去对齐桓公谈判。

❼ 处：居住。北海、南海：泛指北方、南方，不必实考其地。寡人：谦词，君王自称。《礼记》孔颖达《疏》："寡人者，言己是寡德之人。"

❽ 风马牛不相及：牛马发情相诱，也不会到达对方。比喻两国相距遥远，彼此互不相干。风，放，指牝牡相诱。

❾ 不虞：不料。涉：本为淌水过河之意，引申为进入。以涉代侵，是委婉外交辞令。

❿ 管仲：齐国大夫，姓管，名夷吾，字仲。相桓公霸诸侯。

⓫ 召（shào）康公：召公奭。周成王时太保。因其封地在召（今陕西岐山县），故称召公，康是谥号。先君：后代君臣对本国已故君主的称呼。大公：即姜太公，姓姜，名尚。辅佐武王灭纣建国，封于齐，为齐之始祖。大（tài）：后写作"太"。

⓬ 五侯九伯：泛指所有诸侯。五侯，指公、侯、伯、子、男五等爵。九伯，指九州之长。

⓭ 女实征之：你都可以征讨。女（rǔ），同"汝"，你。实，语气词，表示命令或期望。

⓮ 夹辅：辅佐。

⓯ 履：践踏，指足迹可践踏的地方。即可以征讨的范围。

⓰ 海：指黄海和渤海。

⓱ 河：黄河。

陵❶，北至于无棣❷。尔贡包茅不入❸，王祭不共❹，无以缩酒❺，寡人是征❻；昭王南征而不复❼，寡人是问❽。”对曰：“贡之不入，寡君之罪也❾；敢不共给？昭王之不复，君其问诸水滨❿！”

师进⓫，次于陉⓬。

夏，楚子使屈完如师⓭。师退，次于召陵⓮。

齐侯陈诸侯之师⓯，与屈完乘而观之⓰。齐侯曰：“岂不谷是为⓱？先君之好是继⓲！与不谷同好⓳，如何？”对曰：“君惠徼福于敝邑之社稷⓴，辱收寡君㉑，寡君之愿也。”齐侯曰：“以此众战㉒，谁能御之㉓！以此攻城，何城

---

❶ 穆陵：地名，在楚境内。今湖北麻城西北一百里有穆陵山，疑即此地。与楚使之言针锋相对，有权征讨。

❷ 无棣：地名。据杨伯峻《春秋左氏传》说，在今河北卢龙县一带。

❸ 包茅：包束成捆的菁茅。茅，菁茅。楚地特产。入：纳，纳贡。

❹ 共：通“供”，供给，供应。

❺ 缩酒：缩，同“湑”，滤去酒糟。祭祀时仪式之一，把酒倒在菁茅上渗透下去，像神饮酒一样。

❻ 征：征求，征取。

❼ 昭王南征而不复：昭王，周昭王，成王之孙，名瑕。南征，南巡、南行。复，返。周昭王晚年荒于国政，人民厌恶他，当他南巡渡汉水时，当地人民故意将一只用胶粘合的船让他乘坐，船至江心解体，昭王被溺死。这是齐伐楚的一个借口。

❽ 问：责问，追究。

❾ 寡君：古代臣子对别国人谦称自己的国君为寡君。

❿ 君其问诸水滨：你还是到水边去问吧！其，语气词，表示委婉。诸，之于合词。水滨，水边。

⓫ 师进：部队向前开进。

⓬ 次：军队临时驻扎。陉（xíng）：山名。在今河南郾城县南。

⓭ 屈完：楚大夫。楚之同姓公族，其先人采邑在屈，故以屈为氏。如师：去到联军中。

⓮ 召陵：地名。在今河南郾城县东四十五里。因楚遣使求盟，故联军又退。

⓯ 陈：古阵字。指摆开诸侯之军，向楚示威。

⓰ 乘：乘车。

⓱ 岂不谷是为：这难道是为了我？不谷，不善，古代国君自称的谦词。

⓲ 先君之好是继：这是为了继承我们先人的友好关系罢了。以上两句都是外交辞令。

⓳ 同好：共同友好。

⓴ 君惠徼（yāo）福于敝邑之社稷：蒙您赐惠为敝国的社稷求福。此句为外交辞令，实意是你不毁灭我国。惠，敬词，赐惠。徼，求。敝邑，谦词，我们的国家。社稷，土神和谷神，借指国家。

㉑ 辱：谦词，承你荣辱。收：收容，接纳。

㉒ 众战：这么多英勇的将士作战。

㉓ 御：抵御，抵挡。

不克!”对曰:“君若以德绥诸侯❶,谁敢不服?君若以力❷,楚国方城以为城❸,汉水以为池❹,虽众,无所用之!”

屈完及诸侯盟❺。

宫之奇谏假道❻

晋侯复假道于虞以伐虢❼。宫之奇谏曰❽:“虢,虞之表也❾。虢亡,虞必从之。晋不可启❿,寇不可翫⓫,一之谓甚,其可再乎⓬!谚所谓‘辅车相依⓭,唇亡齿寒’者,其虞、虢之谓也。”公曰:“晋,吾宗也⓮,岂害我哉?”对曰:大伯、虞仲,大王之昭也⓯,大伯不从,是以不嗣⓰。虢仲、虢叔,王

---

❶ 绥(suí):安抚。

❷ 力:武力。

❸ 方城:山名,在今河南叶县南有方城山。相传楚人在春秋时因山筑长城以据中原,即此地。

❹ 汉水:长江最长支流,源出陕西省西南部宁强县,流经湖北省武汉市入长江。池:护城河。

❺ 盟:结成召陵之盟。

❻ 鲁僖公五年(公元前655年),晋国国君献公向虞国借道征伐虢。虞国大夫宫之奇劝谏虞君无效,只有举族逃亡。而虞国也就在借道之后被灭虢回师的晋军消灭了。

❼ 晋侯:晋献公诡诸。鲁庄公十八年(公元前693年)立,鲁僖公九年(公元前651年)卒,在位26年。复假道:又借路。鲁僖公二年,晋国曾向虞国借道征伐虢国,灭虢邑下阳。虞:姬姓国,在今山西平陆县东北。虢:指北虢,建都上阳,今河南陕县东南。

❽ 宫之奇:虞国大夫。

❾ 表:外屏,屏障。

❿ 启:开,指引起晋国的贪心。

⓫ 寇:外寇。翫(wán):同“玩”,轻视。

⓬ 一之谓甚,其可再乎:一次就过分了。指鲁僖公二年借道给晋伐虢。谓,称为,叫做。再,第二次。

⓭ 辅车相依:辅,《朱熹集传》:“辅,如今人缚杖于辅,以防辅车也。”即车箱两旁的板。车依辅,依之以防辅;辅依车,辅附着于车也。是谓辅车相依。杜预注:“辅,夹辅。车,牙车。”误。辅即为《诗经·小雅·正月》:“其车既载,乃弃尔辅”之“辅”。

⓮ 晋,吾宗也:晋、虞、虢都是姬姓,同宗。

⓯ 大伯:周太王古公亶(dǎn)父的长子。大,同“太”。虞仲:周太王的次子。大王:即古公亶父。昭:古代宗庙规定,始祖神位居中,子在左,叫昭;孙在右,叫穆。

⓰ 大伯不从,是以不嗣:大伯知道大王想传位给小儿子季历,就跟虞仲出走到吴,没有继承王位。

季之穆也❶，为文王卿士，勋在王室，藏于盟府❷。将虢是灭，何爱于虞？且虞能亲于桓、庄乎❸，其爱之也？桓、庄之族何罪？而以为戮，不唯偪乎❹？亲以宠偪，犹尚害之，况以国乎❺？”公曰：“吾享祀丰絜，神必据我❻。”对曰：“臣闻之，鬼神非人实亲，惟德是依。故《周书》曰❼：‘皇天无亲，惟德是辅❽。’又曰：‘黍稷非馨，明德惟馨❾。’又曰：‘民不易物，惟德緊物❿。’如是，则非德，民不和、神不享矣。神所冯依⓫，将在德矣。若晋取虞而明德

---

❶ 虢仲、虢叔：王季的次子和三子，文王的弟弟。虢的开国始祖。王季子穆：王季居昭位，故儿子虢仲、虢叔居穆位。王季，即季历。

❷ 文王：周国王，姬姓，名昌，號西伯，王季的长子。卿士：执掌国政的大臣。勋：功勋。盟府：主管功勋盟誓的官署。“勋在王室，藏于盟府”指虢仲、虢叔对王室有功，功勋还记载收藏在盟府。

❸ 将虢是灭，何爱于虞：虢国对王室有功，且与晋国的关系比虞国与晋国的关系近，晋尚且要灭虢，怎能不灭虞呢？且虞能亲于桓、庄乎：再说晋献公爱虞国，还能比对待桓、庄的后代更亲近的吗？桓，曲沃桓叔，晋献公的曾祖。庄，曲沃庄伯，晋献公的祖父。

❹ 桓、庄之族：指桓叔、庄伯的后代，即晋献公的从祖兄弟。而以为戮：晋献公为了加强集权，用士蒍之计，尽杀这些同祖兄弟。偪：惠栋《补注》，洪亮吉《诂》，王引之《经义述闻》，俞樾《群经平议》，沈钦韩《补注》，刘文淇《疏证》都无解。杜预注偪为“偪迫”，杨伯峻《春秋左传注》解偪为“压迫”，都是凭后起的词义推测，不确。偪是后起字，古字为“畐”，《说文》：“畐，满也。从高省，象高厚之形。读若伏。”《方言》六：“偪，满也。”《广韵》畐：芳逼切；偪，逼：彼侧切，同在职韵，实是一音（芳古音旁）。据《左传》《国语》所记，桓、庄之族虽然是晋献公同曾祖、祖父的宗族，又为统一晋国立了功劳，但并没有侵逼晋献公的事实。如果有侵逼献公的事实，那就除之有因，宫之奇不应当以此为例说明晋君的贪心并用同情的口吻说“不唯偪乎？”即不就是因为势力大才遭屠戮吗？

❺ 亲以宠偪，犹尚害之：桓、庄之族是至亲，只因宠爱而力量强盛，献公尚且杀之。以宠，介宾结构。况以国乎：何况别的国家强盛呢？

❻ 享祀：泛指祭祀。丰：指祭品丰盛。絜：同“洁”，指祭品洁气。据：依靠，此指保佑。

❼《周书》：此《周书》秦以后失传，或称《逸书》。

❽ 皇天无亲，惟德是辅：与“鬼神非人实亲，惟德是依”意思相同，即皇天鬼神只帮助那些有德之人。伪《古文尚书》采入《蔡仲之命》。

❾ 黍稷非馨，明德惟馨：黍稷做的祭品并不馨香，只有光明的德行才馨香。伪《古文尚书》采入《君陈》。

❿ 民不易物，惟德緊物：人们不必变换自己的祭品，只有有德之人供的祭品才会被神享用。易，变换。緊，通“才”。

⓫ 冯：同“凭”。

以荐馨香❶，神其吐之乎？”弗听，许晋使。宫之奇以其族行❷，曰：“虞不腊矣❸！在此行也，晋不更举矣❹。”

冬十二月丙子朔，晋灭虢❺。虢公丑奔京师❻。师还，馆于虞❼，遂袭虞。

城濮之战❽

冬，楚子及诸侯围宋❾，宋公孙固如晋告急❿。先轸曰⓫：“报施，救患⓬，取威、定霸，于是乎在矣。”狐偃曰⓭：“楚始得曹而新昏于卫⓮，若伐曹、卫，楚必救之，则齐、宋免矣⓯。”于是乎蒐于被庐⓰，作三军⓱，谋元帅。赵衰曰⓲：“郤縠可⓳。臣亟闻其言矣，说礼乐而敦诗书⓴。诗书，义之府也。礼乐，德之则也。德义，利之本也㉑。《夏书》曰：‘赋纳以言，明试以

---

❶ 明德：使明德。荐：献，指向神荐献。馨香：泛指各种祭祀品。
❷ 以其族行：率领族人离开虞国。以，率领。
❸ 腊：腊祭，在夏历十二月举行的年终祭祀。
❹ 晋不更举：晋不需再举兵。
❺ 冬十二月丙子朔：此用周历，晋用夏历，为十月初一。
❻ 丑：虢公名。京师：周王城，今洛阳。
❼ 馆：驻扎。
❽ 城濮之战，是鲁僖公二八年（公元前632年），晋、楚两国为争夺霸权，在城濮发生的一次大战。当时，国力强盛的楚国实力超过晋国，但由于楚方主将子玉的刚愎自用和恃强轻敌，结果被战前准备充分、战中指挥正确且采取高明外交策略的晋国打得大败。成为中国战争史上一次著名的以少胜多、以弱胜强的战争。
❾ 楚子：指楚成王。楚率陈、蔡、郑、许诸国围宋。
❿ 公孙固：宋庄公的孙子，曾任宋大司马。
⓫ 先轸：晋大夫，因食采邑于原，亦称原轸。
⓬ 报施：报答恩施。救患：解救现在宋国被楚国包围的患难。
⓭ 狐偃：晋大夫，字子犯，晋文公的母舅，故又称舅犯。狐偃和其兄狐毛曾随从晋文公流亡。
⓮ 得曹：得到曹国的归附。昏：同“婚”。
⓯ 齐、宋免矣：齐、宋两国都可以免去患难。
⓰ 蒐（sōu）：本义是狩猎，此指军事演习。被庐：晋地。
⓱ 三军：上、中、下三军。
⓲ 赵衰：晋大夫，字子余。
⓳ 郤縠（hú）：晋大夫。
⓴ 说：同“悦”。敦：熟悉。
㉑ 义之府：道义的府库。德之则：德行的法则。利之本：利益的根本。

功，车服以庸❶。’君其试之。”及使郤縠将中军，郤溱佐之❷。使狐偃将上军，让于狐毛而佐之。命赵衰为卿❸，让于栾枝、先轸，使栾枝将下军，先轸佐之。荀林父御戎，魏犨为右❹。

晋侯始入而教其民❺，二年，欲用之。子犯曰：“民未知义，未安其居❻。”于是乎出定襄王❼，入务利民。民怀生矣❽，将用之。子犯曰：“民未知信，未宣其用。”于是乎伐原以示之信❾。民易资者❿，不求丰焉，明征其辞⓫。公曰：“可矣乎？”子犯曰：“民未知礼，未生其共⓬。”于是乎大蒐以示之礼，作执秩以正其官⓭。民听不惑，而后用之⓮。出谷戍，释宋围，一战而霸，文之教也⓯。

---

❶ 《夏书》：《尚书》中关于夏代的部分。引文见于《尚书·益稷》。赋纳：采纳、听取。明试：清楚地考察。功：成效。车服：车马服饰。庸：酬劳。意为采纳有益的建议，考察其后果，用车马服饰酬劳其功绩。

❷ 使郤縠将中军：使郄谷为中军将，即元帅。晋国三军各置将、佐，称为六卿。中军主将为元帅，正卿，是最高执政官。郤溱：晋大夫。佐：副手。

❸ 为卿：为下军将、佐。

❹ 荀林父：又称中行桓子、荀伯。御戎：指给晋文公驾御兵车。魏犨（chōu）：魏武子，晋大夫。右：车右，指给晋文公做右军。

❺ 晋侯：即晋文公重耳，曾流亡国外19年，公元前636年回国即位。教其民：训练百姓作战。

❻ 二年：指晋文公回国为君的第二年，即鲁僖公二十五年（公元前635年）。下文的“出定襄王”“伐原”，都是在鲁僖公二十五年。未安其居：生活未安定。

❼ 出定襄王：鲁僖公二十四年，周襄王被其弟叔带赶走，逃居于郑。次年，晋文公出兵杀叔带，护送襄王归国复位。

❽ 务：努力从事。怀生：指人民怀恋故土，各安生计。

❾ 伐原以示之信：原，小国名，在今河南济源县西北。据《左传》僖公二十五年记载，晋文公命士兵带三天粮伐原，粮尽未下，尽管谍报原将降，文公为取信于军民，仍下令撤军。

❿ 易资：交换物资。

⓫ 丰：多利。明征其辞：犹言明码实价。征，验。辞，此指价格。

⓬ 共：同“恭”，恭敬。

⓭ 示之礼：申明礼仪。作：设置。执秩：掌爵禄秩位的官。

⓮ 听：听从命令。

⓯ 出谷戍：楚军撤除了齐国谷地的驻军。释宋围：解除了楚军对宋国的围困。一战而霸：城濮之战晋胜楚后，确立了自己的霸主地位。文之教：文德的教化。

二十八年春，晋侯将伐曹，假道于卫❶，卫人弗许。还自南河济❷。侵曹伐卫。正月戊申，取五鹿❸。二月，晋郤縠卒，原轸将中军，胥臣佐下军，上德也❹。

晋侯、齐侯盟于敛盂❺。卫侯请盟，晋人弗许❻。卫侯欲与楚，国人不欲，故出其君以说于晋❼。卫侯出居于襄牛❽。公子买戍卫❾，楚人救卫，不克。公惧于晋，杀子丛以说焉❿。谓楚人曰："不卒戍也⓫。"

晋侯围曹，门焉⓬，多死。曹人尸诸城上⓭，晋侯患之。听舆人之谋，称："舍于墓。"⓮ 师迁焉，曹人凶惧，为其所得者棺而出之⓯。因其凶也而攻之。三月丙午，入曹。数之，以其不用僖负羁而乘轩者三百人也⓰。且曰：

---

❶ 假道：借路。曹国在卫国东，晋军从西攻曹，卫是必经之路，故向卫国借路。

❷ 还：绕道。自南河济：晋军本想经卫境东渡黄河伐曹，因卫不许，只有从今河南淇县南渡，出卫南转东北攻曹。

❸ 五鹿：卫地名，今河南濮阳东北。

❹ 胥臣：又名白季，司空季子，曾随重耳流亡。上德：崇尚德行。原轸本为下军佐，位列第六。因为有德行，被晋文公提升为中军师，位列第一。

❺ 齐侯：齐昭公，名潘，桓公之子。敛盂：卫地名，今河南濮阳东南。

❻ 卫侯：卫成公，名郑，文公之子。

❼ 与楚：指投靠楚国。出其君：赶走卫君。

❽ 襄牛：卫地名，今河南睢县。

❾ 公子买：字子丛，鲁大夫。当时鲁与楚同盟，故派子丛率鲁军驻守卫国。

❿ 公：鲁僖公。杀子丛以说：此时晋、楚主力还未交锋，鲁国弱，便采取两面手法，杀子丛以取悦晋。

⓫ 不卒戍：是说子丛没有尽职完成驻防任务，所以杀他。

⓬ 门：攻打曹国城门，名词活用为动词。

⓭ 尸诸城上：将晋军尸体陈列在城上。尸，陈尸，动词。

⓮ 舆人：众人。称：扬言。舍于墓：晋军将驻扎曹国墓地，意为要掘曹人祖坟作为报复。舍，驻扎。

⓯ 凶惧：恐惧。《说文》"凶，扰恐也。"为其所得者棺而出之：把得到的晋军尸体装入棺木送出来。棺，入棺，动词。

⓰ 数之，以其不用僖负羁而乘轩者三百人也：数，责备。僖负羁，曹大夫。轩，大夫所乘的车。此句意为：晋文公斥责曹共公不用贤臣僖负羁而朝中大夫却多至三百人。

"献状❶!"令无入僖负羁之宫而免其族，报施也❷。魏犨、颠颉怒曰："劳之不图，报于何有?"爇僖负羁氏❸。魏犨伤于胸，公欲杀之而爱其材，使问，且视之。病❹，将杀之。魏犨束胸见使者曰："以君之灵，不有宁也❺?"距跃三百，曲踊三百❻。乃舍之。杀颠颉以徇于师，立舟之侨以为戎右❼。

宋人使门尹般如晋师告急❽。公曰："宋人告急，舍之则绝，告楚不许❾。我欲战矣，齐、秦未可，若之何?"先轸曰："使宋舍我而赂齐、秦，藉之告楚❿。我执曹君而分曹、卫之田以赐宋人。楚爱曹、卫，必不许也。喜赂、怒顽⓫，能无战乎?"公说，执曹伯，分曹、卫之田以畀宋人⓬。

楚子入居于申⓭，使申叔去谷⓮，使子玉去宋。曰："无从晋师⓯。晋侯

---

❶ 且曰："献状"：晋文公并且辱骂曹共公"死狗样子!"《说文》："献，宗庙犬，名羹献。犬肥者以献之。从犬，鬳声。"《说文》："鬳，鬲属。"从《说文》可知献的本义是可以入鬲蒸煮以供祭祀的肥狗。古时犬同猪一样为祭祀之牲。《礼记·曲礼》下有"犬曰羹献"，《礼记·玉藻》有"士无故不杀犬豕。"注："谓祭祀之属。"状：样子。为什么用献状而不直接用犬状，狗状？这是因为犬将宰杀作羹献时定是惶恐战栗的样子，正如《孟子》里觳觫之状的衅钟之牛。曹共公当年在晋文公落难时无礼，现在成了文公的俘虏，命运叵测，惶恐战粟如同羹献之犬，所以骂他献状。这个献状形象地表现了曹共公狼狈不堪的丑相，也准确地表达了晋文公这个战胜者报恶泄忿的神态及对曹共公厌恶鄙视的心情。

❷ 报施：报答僖负羁的恩施。

❸ 爇（ruò）：烧。

❹ 病：伤重。

❺ 灵：威灵。不有宁也：不是很安宁吗？

❻ 距跃：向前跳跃。曲踊：曲膝向上跳。三百：虚数词，表示很多次。

❼ 徇于师：在军中示众。立舟之侨：撤魏犨车右之职，改由舟之侨担任。舟之侨，原是虢国旧臣，鲁闵公二年逃奔晋国。

❽ 门尹般：宋大夫。门尹，官名。般，人名。

❾ 舍之则绝：舍宋不救，则宋与晋关系断绝。告楚不许：求楚释宋围楚又不同意。

❿ 藉之告楚：让齐、秦两国替宋向楚请求退兵。藉，凭借。

⓫ 楚爱曹、卫，必不许也：楚国爱惜曹、卫两个盟邦，一定不会接受齐、秦两国的调解。喜赂、怒顽：齐、秦喜得宋国的贿赂，恼怒楚国不听调解的顽固。

⓬ 说（yuè）：高兴。曹伯：曹共公。畀（bì）：给予。

⓭ 楚子入居于申：楚成王由伐宋退居申地。申，国名。原姜姓国，后为楚灭，地在今河南南阳。

⓮ 申叔：楚大夫，即申公叔侯，侵齐谷邑的楚将。去：撤离。

⓯ 从：追逼。

在外，十九年矣，而果得晋国。险阻艰难，备尝之矣；民之情伪❶，尽知之矣。天假之年，而除其害❷。天之所置，其可废乎？《军志》曰：‘允当则归❸。’又曰：‘知难而退。’又曰：‘有德不可敌。’此三志者，晋之谓矣。”子玉使伯棼请战❹，曰：“非敢必有功也，愿以间执谗慝之口❺。”王怒，少与之师，唯西广、东宫与若敖之六卒实从之❻。

子玉使宛春告于晋师曰❼：“请复卫侯而封曹❽，臣亦释宋之围。”子犯曰：“子玉无礼哉！君取一，臣取二，不可失矣❾。”先轸曰：“子与之❿！定人之谓礼，楚一言而定三国，我一言而亡之。我则无礼，何以战乎？不许楚言，是弃宋也。救而弃之，谓诸侯何？楚有三施，我有三怨⓫，怨仇已多，将何以战？不如私许复曹、卫以携之⓬，执宛春以怒楚，既战而后图之。”公说，乃拘宛春于卫，且私许复曹、卫，曹、卫告绝于楚。子玉怒，从晋师，晋师退。军吏曰：“以君辟臣，辱也。且楚师老矣⓭，何故退？”子犯曰：“师直为壮，曲为老。岂在久乎？微楚之惠不及此，退三舍辟之，所以报也⓮。背惠食言，以亢其仇⓯，我曲楚直，其众素饱，不可谓老。我退而楚还，我将何求？

---

❶ 晋侯在外，十九年矣：晋文公于鲁僖公五年出奔，二十四年入晋，整十九年。情伪：真伪。情，实。

❷ 天假之年：是说晋文公十九年流亡国外，犹能生存，是天赐其寿。假，借。除其害：指与晋文公对立的惠公、怀公、吕甥、郤芮等都被除掉。

❸《军志》：古兵书，已失传。允当则归：即适可而止。

❹ 伯棼（fén）：楚大夫，即斗椒，又字子越。

❺ 间执：堵塞。谗慝之口：指说人坏话。此处暗指去年蔿贾说子玉“过三百乘其不能以入矣”的话。

❻ 西广：楚军有左右广，西广即右军。东宫：太子的卫队。若敖之六卒：一卒三十乘，六卒一百八十乘。楚成王不同意子玉出战，因此不肯给子玉足够的兵力，但又对此战抱有侥幸心理，故又少与之师。若敖，楚武王之祖。楚君无谥号，都称敖，再加上葬地名。若敖葬于若，故称若敖，也是子玉祖父。

❼ 宛春：楚大夫。

❽ 复卫侯：卫成公出居襄牛，故曰恢复卫侯的君位。封曹：曹已为晋所灭，故子玉要求重新建立曹国。

❾ 君取一：君指晋文公，一指释宋围。臣取二：臣指子玉，二指复卫、封曹。不可失矣：不可失去进攻楚国的好借口。

❿ 子与之：您答应他。

⓫ 三施：指曹、卫、宋都可得利。三怨：晋不答应子玉的要求，三国都将怨晋。

⓬ 携：离间。

⓭ 军吏：军官。辟：同“避”。老：疲困。

⓮ 微：无，没有。三舍：九十里。古代行军，三十里为一舍。所以报也：以此报答楚国。

⓯ 亢（kàng）：庇护。其仇：指楚的敌国宋。

若其不还，君退臣犯，曲在彼矣。”退三舍。楚众欲止❶，子玉不可。

夏四月戊辰❷，晋侯、宋公、齐国归父、崔夭、秦小子慭❸，次于城濮❹。楚师背酅而舍❺，晋侯患之。听舆人之诵曰：“原田每每，舍其旧而新是谋。❻”公疑焉。子犯曰：“战也！战而捷，必得诸侯。若其不捷，表里山河❼，必无害也。”公曰：“若楚惠何？”栾贞子曰：“汉阳诸姬，楚实尽之❽。思小惠而忘大耻，不如战也。”晋侯梦与楚子搏，楚子伏己而盬其脑❾，是以惧。子犯曰：“吉。我得天，楚伏其罪，吾且柔之矣❿。”

子玉使斗勃请战⓫，曰：“请与君之士戏⓬，君冯轼而观之，得臣与寓目焉⓭。”晋侯使栾枝对曰：“寡君闻命矣。楚君之惠，未之敢忘，是以在此。为大夫退，其敢当君乎？既不获命矣，敢烦大夫谓二三子⓮：戒尔车乘，敬尔君事，诘朝将见⓯。”

晋车七百乘，韅、靷、鞅、靽⓰。晋侯登有莘之虚以观师⓱，曰：“少长有礼，其可用也⓲！”遂伐其木以益其兵⓳。己巳，晋师陈于莘北⓴，胥臣以

---

❶ 楚众：楚国士兵。

❷ 戊辰：初一。

❸ 宋公：宋成公。国归父、崔夭：均为齐大夫。秦小子慭（yìn）：秦穆公之子。

❹ 次：临时驻扎。古文次为𠙴（《说文》八下），正如张开的帐篷。（从陆宗达说）

❺ 酅（xī）：城濮附近的地名，是一个丘陵险阻的地方，楚军凭险而军。

❻ 原田每每：原野土地肥美。舍其旧而新是谋：抛弃旧的，谋取新的。意为文公喜新厌旧，抛弃楚恩。故下文有“公疑焉”。

❼ 表里山河：晋外有黄河，内有太行山。

❽ 汉阳诸姬，楚实尽之：汉水北面的姬姓国，都被楚国吞并了。阳，山南水北称“阳”。

❾ 盬（gǔ）：吮吸。

❿ 楚伏其罪：楚子伏，脸朝下，表示伏罪。柔：柔服，动词。因脑髓柔软，故引申为柔服。这是子犯为消除晋文公疑虑编造出来的谎话。

⓫ 斗勃：楚大夫。

⓬ 戏：角力。

⓭ 冯（píng）轼：靠着车前扶手的横木。冯，同“凭”。寓目：寄目，观看。

⓮ 二三子：你们诸位。

⓯ 诘（jié）朝：明天早晨。

⓰ 韅（xiǎn）、靷（yǐn）、鞅（yāng）、靽（bàn）：马身上的皮甲、缰绳、络头之类。形容晋军装备整齐。

⓱ 有莘之虚：莘国遗址。莘，古国名。在今山东曹县西北。虚，同“墟”。观师：检阅军队。

⓲ 少长有礼：指晋军士兵懂得军礼。古代军礼，少壮者在前，老弱者在后。

⓳ 益：增加。兵：兵器。

⓴ 己巳：四月初四。陈：列阵。莘北：有莘古城之北，即城濮。

下军之佐当陈、蔡[1]。子玉以若敖之六卒将中军，曰："今日必无晋矣！"子西将左，子上将右[2]。胥臣蒙马以虎皮，先犯陈、蔡，陈、蔡奔，楚右师溃。狐毛设二旆而退之[3]，栾枝使舆曳柴而伪遁[4]，楚师驰之，原轸、郤溱以中军公族横击之[5]。狐毛、狐偃以上军夹攻子西，楚左师溃。楚师败绩，子玉收其卒而止，故不败。

晋师三日馆谷[6]，及癸酉而还[7]。

晏婴叔向论齐晋季世[8]

三年春王正月[9]，……齐侯使晏婴请继室于晋[10]。……既成昏[11]，晏子受礼[12]，叔向从之宴[13]，相与语。叔向曰："齐其何如？"晏子曰："此季世也[14]，吾弗知[15]。齐其为陈氏矣[16]。公弃其民[17]，而归于陈氏。齐旧四量[18]，豆、区、

---

❶ 陈、蔡：陈、蔡联军，即子上统率的右军。

❷ 子西：楚大夫斗宜申。子上：斗勃。

❸ 设二旆（pèi）而退之：军中唯中军主帅设二旆。狐毛为上将军，却故意设二旆，伪装中军退却，以迷惑楚军。旆，大旗。

❹ 使舆曳柴而伪遁：用战车拖着树枝，使尘土飞扬，假装逃跑。舆，车。曳，拖。

❺ 楚师驰之：楚军以为晋军不敌逃跑便急速追击晋军，正被晋中军拦腰攻打。中军公族：由晋贵族子弟组成的中军。

❻ 三日馆谷：休整三天，吃楚军留下的粮。馆，住扎，动词。

❼ 癸酉：四月初六。

❽ 本篇选自《左传》昭公三年。记叙齐国晏婴与晋国叔向的一番对话。反映齐、晋两国奴隶主贵族没落和新兴地主阶级兴起的史实。

❾ 三年：指鲁昭公三年，公元前539年。王：指周历，因鲁尊周，以周历为王历。

❿ 齐侯：齐景公，姓姜名杵臼，公元前548—前490年在位。晏婴：字平仲，夷维（今山东高密）人，齐景公相。继室：续娶夫人。昭公二年四月，晋平公娶齐女少姜，同年秋，少姜去世。齐景公想与晋国保持婚姻关系，故派晏婴去晋，请求续娶齐女。

⓫ 成昏：订婚。昏，通"婚"。

⓬ 受礼：接受宾享之礼。

⓭ 叔向：名肸（xī），羊舌氏，晋国大夫。从：跟从，引申为陪同。

⓮ 季世：末代，衰微之世。

⓯ 弗知：犹言不敢保证。一说仍作不知讲。

⓰ 其：语气词。陈氏：即田氏。陈、田二字古音相通。其祖先陈完即田敬仲，为陈厉公子，陈国内乱，逃奔齐国。齐桓公任命他为工正。其后代逐渐强大，专齐国政，至陈和时，由田齐取代姜齐。

⓱ 公：指齐景公，也可指姜齐公室。

⓲ 四量：四种量器。

釜、钟❶。四升为豆，各自其四❷，以登于釜❸。釜十则钟❹。陈氏三量❺，皆登一焉❻，钟乃大矣❼。以家量贷❽，而以公量收之❾。山木如市❿，弗加于山⓫；鱼、盐、蜃、蛤⓬，弗加于海⓭。民参其力⓮，二入于公⓯，而衣食其一⓰。公聚朽蠹⓱，而三老冻馁⓲。国之诸市，屦贱踊贵⓳。民人痛疾，而或燠休之⓴。其爱之如父母㉑，而归之如流水㉒。欲无获民㉓，将焉辟之㉔？箕伯、直柄、虞遂、伯戏，其相胡公、大姬已在齐矣㉕。”

---

❶ 豆、区（ōu）、釜（fǔ）、钟：齐国四种量器名称。
❷ 各自其四：指升、豆、区逢四进位。
❸ 以登于釜：四进位制到釜为止。登，升。
❹ 釜十则钟：十釜为钟。以十进位，每釜六斗四升，每钟为六斛四斗。
❺ 三量：指豆、区、釜三种量器。
❻ 皆登一：都在旧量中增加一，即旧量四升为豆改为五升为豆；四豆为区改为五豆为区，四区为釜改为五区为釜。登，加。
❼ 钟乃大矣：钟的容量就大了。
❽ 家量：指陈氏加大的新量器。贷：借，指借给人民。
❾ 公量：指齐国的旧量器。收：收回。上文指陈氏以大斗出，小斗进收买人心。
❿ 如市：到市场贸易。
⓫ 弗加于山：其价格不高于山上。
⓬ 蜃（shèn）：大蛤。蛤（gě）：蛤蜊。
⓭ 弗加于海：其价格不高于海边。以上做法是陈氏收买人心，还是齐君用强制手段剥削奴隶？前人多主前说。唯郭沫若《奴隶社会》主后说。
⓮ 参：同“三”。
⓯ 公：公室。
⓰ 衣食其一：其中一份作为维持生活的费用。衣食，穿衣吃饭，借指维持生活。
⓱ 公聚朽蠹：公室聚敛太多，年久腐朽，或生蛀虫。
⓲ 三老：老人。原有三解：杜预说：“三老谓上寿、中寿、下寿，皆八十以上，不见养遇。”孔颖达说：“三老者，工老、商老、农老。”郑玄说：“三老五更各一，皆年老更事致仕者也。”冻馁：挨饿受冻。
⓳ 屦贱踊贵：鞋子便宜，假脚昂贵。说明刑罚多而重。屦，鞋。踊，假脚。
⓴ 或：有人，指陈氏。燠休（yǔxǔ）：亦作“噢咻”，厚加赏赐，以示安抚。燠，厚。休，赐。
㉑ 其：指代陈氏。之：指代百姓。
㉒ 归之：指人民归心陈氏。
㉓ 获民：获得人民的拥护。
㉔ 辟：同“避”，躲避。
㉕ 箕伯、直柄、虞遂、伯戏：舜的后代，均为陈氏的祖先。周武王时，封舜后于陈。胡公、大姬：胡公，陈始封之君。大姬，周武王之女，嫁胡公为妻。此句意为：陈氏的祖先神灵已在齐国，陈氏将取代姜齐了。

叔向曰："然[1]。虽吾公室[2]，今亦季世也。戎马不驾[3]，卿无军行[4]；公乘无人[5]，卒列无长[6]。庶民罢敝[7]，而宫室滋侈[8]。道殣相望[9]，而女富溢尤[10]。民闻公命，如逃寇仇。栾、郤、胥、原、狐、续、庆、伯[11]，降在皂隶[12]。政在家门[13]，民无所依。君日不悛[14]，以乐慆忧[15]。公室之卑[16]，其何日之有？《谗鼎之铭》曰[17]：'昧旦丕显[18]，后世犹怠[19]。'况日不悛，其能久乎？"

晏子曰："子将若何[20]？"叔向曰："晋之公族尽矣。肸闻之，公室将卑，其宗族枝叶先落，则公从之[21]。肸之宗十一族[22]，唯羊舌氏在而已[23]。肸又无子，公室无度[24]，幸而得死[25]，岂其获祀[26]。"

---

❶ 然：对，是这样。

❷ 虽：即使。

❸ 戎马不驾：国君所乘战车的马不再驾战车。意指晋国力衰弱，无力出征。

❹ 卿无军行（háng）：卿不掌握军队，没有军权。军行，又作"戎行"，军队。

❺ 公乘无人：指公室的车乘无御者与戎右。

❻ 卒列无长：军队里没有称职的长官。卒，古代军队编制，百人为一卒。列，步兵的行列。

❼ 庶民：普通平民。罢（pí）敝：疲困。

❽ 滋侈：愈加奢侈。滋，更，益。

❾ 道殣（jǐn）相望：饿死人浅埋于路边的坟堆互相看见。殣，饿死。

❿ 女富溢尤：嬖宠之家的财富多得装不下。女，嬖宠之家。溢，盈，满。尤，过也。

⓫ 栾、郤、胥、原、狐、续、庆、伯：为晋国姬姓的八大卿、大夫家族。其祖依次为栾枝、郤缺、胥臣、先轸、狐偃、续简伯、庆郑、伯宗。

⓬ 皂隶：低贱役吏。

⓭ 政在家门：指卿大夫专政。家门，私门，指卿大夫之家。

⓮ 不悛（quān）：不知改悔。

⓯ 以乐慆（tāo）忧：以娱乐度过忧患。慆，通"韬"，隐藏。

⓰ 卑：卑微。

⓱ 谗鼎：鼎名。本为鲁有，齐伐鲁，取之。铭：镌刻在鼎上的铭文。

⓲ 昧旦丕显：黎明即起，致力于声名显赫。昧旦，早起。丕，大。

⓳ 后世犹怠：后代仍会懈怠。

⓴ 若何：怎么办。

㉑ 从之：跟着凋零。

㉒ 宗：同祖为宗。

㉓ 羊舌氏：以羊舌为氏。羊舌，食邑名。叔向以叔为族，以羊舌为氏。

㉔ 无度：没有法度。

㉕ 得死：即获死，获终。指以老寿而善终。

㉖ 岂其获祀：难道还能享受子孙的祭祀。

齐晋鞍之战❶

二年春❷，齐侯伐我北鄙❸，围龙❹。顷公之嬖人卢蒲就魁门焉❺。龙人囚之❻。齐侯曰："勿杀！吾与而盟❼，无入而封❽。"弗听，杀而膊诸城上❾。齐侯亲鼓❿，士陵城⓫。三日，取龙，遂南侵，及巢丘⓬。

卫侯使孙良夫⓭、石稷⓮、宁相⓯、向禽将侵齐⓰，与齐师遇。石子欲还。孙子曰："不可！以师伐人，遇其师而还，将谓君何⓱？若知不能，则如无出。今既遇矣，不如战也。"

……⓲

石成子曰："师败矣！子不少须⓳，众惧尽⓴。子丧师徒㉑，何以复命？"

---

❶ 本篇选自《左传》成公二年。记叙了齐、晋鞍之战的起因、经过，结果的全过程。展示了齐军骄傲而败，晋军团结而胜的道理。

❷ 二年：鲁成公二年，即公元前589年。

❸ 齐侯：齐顷公，名无野。公元前598—前582年在位。我：指鲁国。北鄙：北部边邑。

❹ 龙：地名，在今山东泰安东南。

❺ 嬖（bì）人：受宠爱的人。卢蒲就魁：卢蒲是氏，本为姜姓，齐桓公之后。就魁是名字。门焉：攻打城门。

❻ 囚：囚禁。

❼ 而：同"尔"，你。盟：订立盟约。

❽ 封：封境，即境土。

❾ 膊：曝，暴尸。

❿ 鼓：动词，击鼓。

⓫ 陵城：爬上城墙。

⓬ 巢丘：地名，在今山东泰安附近。

⓭ 卫侯：姓姬，名遬。公元前599—前589年在位。孙良夫：卫大夫，即孙恒子。

⓮ 石稷：即石成子。卫国名臣石碏四世孙。

⓯ 宁相：卫公族大夫宁俞儿子。

⓰ 向禽将：卫臣。一说向禽为名，将连下读，作将要讲。

⓱ 将谓君何：指将何以向国君复命。

⓲ ……：原文有阙脱。此段应述齐、卫新筑之战。

⓳ 子：你，指孙良夫。少须：少待。

⓴ 众惧尽：士兵恐怕要被全部歼灭了。

㉑ 师徒：军士卒徒。

皆不对。又曰："子，国卿也❶。陨子❷，辱矣❸。子以众退，我此乃止❹。"且告车来甚众❺。齐师乃止，次于鞫居❻。

新筑人仲叔于奚救孙桓子❼，桓子是以免❽。既❾，卫人赏之以邑❿，辞。请曲县⓫、繁缨以朝⓬，许之⓭。

仲尼闻之⓮，曰："惜也，不如多与之邑！唯器与名⓯，不可以假人⓰，君之所司也⓱。名以出信⓲，信以守器⓳，器以藏礼⓴，礼以行义㉑，义以生利㉒，利以平民㉓，政之大节也㉔。若以假人，与人政也。政亡，则国家从之，弗可止也已㉕。"

孙桓子还于新筑㉖，不入㉗，遂如晋乞师。臧宣叔亦如晋乞师㉘。皆主郤

---

❶ 国卿：执政的上卿。
❷ 陨子：损伤您。陨，损失。
❸ 辱矣：使国家蒙受耻辱。
❹ 我此乃止：倒装句，意为我留在这里抵抗。
❺ 且告：指石成子通告卫军。车来甚众：救援的兵车来得很多，以安定军心。
❻ 次：驻扎。鞫（jú）居：地名，在今河北大名县附近。
❼ 仲叔于奚：新筑大夫。
❽ 免：免于祸难。
❾ 既：事后，副词，表时间。
❿ 之：指代仲叔于奚。邑：采邑，指土地。
⓫ 曲县：悬挂在架上的乐器。县，同"悬"。
⓬ 繁（pán）缨：马鬃毛前的装饰，诸侯的礼饰。以上两物，均为诸侯所用，邑宰用此，乃是僭礼。
⓭ 许之：卫侯答应仲叔于奚的请求。
⓮ 仲尼：孔子的字。
⓯ 器：指曲县、繁缨等器物。名：指爵位名号。
⓰ 假人：假借给别人。
⓱ 司：主管，掌握。
⓲ 名以出信：名号用来赋予人们威信。
⓳ 信以守器：威信用来保守器物。
⓴ 器以藏礼：器物用来体现礼制。
㉑ 礼以行义：礼制用来推行道义。
㉒ 义以生利：道义用来产生利益。
㉓ 利以平民：利益用来治理人民。
㉔ 政：政权。大节：重大的关键问题。
㉕ 止：制止。
㉖ 新筑：卫邑名，在今河北大名县附近。
㉗ 入：指不回朝廷。
㉘ 臧宣叔：名许，鲁国大夫。

献子❶。晋侯许之七百乘。郤子曰："此城濮之赋也❷。有先君之明❸，与先大夫之肃❹，故捷❺。克于先大夫，无能为役❻！"请八百乘。许之。郤克将中军❼，士燮将上军❽，栾书将下军❾，韩厥为司马❿，以救鲁、卫。臧宣叔逆晋师⓫，且道之⓬。季文子帅师会之⓭。及卫地，韩献子将斩人⓮，郤献子驰⓯，将救之，至，则既斩之矣。郤子使速以徇⓰，告其仆曰⓱："吾以分谤也⓲。"师从齐师于莘⓳。

六月壬申⓴，师至于靡笄之下㉑。齐侯使请战，曰："子以君师辱于敝邑，不腆敝赋㉒，诘朝请见㉓。"对曰："晋与鲁、卫，兄弟也。来告曰㉔：'大国

---

❶ 主：主人。郤献子：郤克，跛一足，曾出使齐国，为齐国后宫妇女所笑，深以为恨，发誓报仇。

❷ 城濮：地名，在今山东鄄城西南。这里指发生在公元前632年的晋、楚城濮之战。赋：指军队兵车、士卒数目。

❸ 先君：指晋文公。明：英明。

❹ 先大夫：指先轸、狐偃等人。肃：敏捷，才具敏捷。

❺ 捷：胜利。

❻ 役：仆役。

❼ 将：统率，率领。

❽ 士燮：士会之子，即吴文子，一称吴叔。佐：辅佐，即上军副帅。

❾ 栾书：晋大夫，下军主帅。

❿ 韩厥：晋大夫。司马：掌军法事宜。

⓫ 逆：迎。

⓬ 道：通"道"，作向导。

⓭ 季文子：名行父，鲁公族。

⓮ 韩献子：即韩厥。

⓯ 驰：驾马赶去。

⓰ 徇：示众。

⓱ 仆：御者。

⓲ 分谤：分担别人的毁谤、指责。

⓳ 莘：卫国地名，在今山东莘县境内。

⓴ 壬申：十六日。

㉑ 靡笄（jī）：山名，在今济南市千佛山。

㉒ 不腆（tiǎn）敝赋：敝国的兵员很少。腆，厚，丰富。敝，谦词，敝国。赋，指将士兵员。

㉓ 诘朝：明天早晨。

㉔ 来告：指来求救援。

朝夕释憾于敝邑之地❶'。寡君不忍，使群臣请于大国❷，无令舆师淹于君地❸；能进不能退，君无所辱命❹！”齐侯曰：“大夫之许，寡人之愿也。若其不许，亦将见也❺。”齐高固入晋师❻，桀石以投人❼；禽之❽，而乘其车❾，系桑本焉❿，以徇齐垒⓫。曰：“欲勇者贾余馀勇⓬！”

癸酉⓭，师陈于鞍⓮。邴夏御齐侯⓯，逢丑父为右⓰。晋解张御郤克⓱，郑丘缓为右⓲。齐侯曰：“余姑翦灭此而朝食⓳！”不介马而驰之⓴。郤克伤于矢㉑，流血及屦㉒，未绝鼓音㉓，曰：“余病矣㉔！”张侯㉕曰：“自始合㉖，而

---

❶ 大国：指齐国。朝夕：不分昼夜。释憾：泄忿、发泄怒气。敝邑：鲁、卫自称。
❷ 请：请求。
❸ 舆师：众多的军队。淹：久留。
❹ 君无所辱命：犹言不致辱君命。表示许战的话。
❺ 见：指兵戎相见。
❻ 高固：齐大夫，即高宣子。
❼ 桀石：举起石头。桀，举。
❽ 禽：通“擒”，捉，抓。
❾ 车：战车。
❿ 桑本：桑树根。将桑树根系在从晋人手中夺来的战车上，以示区别。
⓫ 徇：巡行示威。
⓬ 贾：买。
⓭ 癸酉：十七日。
⓮ 陈：摆开阵势。鞍：齐地名。在今济南附近。
⓯ 邴夏：齐大夫。御：驾车。即御者。
⓰ 逢丑父：齐大夫。右：车右，又称“骖乘”。古代制度，一车乘三人，尊者在左，御者在中，骖乘在右。但君王或战争时的主帅居中，御者在左。车右都是勇力之士，执干戈以御敌，并负责推车等力役之事。
⓱ 解（xiè）张：晋将。
⓲ 郑丘缓：晋将。郑丘为复姓。
⓳ 姑：姑且。翦灭：消灭。朝食：吃早饭。
⓴ 不介马：不给马披上甲。介，甲。驰之：驱马进攻。
㉑ 伤于矢：被箭射伤。
㉒ 屦：鞋。
㉓ 绝：断。鼓音：击鼓的声音。
㉔ 病：指受重伤。
㉕ 张侯：即解张。
㉖ 始合：一开始交战。

矢贯余手及肘❶，余折以御❷，左轮朱殷❸，岂敢言病？吾子忍之！”缓曰：“自始合，苟有险❹，余必下，推车。子岂识之❺？然子病矣！”张侯曰：“师之耳目，在吾旗鼓，进退从之❻。此车，一人殿之❼，可以集事❽，若之何其以病败君之大事也❾？擐甲执兵❿，固即死也⓫，病未及死，吾子勉之⓬！”左并辔⓭，右援枹而鼓⓮，马逸不能止⓯。师从之⓰。齐师败绩⓱。逐之，三周华不注⓲。

韩厥梦子舆谓己曰⓳：“且辟左右⓴。”故中御而从齐侯㉑。邴夏曰：“射其御者，君子也。”公曰：“谓之君子而射之，非礼也。”射其左，越于车下㉒；射其右，毙于车中㉓。綦毋张丧车㉔，从韩厥曰：“请寓乘㉕。”从左右㉖，皆

---

❶ 贯：穿。

❷ 余折以御：我把箭折断了继续驾车。

❸ 朱殷（yān）：暗红色。朱，红色。殷，黑红色。

❹ 险：危险。

❺ 识（zhì）：知道，了解。

❻ 进退从之：进军和撤退都听从中军旗鼓的指挥。

❼ 殿：镇守。

❽ 集事：成事。

❾ 若之何：奈何，怎么。病：痛苦。败：败坏。

❿ 擐甲执兵：穿上盔甲，拿起武器。

⓫ 固：本来，原来。

⓬ 勉之：努力吧。

⓭ 左并辔：左手握着马缰绳。并，动词。

⓮ 援枹（fú）而鼓：拽过鼓槌击鼓。枹，鼓槌。鼓，作动词，击鼓。

⓯ 逸：狂奔。

⓰ 师从之：晋国的军队跟着主帅的战车冲上去。

⓱ 败绩：大败。

⓲ 三周：三圈。华不注：山名，在今济南东北。

⓳ 子舆：韩厥的父亲。

⓴ 辟：同“避”，避开。左右：指兵车的左右两侧。

㉑ 中御：站在中间驾车。从：跟从，引申为追赶。

㉒ 越：坠，坠落。

㉓ 毙：仆倒，死。

㉔ 綦（qí）毋张：晋大夫，姓綦毋，名张。丧车：丢失战车。

㉕ 寓乘：搭车。寓，寄，搭附。乘，乘车。

㉖ 从左右：指站立在左边或右边。

肘之❶，使立于后。韩厥俛定其右❷。

逢丑父与公易位❸。将及华泉❹，骖絓于木而止❺。丑父寝于轏中❻，蛇出于其下，以肱击之❼，伤而匿之❽，故不能推车而及❾。韩厥执絷马前❿，再拜稽首⓫，奉觞加璧以进⓬，曰："寡君使群臣为鲁、卫请，曰：'无令舆师陷入君地'。下臣不幸⓭，属当戎行⓮，无所逃隐⓯。且惧奔辟⓰，而忝两君⓱。臣辱戎士⓲，敢告不敏⓳，摄官承乏⓴。"丑父使公下㉑，如华泉取饮㉒。郑周父御佐车㉓，宛茷为右㉔，载齐侯以免㉕。韩厥献丑父，郤献子将

---

❶ 肘之：用手肘推他。即示意綦毋张站在自己身后，不要站在两边。

❷ 俛：同"俯"，低下身子。定：放稳。

❸ 易位：交换位置。

❹ 华泉：泉名。在华不注山下，流入济水。

❺ 骖：骖马。古代用三马驾车，辕马两旁的马叫骖，左骖和右骖。絓：通"挂"，绊住。

❻ 轏（zhàn）：棚车。用木条横排编成车厢的轻便车。

❼ 肱（gōng）：由肘至臂的手臂。

❽ 匿：隐瞒。

❾ 及：被赶上。

❿ 执絷：拿着绊马索。絷，绊马索。

⓫ 再拜稽首：先拜二拜，再叩头至地，是一种比稽首更重要的礼。

⓬ 奉觞：捧着酒器。璧：圆平形而中间有孔的玉器。进：奉献。以上三句是韩厥对齐侯执行"殒命"之礼，即俘获敌国国君的礼仪。

⓭ 下臣：韩厥自称，谦词。

⓮ 属：恰巧、恰好。当：遇。戎行（háng）：兵车的行列。此句意为刚巧和您国君的兵车在同一条路上碰到了。

⓯ 隐：躲藏。

⓰ 奔辟：逃避。辟，通"避"。

⓱ 忝（tián）：辱。两君：指晋君和齐君。

⓲ 臣辱戎士：自己滥竽充数为战士，有辱战士名声。自谦之词。

⓳ 不敏：不敏慧。

⓴ 摄官：担任职务。承乏：人才缺乏，我只好承担充数。言外之意是俘虏齐君是我的职务，就不客气动手了。以上各句都是外交辞令。

㉑ 公：齐侯。下：下车。

㉒ 如：往，到。饮：名词，水。

㉓ 郑周父：齐将。佐车：副车。

㉔ 宛茷（fèi）：齐将。

㉕ 免：免于被俘。

戮之。呼曰[1]：“自今无有代其君任患者[2]，有一于此[3]，将为戮乎[4]？”郤子曰：“人不难以死免其君[5]，我戮之，不祥[6]。赦之以劝事君者[7]。”乃免之。

齐侯免，求丑父，三入三出[8]。每出，齐师以帅退[9]。入于狄卒[10]，狄卒皆抽戈楯冒之[11]。以入于卫师，卫师免之[12]。遂自徐关入[13]。齐侯见保者，曰[14]：“勉之[15]，齐师败矣！”辟女子[16]。女子曰：“君免乎？”曰：“免矣。”曰：“锐司徒免乎[17]？”曰：“免矣。”曰：“苟君与吾父免矣，可若何[18]？”乃奔[19]。齐侯以为有礼。既而问之[20]，辟司徒之妻也[21]。予之石窌[22]。

晋师从齐师[23]，入自丘舆[24]，击马陉[25]。齐侯使宾媚人赂以纪甗、玉磬与

---

[1] 呼：叫。此句省主语丑父。
[2] 任患：承担患难。
[3] 有一于此：有一个能替国君承担患难的人在这里。
[4] 为：被。
[5] 不难：不惧怕。
[6] 不祥：不吉利。
[7] 劝：勉励、鼓励。
[8] 三入三出：三次冲进晋军，三次杀出重围。
[9] 齐师以帅退：齐军拥护着齐侯退后。
[10] 狄卒：狄人的军队。
[11] 戈楯：泛指武器。楯，通“盾”，盾牌。冒：覆，引申为遮拦、庇护。
[12] 免：指不伤害。
[13] 徐关：地名，在今山东淄博西。
[14] 保者：齐国守护城邑的将吏。
[15] 勉之：努力吧。
[16] 辟女子：驱逐路上的女人，叫她回避齐侯的车子。辟，同“闢”，驱除，驱逐。
[17] 锐司徒：官名，执掌管矛、戈等锐利武器的官员。
[18] 可若何：还要怎么样呢？
[19] 奔：跑开。
[20] 既而：后来。问：指查询。
[21] 辟司徒：官名，掌管军中壁垒的官员。辟，通“壁”。
[22] 予之石窌：赐给她石窌作为封地。石窌，地名，在今山东长清县东南。
[23] 从：追赶。
[24] 丘舆：齐邑名。在今山东益都西南。
[25] 马陉（xìng）：地名，在今山东益都西南。陉，山脉中断的地方。

地❶。不可，则听客之所为❷。宾媚人致赂，晋人不可，曰："必以萧同叔子为质❸，而使齐之封内尽东其亩❹。"对曰："萧同叔子非他，寡君之母也。若以匹敌❺，则亦晋君之母也。吾子布大命于诸侯❻，而曰必质其母以为信，其若王命何❼？且是以不孝令也。诗曰❽：'孝子不匮❾，永锡尔类❿。'若以不孝令于诸侯，其无乃非德类也乎⓫？先王疆理天下⓬，物土之宜⓭，而布其利⓮。故《诗》曰⓯：'我疆我理，南东其亩⓰。'今吾子疆理诸侯，而曰尽东其亩而已，唯吾子戎车是利⓱，无顾土宜，其无乃非先王之命也乎⓲？反先王则不义，何以为盟主？其晋实有阙⓳！四王之王也⓴，树德而济同欲焉㉑；五

---

❶ 宾媚人：齐大夫，即国佐。赂：赂遗、致送。纪甗（yǎn）：纪国的一件古物。纪，国名，为齐所灭，甗被齐国所夺。甗（yǎn），古代一种炊饪器，有陶土制，有青铜制，其形状上体圆而两耳似鼎，一体三款似鬲，中设箄（bēi），有半环可握着开闭。箄上有十字穿或直线穿四五。有上下体可分，或不可分的。玉磬（qìng）：古代乐器，用玉或石雕成，悬于架上，击之使鸣。地：土地，还给鲁、卫之侵地。

❷ 客：指晋人。

❸ 萧同叔子：齐顷公的母亲。萧，萧国。同叔，萧国国君的字，即齐顷公外祖父。子，女儿，古代儿、女均可称子。质：抵押。

❹ 封内：封国的境内。尽东其亩：田垄全部向东。这样便于晋国进军。亩，田高畦，即垄。

❺ 匹敌：对等。

❻ 吾子：指郤克。布大命：发布重大命令。

❼ 王命：指周天子之命令。

❽《诗》：见《诗经·大雅·既醉》。

❾ 匮：尽，匮乏。

❿ 锡：同"赐"，赐与。尔类：同类的人。

⓫ 其：大概。无乃：不是，恐怕。德类：犹言道德法则。

⓬ 疆理：划分经界，区分地理。

⓭ 物土之宜：考察土地之所宜种植者。物，动词，考察，根据。

⓮ 布其利：作有利于生产的布置、安排。

⓯《诗》：见《诗经·小雅·信南山》。

⓰ 南东其亩：视其所利，向南、向东开辟田垄。

⓱ 戎车：兵车。

⓲ 命：政令。

⓳ 阙：过失，错误。

⓴ 四王：指禹、汤、周文王、周武王。王，动词，指王天下。

㉑ 树德：树立德行。同欲：共同的欲望。济：满足。

伯之霸也❶，勤而抚之❷，以役王命❸。今吾子求合诸侯，以逞无疆之欲❹。《诗》曰❺：‘布政优优❻，百禄是遒❼。’子实不优，而弃百禄，诸侯何害焉❽！不然❾，寡君之命使臣，则有辞矣❿，曰：‘子以君师辱于敝邑，不腆敝赋，以犒从者⓫；畏君之震⓬，师徒桡败⓭。’吾子惠徼齐国之福，不泯其社稷⓮，使继旧好；唯是先君之敝器、土地不敢爱，子又不许。请收合余烬⓯，背城借一⓰。敝邑之幸⓱，亦云从也；况其不幸，敢不唯命是听。”

鲁、卫谏曰：“齐疾我矣⓲！其死亡者⓳，皆亲暱也⓴。子若不许，仇我必甚。唯子则又何求？子得其国宝，我亦得地，而纾于难㉑，其荣多矣㉒。齐、晋亦唯天所授，岂必晋？”晋人许之，对曰：“群臣帅赋舆㉓，以为鲁、卫请，若苟有以藉口㉔，而复于寡君，君之惠也㉕。敢不唯命是听。”

---

❶ 五伯：伯，同“霸”。杜预认为五霸是指夏的昆吾，商的大彭、豕韦，周的齐桓公、晋文公。这里似不宜指齐桓、晋文、宋襄、秦穆、楚庄五人，因此说至战国始有。
❷ 勤：勤劳。抚：安抚。之：指诸侯国。
❸ 以役王命：使大家为天子之命而服役。
❹ 无疆之欲：没有止境的欲望。
❺ 诗：见《诗经·商颂·长发》。
❻ 布政优优：施行宽大和缓的政教。
❼ 百禄：各种幸福。遒（qiú）：聚集，积聚。
❽ 何害：有什么害处。
❾ 不然：如果你们不答应。
❿ 有辞：有话可说。
⓫ 以犒从者：犒，犒劳。此为外交辞令，意为与晋人作战。
⓬ 震：威严。
⓭ 桡（náo）败：失败。
⓮ 泯：灭。
⓯ 收合余烬：收拾整顿残余的部队。烬，烧残的灰，比喻残余部队。
⓰ 背（bēi）城借一：背对自己城墙决最后一战。
⓱ 幸：指战胜。
⓲ 疾：怨恨，疾恨。
⓳ 死亡：战死和逃亡。
⓴ 亲暱：亲近。
㉑ 纾：缓和，缓解。
㉒ 荣：光荣，荣耀。
㉓ 赋舆：兵车。
㉔ 若苟：如果，假使。同义词连用，表假设。藉口：借口。此句意为如果有话可以向寡君复命。
㉕ 惠：恩惠。

禽郑自师逆公❶。

秋七月，晋师及齐国佐盟于爰娄❷。使齐人归我汶阳之田❸。公会晋师于上鄍❹，赐三帅先路三命之服❺，司马、司空、舆帅、候正、亚旅，皆受一命之服❻。

晋师归，吴文子后入❼，武子曰❽："无为吾望尔也乎❾?"对曰："师有功，国人喜以逆之，先入，必属耳目焉❿，是代帅受名也⓫，故不敢。"武子曰："吾知免矣⓬。"

郤伯见⓭。公曰⓮："子之力也夫⓯!"对曰："君之训也⓰，二三子之力也⓱，臣何力之有焉?"吴叔见⓲，劳之如郤伯⓳。对曰："庚所命也⓴，克之

---

❶ 禽郑：鲁国大夫。自师：从晋、鲁、卫联军中出来。公：鲁成公。请他来与齐签订盟约。

❷ 爰娄：地名，在山东淄川。

❸ 我：鲁国。汶阳之田：汶水南面的土地。汶阳，在今山东宁阳北。

❹ 上鄍：地名，在今山东阳谷县境。

❺ 三帅：郤克、士燮、栾书。先路：即卿所乘的正车。路，同"辂"。三命之服：三命的服饰。古代卿大夫有三命、再命、一命的区别，命多则尊贵，以三命为限。

❻ 司马：主管甲兵、军法的大夫。司空：主管营垒的大夫。舆帅：主管兵车的大夫。候正：主管巡逻哨兵侦探的大夫。亚旅：次于卿，上大夫之别称。

❼ 吴文子：即士燮。

❽ 武子：即士会，士燮之父。

❾ 无为吾望尔也乎：你难道不因为我盼望你而早些回来吗?

❿ 属耳目：使众人耳目集中于我。

⓫ 代帅受名：代替主帅接受有功之名。

⓬ 免：避免祸患。

⓭ 郤伯：郤克。见：拜见。

⓮ 公：晋景公。

⓯ 力：指功劳。

⓰ 训：教训，教导。

⓱ 二三子：指其他将领。

⓲ 吴叔：即士燮。

⓳ 劳：慰劳，慰问。

⓴ 庚：荀庚，荀林父之子。荀寅此时将上军，未出动，士燮为上军佐，代荀庚出兵。命：指奉荀庚之命出师。

制也❶，燮何力之有焉？”栾伯见❷，公亦如之。对曰：“燮之诏也❸，士用命也❹，《书》何力之有焉？”

❶ 克之制：自己受中军帅郤克的节制。
❷ 栾伯：栾书。
❸ 诏：指示。
❹ 士用命：将士服从命令。

公羊传❶

宋及楚平❷

夏五月❸，宋人及楚人平❹。外平不书❺，此何以书？大其平乎已也❻。何大乎其平乎已？庄王围宋❼，军有七日之粮尔❽，尽此不胜❾，将去而归尔❿。于是使司马子反乘堙而窥宋城⓫，宋华元亦乘堙而出见之⓬。司马子反曰："子之国何如？"华元曰："惫矣⓭！"曰："何如？"曰："易子而食之⓮，

---

❶ 《公羊传》，亦作《春秋公羊传》或《公羊春秋》。旧题战国时公羊高撰。是一部着重阐发《春秋》"微言大义"的儒家重要经典。汉武帝时立为五经博士之一，研究《公羊传》的学者大增。西汉董仲舒撰《春秋繁露》，专治《公羊传》，此后形成《春秋公羊学》。《公羊传》的主要思想内容大致有以下几个方面：第一，《公羊传》认为孔子作《春秋》，以微言体现王道一统的大义。因而大一统是《春秋》的基本思想。第二，《公羊传》主三统说，三统指黑统（夏）、白统（商）、赤统（周）。认为这三统循环造成历史的递嬗。第三，《公羊传》主异内外说，强调《春秋》注重华夷之别。认为华夷之别不在于种族，而在于文化，尤其是伦理道德。因此该书是研究战国秦汉间儒家思想演变的重要资料。《公羊传》的通行本有东汉何休《春秋公羊解诂》本，唐徐彦《公羊传疏》本，（均收入《十三经注疏》）清陈立《公羊义疏》本等。底本据中华书局1980年影印阮元校刻《十三经注疏》本《春秋公羊传注疏》。

❷ 本篇选自《公羊传》宣公十五年。记叙楚围宋战争中，宋大夫华元与楚大夫子反各信于对方而议和的史实。通篇纯用复笔而不感累赘重复。

❸ 五月：指鲁宣公十五年（公元前594年）五月。

❹ 平：议和。和而不盟叫做平。

❺ 外平不书：《春秋》记鲁国史事，外国之间讲和的事是不记载的。书，记载。

❻ 大：尊重，注重。己：指华元、子反两大夫。此句意为：尊重这次和议是由二大夫促成的。因为古代大夫无遂事，无决策权。

❼ 庄王：楚庄王，芈姓，名旅，楚国国君，公元前613—前591年在位，春秋五霸之一。宋：国名。子姓，周公封商旧都周围给纣王庶兄微子启，建都商丘，今河南商丘南。

❽ 尔，通"耳"，了，语气助词。

❾ 此：指代七日之粮。

❿ 去：离开。

⓫ 司马：官名，掌军政。子反：人名，即公子侧。当时任围宋楚军中军主帅。堙（yīn）：用以登高上城的战具。

⓬ 华元：人名。宋大夫，执宋国政。

⓭ 惫：疲乏，疲困。"憊"的简体字。

⓮ 易子：交换子、女。

析骸而炊之❶。”司马子反曰：“嘻❷！甚矣惫❸！虽然❹，吾闻之也，围者，柑马而秣之❺，使肥者应客❻，是何子之情也❼？”华元曰：“吾闻之：君子见人之厄则矜之❽，小人见人之厄则幸之❾。吾见子之君子也❿，是以告情于子也⓫。”司马子反曰：“诺⓬，勉之矣⓭！吾军亦有七日之粮尔，尽此不胜，将去归尔。”揖而去之⓮。

反于庄王⓯。庄王曰：“何如？”司马子反曰：“惫矣！”曰：“何如？”曰：“易子而食之，析骸而炊之。”庄王曰：“嘻！甚矣惫！虽然，吾今取此⓰，然后而归尔”。司马子反曰：“不可。臣已告之矣，军有七日之粮尔。”庄王怒曰：“吾使子往视之，子曷为告之⓱？”司马子反曰：“以区区之宋⓲，犹有不欺人之臣，可以楚而无乎？是以告之也⓳。”庄王曰：“诺。舍而止⓴。虽然，吾犹

❶ 析骸（hái）而炊：拆散尸骨用以烧食物。
❷ 嘻（xī）：叹词，表示惊惧。
❸ 甚矣惫：倒装句，非常疲困了。
❹ 虽然：即使这样。
❺ 柑马而秣之：用木衔马口中，而将粮秣喂马口中。马口动而不能吃，以示粮秣甚多。
❻ 肥者：指肥马。应客：让敌人看。以示饱足。
❼ 情：实，实情。此句意为：你为什么告以实情。
❽ 厄：困厄，苦难。矜：矜悯，怜悯。
❾ 幸：幸灾乐祸。
❿ 君子：这里指有道德、有同情心的人。
⓫ 是以：所以。
⓬ 诺（nuò）：答应声。
⓭ 勉之矣：勉力坚守吧。
⓮ 揖（yī）：古时的一种礼节。两手相拱于胸前，欠身为礼。
⓯ 反：通“返”，回去。
⓰ 吾今取此：我今天将攻打这座城池。
⓱ 曷：何，为什么。
⓲ 区区：犹小小。
⓳ 是以：所以。
⓴ 舍而止：命子反筑舍于此，停留不走。

取此，然后归尔。”司马子反曰：“然则君请处于此❶，臣请归尔。”庄王曰：“子去我而归❷，吾孰与处于此❸？吾亦从子而归尔❹！”引师而去之。故君子大其平乎已也。此皆大夫也❺，其称“人”何❻？贬❼。曷为贬，平者在下也❽。

❶ 然则：那么。处于此：停留在这里。

❷ 去：离开。

❸ 孰与：与谁，与哪一个。

❹ 从：跟从，跟随。

❺ 大夫：一般任官职者之称。西周、春秋时国君之下有卿、大夫、士三级。大夫又分上、中、下三等，以佐助国君处理政务。

❻ 其称“人”何：为什么称宋人、楚人呢？人，指宋人、楚人。

❼ 贬：降低。

❽ 平者：指议和的人。下：指大夫。议和本为国君之事，现在由大夫主持此事，故降低其规格。

谷梁传❶

虞师晋师灭夏阳❷

非国而曰“灭”❸，重夏阳也❹。虞无师❺，其曰“师”❻，何也？以其先晋❼，不可以不言师也。其先晋，何也？为主乎灭夏阳也❽。夏阳者，虞虢之塞邑也❾，灭夏阳而虞、虢举矣❿。

虞之为主乎灭夏阳，何也？晋献公欲伐虢⓫，荀息曰⓬：“君何不以屈产

---

❶ 《谷梁传》，亦称《春秋谷梁传》。旧题战国初年谷梁赤撰。实为谷梁赤口述并与其后学编纂而成。谷梁赤，一名俶，字元始，战国鲁国人，受经于孔子弟子子夏。《谷梁传》为《春秋三传》之一，与《公羊传》相似，以发挥《春秋》的“微言大义”为主，汉初不受重视汉宣帝好《谷梁传》，才著帛成书，广行于世，后为历代封建王朝列入儒家经学之经典，对后世有重要影响。《谷梁传》用自设问答体例，训释《春秋》经义，述事释义起自鲁隐公元年（公元前722年），迄于鲁哀公十四年（公元前481年），与《春秋》记事同。然解说较为简洁，较少引证史实。其内容主要是传经之义，讲求贵义信道，与正不与贤。注重辨正尊卑之等、名分之异；推崇君子亲亲之道。提倡为亲者、尊者、贤者讳；提倡妇女“三从”。强调君主代表上天统治人民；强调君主应爱惜民力，不与民争利。《谷梁传》的通行本有晋吴宁《春秋谷梁集解》本，清侯康《谷梁传疏正》本，《四部备要》本，《十三经注疏》本等。底本据中华书局1980年影印阮元校刻《十三经注疏》本《春秋谷梁传》注疏。

❷ 本篇选自《谷梁传》僖公二年。记叙晋献公以厚币赂虞公假道以伐虢。虞公目光短浅，贪晋厚赂，不顾虞、虢唇齿相依关系，不听贤臣宫之奇谏阻，招来与虢一起被晋所灭的命运。反映了春秋时期大国兼并小国的历史事实。

❸ 非国：并非国家，这里指夏阳乃虢国的城邑。灭：灭亡。

❹ 重：尊重，重视。夏阳：虢国城邑，地势险要，为虞、虢两国要塞。

❺ 虞无师：指晋出兵灭虢，虞并未出师。

❻ 其曰师：指为什么说虞师晋师灭夏阳。

❼ 先晋：指灭虢之举，虞为首恶，故先于晋。

❽ 为主：为首。

❾ 虞：国名。周武王封大王之子虞仲后代于虞，在今山西平陆县东北六十里。虢：国名，又名北虢。周文王封其弟仲于在今陕西宝鸡附近，为西虢。北虢是虢的别姓，在今平陆。塞邑：要塞城邑。

❿ 举：举拔，攻取。

⓫ 晋献公：晋国国君，姓姬，名诡诸，公元前676—前651年在位。

⓬ 荀息：晋大夫。

之乘[1]，垂棘之璧[2]，而借道乎虞也[3]？”公曰：“此晋国之宝也。如受吾币而不借吾道[4]，则如之何？”荀息曰：“此小国之所以事大国也[5]。彼不借吾道，必不敢受吾币。如受吾币而借吾道，则是我取之中府而藏之外府[6]，取之中厩而置之外厩也[7]。”公曰：“宫之奇存焉[8]，必不使受之也。”荀息曰：“宫之奇之为人也，达心而懦[9]，又少长于君[10]。达心则其言略[11]；懦则不能强谏[12]；少长于君，则君轻之[13]。且夫玩好在耳目之前[14]，而患在一国之后[15]。此中知以上乃能虑之[16]。臣料虞君，中知以下也。”公遂借道而伐虢。

---

❶ 屈产之乘：北屈出产的良马。屈，北屈，在今山西吉县东北，地产良马。乘，指代马。

❷ 垂棘之璧：垂棘地方出产的美玉。垂棘，地名，在今山西潞城北，地产美玉。璧，圆而扁平，中有孔的美玉。

❸ 借道：借路。古代朝聘或出师，经过别国要借道，否则为非礼。

❹ 币：指礼物。

❺ 事：奉事。

❻ 中府：内库，指王藏财物地方。外府：外库，指朝廷藏财物地方。

❼ 中厩：指王畜马的马棚。外厩：指朝廷畜马的马棚。

❽ 宫之奇：虞国贤大夫。存：在。焉：那里。

❾ 达心：心中明白事理。懦：懦于事。

❿ 少长于君：自小在宫中长大。一说稍大于晋献公。

⓫ 略：简略。

⓬ 强谏：强行劝阻。

⓭ 轻：轻视。

⓮ 玩好：指马、璧等玩物。耳目之前：耳边眼前，指在近前，听得到、看得到。

⓯ 患：祸患。一国：灭国，指祸害远而一时看不到。

⓰ 中知：中等智力。知，通“智”。虑：思考，考虑。

宫之奇谏曰："晋国之使者，其辞卑而币重❶，必不便于虞❷。"虞公弗听。遂受其币而借之道。宫之奇又谏曰："语曰❸：'唇亡则齿寒。'其斯之谓与❹？"挈其妻子以奔曹❺。

献公亡虢，五年❻，而后举虞。荀息牵马操璧而前曰❼："璧则犹是也❽，而马齿加长矣❾！"

---

❶ 辞卑而币重：语言谦逊而礼物厚重。意为晋国别有用心。

❷ 不便：不利。

❸ 语：指谚语。

❹ 其：语气词，表示要委婉，意为大概，恐怕。斯：指示代词，指虞、虢之间的关系就是唇齿相依的关系。

❺ 挈：率领，携带。妻子：妻和子女。曹：国名，姬姓，都陶丘，今山东定陶西南，周武王分封弟叔振铎为诸侯。

❻ 五年：指鲁僖公五年。

❼ 操：拿。

❽ 犹是：还是这样。

❾ 马齿加长：指马的年龄增大了。

论 语❶

为 政❷

子曰❸：“为政以德❹，譬如北辰❺，居其所而众星共之❻。”

子曰：“《诗》三百❼，一言以蔽之❽，曰：‘思无邪❾。’”

子曰：“道之以政❿，齐之以刑⓫，民免而无耻⓬。道之以德⓭，齐之以

---

❶ 《论语》是一部传世的儒家经典，由孔子的弟子及其再传弟子根据当时孔子的言行记录整理而成。约成书于战国前期。汉代把《论语》看作是传记，汉文帝设传记博士，传授《论语》，成为专门学科。汉武帝以来，随着儒家被定为一尊，孔子地位的提高，东汉时列为七经之一。魏、晋以后各朝均把《论语》列入学官，设博士教授。到了南宋，朱熹把《论语》《孟子》《大学》《中庸》集为“四书”，作《四书章句集注》。从元仁宗起直至明清，钦定为科举考试必读的教科书。在中国古代思想文化领域产生重大而深远的影响。现存《论语》共二十篇，内容非常广泛。记载了孔子关于政治、哲学、教育、伦理、文学、美学、艺术、理财和道德修养等各个方面的言论，是研究孔子思想的主要材料，始终如一地贯穿着“仁”“礼”的思想学说；强调一个“学”字，教育人们如何为人处世，如何学做人，在“学”字上下工夫。《论语》的版本很多，通行本有：宋刻递修《九经正义》二卷本，明经厂刻朱熹《论语集注》本，清嘉庆二十一年(1816年)扬州阮元文选楼刻《十三经注疏》(附校勘记)本，1980年中华书局杨伯峻《论语译注》本等。底本据中华书局1990年出版朱熹《四书章句集注》本。

❷ 《为政》是《论语》的第二篇，先提出“为政以德”的观点，然后围绕它开展如何以德为治的讨论，讲清了两方面的问题：一、为政必须把教化放在首尾，用孝、敬、信、勇等道德感化人、教育人、培养人，提高人们的道德品质。二、为政必须得人，有贤人君子来施行德治。这种人一定要有很高的道德修养，豁达大度，善于总结经验，知人善任，诚信待人，实事求是并具有大智大勇的牺牲精神。

❸ 子：先生，老师。古代男子的通称。《论语》中“子曰”的“子”，均指孔子。

❹ 为政以德：用道德来治理国家，即德治。以，介词，用，拿。

❺ 北辰：北极星，此喻君王。

❻ 所：处所，位置。共(gǒng)：同“拱”，围绕，环抱。

❼ 《诗》三百：指《诗经》的篇数，实际是305篇，这里举其整数。

❽ 蔽：概括。

❾ 思无邪：思想纯正而无邪。源出《诗经·鲁颂·駉》：“思无邪，思马斯徂”。原意是专诚一志以牧马，马长得壮，跑得快。这里引申为诚、正。

❿ 道：通导，诱导，引导，疏导。政：政令，政法。

⓫ 齐：规范、统制。刑：刑法。

⓬ 民免而无耻：人民为了避免刑罚而存无耻之心。

⓭ 德：道德，指用道德感化。

礼❶，有耻且格❷。”

子曰：“吾十有五而志于学❸；三十而立❹；四十而不惑❺；五十而知天命❻；六十而耳顺❼；七十而从心所欲❽，不逾矩❾。”

孟懿子问孝❿。子曰：“无违⓫。”樊迟御⓬，子告之曰：“孟孙问孝于我⓭，我对曰：‘无违。’”樊迟曰：“何谓也？”子曰：“生⓮，事之以礼⓯；死，葬之以礼，祭之以礼。”

孟武伯问孝⓰。子曰：“父母唯其疾之忧⓱。”

子游问孝⓲。子曰：“今之孝者，是谓能养⓳。至于犬马，皆能有养；不敬⓴，何以别乎㉑？”

---

❶ 礼：礼仪，礼制，指用礼加以规范。

❷ 格：纠正，引申为归服、归化。

❸ 有：又。志于学：立志向学，追求学问。古代十五岁入大学，学习穷理、正心、修己、治人之道。

❹ 立：站稳脚跟。引申为说话行事有独立见解，能立足于社会。

❺ 不惑：遇事不迷惑。

❻ 知天命：历代注疏家有不同解释，有的说：“知天命之始终。”有的说：“即天道之流行而赋于物者，乃事物所以当然之故也。”有的说：“穷理尽性。”有的说：“人受生于天，有哲命，有禄命。”有的说：“命，使也。言天使己如此也。”等等。其实指上天的命令，人们应接受上天的主宰和安排。

❼ 耳顺：听人说话能判明是非。

❽ 从心所欲：顺从心里所想的去做。

❾ 不逾（yú）矩：不会超越规矩。逾，超越，超过。矩，规矩，法度。

❿ 孟懿子：鲁国大夫孟孙何忌。“懿”是谥号。

⓫ 无违：不要违背礼制。古人凡违背礼制均称“违”，宾语省略。

⓬ 樊迟：姓樊，名须，名子迟，孔子的学生。御：驾车。

⓭ 孟孙：指孟懿子。

⓮ 生：活着。

⓯ 事：奉侍。

⓰ 孟武伯：孟懿子之子孟孙彘。“武”是谥号。

⓱ 父母唯其疾之忧：原来有两种解释，一为父母只为儿子的疾病担忧；二为子女只为父母的疾病担忧。均可通。其原因在于对指示代词“其”的理解上。一说指代父母，二说指代儿子。

⓲ 子游：姓言名偃，字子游，孔子的学生。

⓳ 能养（yǎng）：能养活父母。

⓴ 敬：孝敬。

㉑ 别：区别，分辨。

子夏问孝❶。子曰："色难❷。有事❸，弟子服其劳❹；有酒食❺，先生馔❻："曾是以为孝乎❼？"

子曰："吾与回言终日❽，不违如愚❾。退而省其私❿，亦足以发⓫。回也不愚。"

子曰："视其所以⓬，观其所由⓭，察其所安⓮，人焉廋哉⓯？人焉廋哉？"

子曰："温故而知新⓰，可以为师矣⓱！"

子曰："君子不器⓲。"

子贡问君子⓳。子曰："先行其言而后从之⓴。"

子曰："君子周而不比㉑，小人比而不周。"

子曰："学而不思则罔㉒，思而不学则殆㉓。"

---

❶ 子夏：姓卜名商，字子夏，孔子的学生。

❷ 色难：儿子经常和颜悦色地侍奉父母是件难事。也就是说色养最难。色，脸色，表情。

❸ 有事：有了事情。

❹ 弟子：子女。

❺ 食：食物。

❻ 先生：父兄，长辈。馔（zhuàn）：吃喝。

❼ 曾（céng）：竟，副词，竟然。

❽ 回：姓颜名回，字子渊。孔子最得意的学生。终日：整天，从早到晚。

❾ 不违：意不相背，受听而不提出反对意见和问题。愚：愚笨。

❿ 省（xǐng）：观察，省察。私：这里指颜回个人的言行。

⓫ 发：发明，发挥。

⓬ 视：看。下文中的"观""察"均为看的意思，但有程度深浅的不同。一般看看为视，深入地看为观，更进一步地审察为察。以：所作所为。

⓭ 所由：所有的经历。

⓮ 所安：所安心从事的事业。

⓯ 焉：何，怎么。廋（sōu）：隐藏，掩盖。

⓰ 故：旧，过去的人和事。

⓱ 师：老师。

⓲ 君子：《论语》中的君子一般指有道德、有学问、有地位的人。器：器具，器皿。

⓳ 子贡：姓端木名赐，字子贡，孔子的学生。

⓴ 先行其言：先实行自己要想说的言论。从：跟从，这里指行而后言。

㉑ 周：团结。比（bì）：勾结。

㉒ 罔（wǎng）：迷罔，受骗。

㉓ 殆（dài）：疑惑、神思枯竭。

子曰："攻乎异端❶，斯害也已❷！"

子曰："由❸，诲女知之乎❹？知之为知之❺，不知为不知，是知也❻。"

子张学干禄❼。子曰："多闻阙疑❽，慎言其余，则寡尤❾。多见阙殆❿，慎行其余，则寡悔⓫。言寡尤，行寡悔⓬，禄在其中矣⓭。"

哀公问曰⓮："何为则民服⓯？"孔子对曰："举直错诸枉⓰，则民服。举枉错诸直，则民不服。"

季康子问⓱："使民敬忠以劝⓲，如之何⓳？"子曰："临之以庄则敬⓴，孝慈则忠㉑，举善而教不能则劝㉒。"

或谓孔子曰㉓："子奚不为政㉔？"子曰："《书》云㉕：'孝乎！惟孝，友

---

❶ 攻：攻习，学习。异端：背离正统的学说、观点。关于异端，有不同解释。有人认为是指诸子百家之类的杂书。有人认为是技艺等"小道"。有人认为指杨朱、墨子。有人认为是背离正道的邪说。

❷ 斯：这，这就。也已：句末助词，无义。

❸ 由：姓仲名由，字子路，也作季路。孔子的学生。

❹ 诲：教诲，教育。女（rǔ）：通"汝"，你。下文"女"，均作"汝"。知：指知与不知的正确态度。

❺ 为：就是。

❻ 是知也：这就是对待知与不知的正确态度。

❼ 子张：姓颛孙名师，字子张。孔子的学生。干禄：谋求做官得俸禄。干，求。

❽ 阙疑：存疑。

❾ 寡尤：减少过失，错误。尤，过失。

❿ 阙殆：与"阙疑"对称，也为存疑。

⓫ 寡悔：减少追悔。

⓬ 行（xìng）：行动。

⓭ 禄：俸禄。

⓮ 哀公：鲁国国君姬蒋，公元前494—前467年在位。"哀"是谥号。

⓯ 何为：做些什么事。

⓰ 举直错（cù）诸枉：推举正直的人，放在邪恶的人上面。举，推举，选拔。直，正直。错，同"措"，放，置。枉，邪曲。

⓱ 季康子：鲁哀公时正卿季孙肥，"康"是谥号。

⓲ 敬忠以劝：严肃认真、竭尽忠诚而互相劝勉。

⓳ 如之何：怎么办。

⓴ 临：靠近。上对下靠近为临。庄：庄重，严肃。

㉑ 孝慈：孝顺，慈爱。子女对父母为孝、父母对子女为慈。

㉒ 举：推举，提拔。不能：能力薄弱的人。劝：劝勉，这里有自勉之意。

㉓ 或：有人。

㉔ 奚（xī）：疑问词，为什么。为政：参与政治。

㉕ 《书》：指《尚书》。以下三句是《尚书》的佚文，被采入伪《古文尚书》。

于兄弟❶，施于有政❷。’是亦为政❸，奚其为为政？”

子曰：“人而无信❹，不知其可也。大车无輗❺，小车无軏❻，其何以行之哉？”

子张问：“十世可知也❼？”子曰：“殷因于夏礼❽，所损益❾，可知也；周因于殷礼，所损益，可知也；其或继周者❿，虽百世可知也。”

子曰：“非其鬼而祭之⓫，谄也⓬。见义不为⓭，无勇也。”

❶ 友于：兄弟之间友爱的意思，借指兄弟。
❷ 施：延及，影响。
❸ 是亦为政：这也就是参与政治。
❹ 信：信誉，信用。
❺ 大车：牛车。輗（ní）：牛车辕前横木两端的木销。
❻ 小车：马车。軏（yuè）：马车辕前横木两端的木销。
❼ 十世：十代。古代以三十年为一世。
❽ 因：因袭，沿袭。
❾ 损益：废除和增添。
❿ 继周：继承周朝的朝代。
⓫ 鬼：这里指自己的祖先。
⓬ 谄（chǎn）：谄媚，奉承。
⓭ 见义不为：见到正义的事而不去做。

孟　子❶

许　行❷

有为神农之言者许行❸，自楚之滕❹，踵门而告文公曰❺："远方之人闻君行仁政❻，愿受一廛而为氓❼。"文公与之处❽。其徒数十人。皆衣褐❾，捆屦织席以为食❿。

---

❶ 《孟子》是儒家学派的一部重要著作。由战国时孟轲及其弟子万章等共同撰著。西汉文帝时设传记博士，传授《孟子》，不久被取消。从宋代开始，《孟子》的地位升格，被列入儒家的《十三经》之中。南宋朱熹作《孟子集注》，列为四书之一。从元仁宗起直至明清，四书钦定为科举考试必读的教科书，因此它对中国古代思想文化界产生难以估量的影响。现存《孟子》共7篇，每篇分上下卷，共14卷。内容非常广泛，主要有四个方面：一、心性学说。这是孟子全部思想的基础。认为人性本善，具有天赋的仁、义、礼、智"四端"和不虑而知的"良知"，不学而能的"良能"。二、仁政思想。他继承并发扬了孔子"仁"的观点，提出了"仁政王道"的政治学说，"民贵君轻"的政治观点。三、理想人格。提出人皆可以成尧舜和富贵不能淫、贫贱不能移、威武不能屈、舍生取义等培养理想人格的名言。四、排斥"异端"。孟子以儒学的捍卫者自居，善于雄辩，对当时各家学说进行了批判。《孟子》的通行本有：宋刻大字本附赵岐注、清乾隆间武英殿刻《十三经注疏》附考证本、1960年中华书局杨伯峻《孟子译注》本等。底本据中华书局1990年出版朱熹《四书章句集注》本。

❷ 此篇选自《孟子·滕文公章句上》之第四章，孟子用尧、舜、孔子的治国之道，驳斥农家许行"贤者与民并耕而食，饔飧而治"的观点，提出"劳心者治人，劳力者治于人；治于人者食人，治人者食于人"的体力劳动者与脑力劳动者分工见解，影响十分深远。本篇还保存了先秦农家的材料。

❸ 为：研究、研习。神农：古代传说中的炎帝神农氏，始为耒耜，教民稼穑。言：学说。先秦农家将自己的学说假托为神农之言。许行：姓许名行，先秦农家代表人物，其事迹不见他书，难以详考。

❹ 滕：国名，姬姓，侯爵，周文王子叔绣所封。故城在今山东滕县西南。

❺ 踵门：足至门。踵，本指脚后跟，这里作动词用，作到、登讲。文公：滕国国君，"文"为谥号。

❻ 远方之人：许行等的自称。仁政：指行井地之法。

❼ 廛：古代城市平民的房地。氓：边人，即都鄙之民。这里指从异地迁来的老百姓。

❽ 处：住所。

❾ 衣褐（hè）：穿着未绩过的麻编织成的粗短衣。这里指贫苦老百姓所穿衣服。衣，名词作动词，穿。

❿ 捆屦（kǔnjù）：用麻、葛等编织草鞋。以为食：卖以供食。

陈良之徒陈相与其弟辛负耒耜而自宋之滕[1]，曰："闻君行圣人之政[2]，是亦圣人也，愿为圣人氓。"陈相见许行而大悦，尽弃其学而学焉[3]。

陈相见孟子[4]，道许行之言曰[5]："滕君，则诚贤君也[6]；虽然，未闻道也[7]。贤者与民并耕而食[8]，饔飧而治[9]。今也滕有仓廪府库[10]，则是厉民而以自养也[11]，恶得贤[12]？"

孟子曰："许子必种粟而后食乎？"

曰："然。"

"许子必织布然后衣乎？"

曰："否！许子衣褐。"

"许子冠乎[13]？"

曰："冠。"

曰："奚冠[14]？"

曰："冠素[15]。"

曰："自织之与[16]？"

曰："否，以粟易之[17]。"

曰："许子奚为不自织？"

---

[1] 陈良：楚国的儒者。徒：门人，弟子。耒耜（lěisì）：古代一种像犁的农具。耒是犁之柄。

[2] 圣人：具有最高道德和智慧的人。

[3] 其：指代陈相。学：指陈良之儒学。

[4] 见：求见。

[5] 道：转述。

[6] 诚：确实，的确。

[7] 道：真理。

[8] 食：自食其力。

[9] 饔飧（yōngsūn）：熟食。早餐为饔，晚餐为飧。治：治理，管理。此句意为：当身自具食兼治民事。

[10] 仓廪府库：粮仓、谷廪、银府、钱库，指国家藏钱物的地方。

[11] 厉民：损害老百姓。厉，病。

[12] 恶（wū）：疑问代词，怎么。

[13] 冠（guàn）：动词，戴帽。

[14] 奚冠：戴什么帽子。奚，什么。

[15] 素：白绢。

[16] 与：同"欤"，语气助词，吗。

[17] 易：交换。

曰："害于耕❶。"

曰："许子以釜甑爨❷，以铁耕乎❸？"

曰："然。"

"自为之与？"

曰："否！以粟易之。"

"以粟易械器者❹，不为厉陶冶❺；陶冶亦以械器易粟者，岂为厉农夫哉？且许子何不为陶冶，舍皆取诸其宫中而用之❻？何为纷纷然与百工交易❼？何许子之不惮烦❽？"

曰："百工之事固不可耕且为也❾。"

"然则治天下独可耕且为与？有大人之事❿，有小人之事⓫。且一人之身，而百工之所为备⓬，如必自为而后用之，是率天下而路也⓭。故曰，或劳心⓮，或劳力⓯；劳心者治人，劳力者治于人；治于人者食人⓰，治人者食于人，天下之通义也⓱。

"当尧之时，天下犹未平，洪水横流，泛滥于天下，草木畅茂⓲，禽兽繁

❶ 害：妨碍，耽误。

❷ 以釜甑爨(zèngcuàn)：用釜、甑来做饭。釜，古代用来煮食物的金属容器。甑，瓦罐。爨，烧火煮饭。

❸ 铁：指铁制耕具。

❹ 械器：指釜、甑之类。

❺ 陶冶：指制陶工和冶铁工。

❻ 舍：同"啥"，什么。朱熹《注》："舍读属上句，谓作陶冶之处也。"官：家。《释文》云："古者贵贱同称宫。秦汉以来，惟王者所居称宫焉。"

❼ 纷纷然：忙忙碌碌地。

❽ 惮：怕，害怕。

❾ 固：本来。耕且为：指一边耕种，一边干百工之事。

❿ 大人：指做官当政的人。

⓫ 小人：老百姓。

⓬ 备：齐全。

⓭ 率：率领。路：同"露"，败也。赵岐《注》谓"羸困之路"。

⓮ 劳心：脑力劳动。

⓯ 劳力：体力劳动。

⓰ 食(sì)人：养活人。

⓱ 通义：通行的法则。

⓲ 畅茂：茂草丰盛。畅，通"长"，盛也。

殖，五谷不登❶，禽兽偪人❷，兽蹄鸟迹之道交于中国❸。尧独忧之，举舜而敷治焉❹。舜使益掌火❺，益烈山泽而焚之❻，禽兽逃匿。禹疏九河❼，瀹济漯而注诸海❽，决汝汉，排淮泗而注之江❾，然后中国可得而食也。当是时也，禹八年于外，三过其门而不入，虽欲耕，得乎？

“后稷教民稼穑❿，树艺五谷⓫；五谷熟而民人育⓬。人之有道也⓭，饱食、暖衣、逸居而无教⓮，则近于禽兽。圣人有忧之⓯，使契为司徒⓰，以人伦教⓱：父子有亲，君臣有义，夫妇有别，长幼有叙，朋友有信。放勋曰⓲：‘劳之来之⓳，匡之直之⓴，辅之翼之㉑，使自得之㉒，又从而振德之㉓。’圣

---

❶ 登：升、成，成熟。

❷ 偪：古“逼”字，逼迫。

❸ 交：交错。中国：古代多指中原地区，黄河流域一带。

❹ 敷：普遍。

❺ 益：舜的臣子。初任火正，后任掌管山林沼泽的虞官。火：火正。

❻ 烈：炽烈。

❼ 疏：疏通。九河：指徒骇、太史、马颊、覆釜、胡苏、简、洁、钩盘、鬲津九条河流。

❽ 瀹（yuè）：疏通。济：济水。发源于河南济源县西王屋山，故道经黄河而南，东流到山东，与黄河并行入海。现下游为黄河所占，只有河北发源处还存在。漯（tà）：漯水。古漯水在山东境内，自宋代黄河决口于商胡，旧迹被淹没。

❾ 决汝汉，排淮泗而注之江：开凿汝河、汉水，排放淮河、泗水疏导它们流入长江。汝、汉、淮、泗均为水名。此句古今争论最多，原因是除汉水外，汝水、淮河、泗水都不流入长江。我们以为孟子在于申述禹治水之功，未必都为实指，故不必拘泥。

❿ 后稷：相传名弃，姬姓，为周朝始祖，尧时为农师。稼穑：种植庄稼。

⓫ 树艺：种植栽培。

⓬ 民人：老百姓。

⓭ 道：指生活规律。

⓮ 饱食、暖衣、逸居而无教：过去读作两句，在暖衣下断句。实误。据清崔述《论语余说》云：“饱食暖衣逸居而无教九字一句，谓衣食居三者俱全而惟无教也。”意思是吃饱、穿暖、住得舒适只是没有教育。

⓯ 有：又。

⓰ 契（xiè）：舜的臣子，相传为商朝的祖先。司徒：官名，掌教化。

⓱ 人伦：人与人之间的伦常关系，道德准则。

⓲ 放勋：帝尧名。曰：据臧琳《经义杂记》引孙奭《孟子音义》并按赵岐《注》。谓此“曰”字乃“日”字之误。乃形近而误，以“曰”为是。

⓳ 劳之来之：“劳”“来”两字意义近似，都有慰劳、慰问之意。

⓴ 匡之直之：“匡”“直”两字意义近似，都有匡正、纠正之意；都是去声。

㉑ 辅之翼之：“辅”“翼”两字意义近似，都有辅佐、帮助之意。

㉒ 得：获得，引申为领悟。

㉓ 振德：提携鞭策而施加恩德。

人之忧民如此，而暇耕乎❶？”

“尧以不得舜为己忧，舜以不得禹、皋陶为己忧❷。夫以百亩之不易为己忧者❸，农夫也。分人以财谓之惠，教人以善谓之忠，为天下得人者谓之仁。是故以天下与人易，为天下得人难，孔子曰❹：‘大哉尧之为君！惟天为大，惟尧则之，荡荡乎，民无能名焉！君哉舜也！巍巍乎，有天下而不与焉！’尧舜之治天下，岂无所用其心哉？亦不用于耕耳❺。”

“吾闻用夏变夷者❻，未闻变于夷者也❼。陈良，楚产也❽，悦周公、仲尼之道❾，北学于中国。北方之学者，未能或之先也❿。彼所谓豪杰之士也⓫。子之兄弟事之数十年，师死而遂倍之⓬！昔者孔子没⓭，三年之外⓮，门人治任将归⓯，入揖于子贡，相向而哭⓰，皆失声⓱，然后归。子贡反，筑室于场⓲，独居三年，然后归。他日，子夏、子张⓳、子游以有若似圣人⓴，欲以所事孔子事之，强曾

---

❶ 暇：空闲。

❷ 皋陶（gāoyáo）：一作咎繇。虞舜时士，即司法官。

❸ 易：治理、管理。

❹ “孔子曰”等句：是孟子引孔子赞颂尧舜的话，原文见《论语·泰伯》：“子曰：巍巍乎舜禹之有天下也，而不与焉。”“子曰：大哉尧之为君也，巍巍乎唯天为大，唯尧则之。荡荡乎民无能名焉。巍巍乎其有成功也！焕乎其有文章！”孟子引用时将二处合并而有所取舍。则：效法。荡荡：宽广无际的样子。民无能名焉：人民简直找不到适当的词语来赞美他。巍巍：巍峨高大的样子。与：参与，引申为享受、私有之意。

❺ 亦：副词，只是。

❻ 夏：指中国的礼义教化。变夷：变化夷人的礼仪风俗。

❼ 变于夷：被夷人所同化。

❽ 产：出生。

❾ 悦：喜爱。道：学说。

❿ 或之先：有人能够超过他。

⓫ 豪杰：才德出众之人。

⓬ 倍：同“背”，假借字，违背，背叛。意指陈良用夏变夷，陈相变于夷。

⓭ 没：去世。

⓮ 三年：古代为师心丧三年，好像丧父一样但无丧服。外：指丧期已满。

⓯ 治任：收拾行李担子。任：本义为抱，此指担、载东西。

⓰ 相向：相对。

⓱ 失声：悲极气咽，泣不成声。

⓲ 场：孔子的墓地。

⓳ 子张：姓颛孙，名师，字子张，春秋陈国人，孔子的学生。

⓴ 有若：姓有名若，字子有，春秋鲁国人，孔子的学生。

子❶。曾子曰：‘不可；江汉以濯之❷，秋阳以暴之❸，皜皜乎不可尚已❹。’今也南蛮鴃舌之人❺，非先王之道❻，子倍子之师而学之，亦异于曾子矣。吾闻出于幽谷迁于乔木者❼，未闻下乔木而入于幽谷者。《鲁颂》曰❽：‘戎狄是膺❾，荆舒是惩❿。’周公方且膺之，子是之学，亦为不善变矣。”

“从许子之道⓫，则市贾不贰⓬，国中无伪⓭；虽使五尺之童适市⓮，莫之或欺。布帛长短同，则贾相若⓯；麻缕丝絮轻重同，则贾相若；五谷多寡同，则贾相若；屦大小同⓰，则贾相若。”

曰：“夫物之不齐⓱，物之情也⓲；或相倍蓰⓳，或相什百，或相千万⓴。子比而同之㉑，是乱天下也。巨屦小屦同贾㉒，人岂为之哉？从许子之道，相率而为伪者也㉓，恶能治国家㉔。”

---

❶ 强：勉强。曾子：姓曾名参，字子舆，春秋鲁国人，孔子的学生。

❷ 濯：洗涤。

❸ 秋阳：实指夏天的阳光。因周正建子，夏正建寅，所以周历的七、八月，即夏历的五、六月，正为夏季。暴（pù）：同“曝”，晒。

❹ 皜皜乎：光辉洁白的样子。尚：加，引申为超过。以上三句比喻孔子道德明著，光辉洁白，非有若所能比拟。

❺ 鴃舌之人：指许行。鸟鸣声为人所厌，孟子借以比喻许子，言语不中听。鴃（jué），即伯劳鸟。

❻ 非：指责，否定。

❼ 幽谷：幽暗的深谷。乔木：高大的树木。

❽《鲁颂》：见《诗经·鲁颂·閟宫》，这是一首颂美鲁僖公保卫疆土，修建周公庙之诗。

❾ 膺：击，攻击。

❿ 荆舒：楚国和舒国。惩：惩罚。

⓫ 道：学说。

⓬ 贾：同“价”，价格。贰：两样。

⓭ 伪：虚伪，弄虚作假。

⓮ 五尺之童：指幼小无知的孩子。适：去。

⓯ 相若：相同。

⓰ 屦：麻鞋。

⓱ 夫物之不齐：各种东西的品种质量不一致。夫，发语词，无义。

⓲ 情：本性，引申为自然现象。

⓳ 倍：一倍。蓰（xǐ）：五倍。

⓴ 什百、千万：均指相差倍数。“百”或作“伯”。

㉑ 比（bì）：有强合在一起之意。

㉒ 巨屦小屦：制作粗糙的鞋子和制作精细的鞋子。

㉓ 相率：相继。伪：虚伪，弄虚作假。

㉔ 恶（wù）：怎么。

新注选篇·史部

史　记❶

❶ 本书是我国第一部纪传体通史著作。原称《太史公书》，东汉以后始称今名。作者司马迁（约公元前145—约前86年），字子长，西汉夏阳（今陕西韩城南）人，出身史官世家，汉武帝时曾任郎中、太史令、中书令。早承父业，又因晚年触怒武帝而受酷刑，遂发奋撰为是书。传世本全书计有十二本纪、十表、八书、三十世家、七十列传（包括书末《太史公自序》），凡130篇，记述"五帝"时代以至汉武帝太初年间近三千年史事，体大思精，规模宏伟。作者"善序事理，辨而不华，质而不俚，其文直，其事核，不虚美，不隐恶"，史家谓之"实录"，保存了极其丰富而可靠的历史资料。又以"究天人之际，通古今之变，成一家之言"为著述宗旨，将历史从神的束缚中剥离出来，着力表现人的社会活动，对当时流行的天人感应学说提出公开的怀疑；注重历史进化和时事的递嬗发展，肯定国家的政治统一和社会变革，不以成败论英雄，并留意于社会各阶层人物在历史进程中的作用；强调君主任贤使能，重德兼听，抨击苛法败政，爱憎分明；阐礼乐而重经济，倡"富利"而羞"贫贱"，主张在农本基础上自由发展工商业，反对与民争利的国家垄断政策。这些都表现出作者广阔的文化史观和进步的史学思想。是书在学术上兼收并蓄，崇尚黄老之学而不主于一家；在体裁和体例上创立纪表志传的大规模，又善寓论断于叙事，标志着我国古代史学的成熟，在文学上被称为"无韵之《离骚》"，尤为史传文学的典范；在古史记载的范围上亦超出中国地域，具有一定的世界史著的性质。全篇虽时有微瑕，而不害其为丰碑式的历史巨著。其书旧注，以南朝宋裴骃的《集解》、唐司马贞的《索隐》及张守节的《正义》三家最为有名。近世日本学者泷川资言的《史记会注考证》收罗注释资料甚富，较便参考。本书所选《史记》原文，均据目前通行的中华书局点校本。自此以下，凡选自《汉书》《后汉书》等历代正史之文，亦皆据此种版本，不再另作说明。

秦始皇本纪❶（节选）

秦始皇帝者，秦庄襄王子也❷。庄襄王为秦质子于赵❸，见吕不韦姬❹，悦而取之❺，生始皇。以秦昭王四十八年正月生于邯郸❻。及生，名为政，姓赵氏❼。年十三岁，庄襄王死，政代立为秦王。当是之时，秦地已并巴、蜀、

---

❶ 纪传体史书中的“本纪”，是编年记述古代帝王生平及当时国家大事的专篇。本篇选自《史记》卷六，详记秦始皇一生的事迹，大体反映了秦统一全国及秦王朝建立的过程；下又接述秦二世事迹，迄至秦亡。这里仅节录其中有关秦始皇身世及反映秦初并天下后的集权制度与焚书坑儒等重大事件的段落。

❷ 秦庄襄王：（公元前278—前247年）战国末秦国国君。孝文王庶子。公元前249年由太子继王位，在位三年。

❸ 质子：犹言人质。古时被派往别国（或别处）为人质者，多为国君世子或支子，故有“质子”之称。或单称“质”，可兼指做人质的贵臣等。

❹ 吕不韦（？—公元前235年）：战国末秦国大臣。卫国濮阳（今河南濮阳）人。原为阳翟（今河南禹县）大商贾，因贿赂华阳夫人，谋立秦庄襄王有功，被任为国相。嬴政（即秦始皇）继承王位后，被尊称为仲父，继续执秦政。后被罢相，在流放川蜀途中自杀。姬：史亦称赵姬。此实指妾。

❺ 取：通“娶”。

❻ 秦昭王：即秦昭襄王（公元前324—前251年）。名稷（或作则、侧），武王异母弟。公元前306年即王位，在位56年。重用能臣，强化王权，远交近攻，扩大疆土，为秦统一奠定坚实基础。昭王48年即公元前259年。邯郸：战国时赵都，故址在今河北邯郸。

❼ 姓赵氏：指嬴政初从母姓。初，其父子楚在吕不韦帮助下由赵国逃回秦国，政与其母未能脱身随行，被人藏匿得活。及孝文王即位，子楚被立为太子，赵始送其母子归秦，政亦从此改从秦王室之本姓曰嬴政，时年十岁。

汉中，越宛有郢❶，置南郡矣❷；北收上郡以东❸，有河东、太原、上党郡❹；东至荥阳，灭二周❺，置三川郡❻。吕不韦为相，封十万户❼，号曰文信侯，招致宾客游士，欲以并天下。李斯为舍人❽，蒙骜、王齮、麃公等为将军❾。王年少，初即位，委国事大臣。……

---

❶ 越：夺取。宛（yuān）：原为韩邑（史又载为楚邑），即今河南南阳。有：占领。郢（yǐng）：春秋战国时楚都，在今湖北江陵西北。

❷ 南郡：郡名，秦昭王二十九年（公元前 278 年）置。初治郢，后迁江陵（今湖北江陵），辖境约当今湖北武汉以西，监利以北，四川巫山以东，湖北襄樊以南地区。

❸ 上郡：郡名。战国魏文侯初置，后属秦。秦昭王三年（公元前 304 年）复置，治肤施（今陕西榆林东南），辖境扩大，约当今陕西黄陵及宜川以北，内蒙古伊金霍洛旗及乌审旗以东，东胜及准噶尔旗以南地区。

❹ 河东、太原、上党：皆战国时郡名。河东郡，魏初置，后属秦，治临汾（今山西曲沃北），辖境约当今山西西南部黄河以东、以北及沁水以东，霍山以南地区。太原郡，秦置，与复置上郡在同时，治晋阳（今山西太原西南），辖境约当今山西五台及阳泉以西，霍山以北，黄河以东，管涔山五台山以南地区。上党郡，韩初置，后赵亦置，变动不常；秦昭王、庄襄王时皆曾攻占韩上党，至秦王政十一年（公元前 236 年）攻占赵上党，始合两国上党郡为一，治长子（今山西长子西），辖境约当今山西沁水以东，榆社及和顺以南地区。

❺ 二周：指战国时周考王分封的小诸侯国西周及后来复由此西周分裂出来的小国东周。此西周都河南（今河南洛阳西），公元前 256 年为秦所灭；东周都巩（今河南巩县东南），公元前 249 年亦灭于秦。

❻ 三川郡：战国时韩初置，秦庄襄王元年（公元前 249 年）为秦所吞并，治洛阳（或说治荥阳），辖境约当今河南黄河以南，中牟以西，北汝河上游及灵宝以东地区。因境内有伊水、洛水、黄河而得名。

❼ 封十万户：指封地上有十万缴纳赋税的民户。言其分封规格极高。

❽ 李斯（？—公元前 208 年）：秦大臣。战国末楚上蔡（今河南上蔡西南）人。初为郡小吏，后从荀卿学帝王之术，入秦为吕不韦舍人。佐秦王政统一天下，长期为廷尉。秦王朝建立后出任丞相，秦始皇死后为赵高所杀。其事迹详见本册所选《李斯列传》。

❾ 蒙骜（ào）（？—公元前 240 年）：秦大将蒙恬祖父。本为齐人，事秦昭王、庄襄王、秦王政为将领，屡立战功，官至上卿。王齮（yǐ）（？—公元前 244 年）：即王龁（hé）。秦昭王时历爵左庶长、五大夫，与蒙骜同为一时名将。麃（biāo）公：姓名失传，因封于麃（今河南洛川东南）而有此称。

（二十六年）秦初并天下❶，令丞相、御史曰❷："异日韩王纳地效玺❸，请为藩臣，已而倍约❹，与赵、魏合从畔秦❺，故兴兵诛之❻，虏其王。寡人以为善，庶几息兵革❼。赵王使其相李牧来约盟❽，故归其质子。已而倍盟，反我太原，故兴兵诛之，得其王。赵公子嘉乃自立为代王，故举兵击灭之❾。魏王始约服入秦❿，已而与韩、赵谋袭秦，秦兵吏诛⓫，遂破之。荆王献青阳以西⓬，已而畔约，击我南郡，故发兵诛，得其王，遂定其荆地。燕王昏乱⓭，其太子丹乃阴令荆轲为贼⓮，兵吏诛，灭其国。齐王用后胜计⓯，绝秦使，欲为乱，兵吏诛，虏其王，平齐地。寡人以眇眇之身⓰，兴兵诛暴乱，赖

---

❶ 二十六年：即公元前221年。史文仍承上用秦王政纪年，若依后世纪年法，则此年当称秦始皇元年。以下纪年可顺推。

❷ 丞相、御史：据下文，此指丞相王绾、御史大夫冯劫。绾生平不详，劫在秦将亡时被下狱而自杀。御史：此为御史大夫的简称。秦以御史大夫掌监察与司法，兼掌重要文书图籍，地位仅次于丞相。

❸ 异日：犹言往日。韩王：指韩王安，战国时韩国末代国君。纳地效玺：献出土地，送上玉玺。秦灭韩在公元前230年。

❹ 已而：不久。倍约：背盟。倍，通"背"，下同。

❺ 合从：同"合纵"。畔：通"叛"，下同。

❻ 诛：讨伐。下同。

❼ 庶几：表可能与希望之词。兵革：代指战争。

❽ 赵王：指赵幽穆王迁，战国时赵国末代国君。秦灭赵后被流放死。李牧（？—公元前228年）：赵王迁时大将，封武安君。后因赵王中秦反间计，被杀。此所述赵、秦结盟事在公元前233年。

❾ 公子嘉：赵王迁异母兄。公元前228年秦军攻破赵都邯郸，公子嘉奔代（今河北蔚县），称代王。公元前222年，秦灭代，置代郡。

❿ 魏王：指魏王假，战国时魏国末代国君。公元前225年，秦军攻破魏都大梁后出降，被杀。

⓫ 兵吏：亦称"士吏"，反言之即"吏士"，犹今言"官兵"。

⓬ 荆王：指楚王负刍，战国时楚国末代国君。公元前223年，秦灭楚时被俘。秦人避子楚讳，称楚为荆。青阳：古地区名。一说指今湖南长沙一带，一说指今河南新蔡青陂之阳。

⓭ 燕王：指燕王喜，战国时燕国末代国君。初为秦军所败，徙居辽东（今辽宁辽阳）。公元前222年，秦破辽东，被俘。

⓮ 燕太子丹使荆轲刺秦王事在公元前227年。

⓯ 齐王：指齐王建，战国时齐国末代国君。公元前221年，秦灭齐后被迁于共（今河南辉县）。后胜：齐王建时相国。先是多受秦国贿赂，使齐王朝秦。及秦攻齐，复劝齐王不战而降。此处所称"绝秦使，欲为乱"云云，指齐国仓促发兵守西界事，乃秦人饰词。

⓰ 眇眇（miǎo）：渺小。

宗庙之灵，六王咸伏其辜❶，天下大定。今名号不更，无以称成功❷，传后世。其议帝号❸。”丞相绾、御史大夫劫、廷尉斯等皆曰❹：“昔者五帝地方千里，其外侯服、夷服，诸侯或朝或否❺，天子不能制。今陛下兴义兵，诛残贼，平定天下，海内为郡县，法令由一统，自上古以来未尝有，五帝所不及。臣等谨与博士议曰❻：‘古有天皇，有地皇，有泰皇，泰皇最贵。’臣等昧死上尊号，王为‘泰皇’。命为‘制’，令为‘诏’，天子自称曰‘朕’。”王曰：“去‘泰’著‘皇’❼，采上古‘帝’位号，号曰‘皇帝’。他如议。”制曰：“可。”追尊庄襄王为太上皇。制曰：“朕闻太古有号毋谥❽，中古有号，死而以行为谥。如此则子议父、臣议君也，甚无谓，朕弗取焉。自今已来❾，除谥法。朕为始皇帝。后世以计数，二世、三世至于万世，传之无穷。”

始皇推终始五德之传❿，以为周得火德，秦代周德，从所不胜⓫。方今水德之始，改年始，朝贺皆自十月朔⓬。衣服、旄旌、节旗皆上黑⓭。数以六为

❶ 辜：罪。

❷ 称（chèn）：与……相称，配得上。

❸ 其：表命令。

❹ 廷尉：秦九卿之一，掌刑狱。斯：李斯。

❺ 侯服、夷服：相传周天子直辖的近都方千里之地称王畿，其外有侯、甸、男、采、卫、蛮、夷、镇、藩共“九服”为藩属，由近及远各相距五百里。此举其二，实用以概指上古中心王朝周边的诸侯。或朝或否：“朝”指朝见，“否”指不朝见。

❻ 博士：秦代官名。掌书籍，备顾问，参与论论典章政事。

❼ 著：同“着”，加。此指保留。

❽ 太古：远古，上古。毋，通“无”，下同。

❾ 已来：同“以来”，犹今言“以后”。

❿ 终始五德之传（zhuàn）：指战国时齐国稷下学官邹衍一派所创立的五德终始学说。其说附会金、木、水、火、土“五行”相生相克的转化和制约规律，用来解释人事，并以之与王朝兴衰、帝王代换相对应，以为每朝都有一特定的“五行”之“德”，如周为“火德”之类。终始，犹言“循环”。德，实指国运。传，相次运行。

⓫ 从所不胜：胜，此处意为“克”。五行中水克火，火不能克水；周为火德，秦是火不能克的水德，故曰“从所不胜”。

⓬ 十月朔：十月初一。周历以十一月为岁首，秦历改以十月为岁首，故十月一日为一年之始（犹如夏历的正月初一），并在是日举行朝见天子、庆贺生平的仪式。

⓭ 衣服、旄旌、节旗：各种服饰、旗帜和符节装饰物。上黑：同“尚黑”，崇尚黑色。依“五行”之说，与水相对应的颜色是黑，秦以“水德”王，故尚黑。

纪❶，符、法冠皆六寸❷，而舆六尺，六尺为步，乘六马。更名河曰德水❸。以为水德之始，刚毅戾深❹，事皆决于法，刻削毋仁恩和义❺，然后合五德之数❻。于是急法，久者不赦。

丞相绾等言："诸侯初破，燕、齐、荆地远，不为置王，毋以填之❼。请立诸子，唯上幸许！"始皇下其议于群臣，群臣皆以为便❽。廷尉李斯议曰："周文武所封子弟同姓甚众❾，然后属疏远❿，相攻击如仇雠，诸侯更相诛伐，周天子弗能禁止。今海内赖陛下神灵一统，皆为郡县，诸子功臣以公赋税重赏赐之，甚足易制。天下无异意⓫，则安宁之术也。置诸侯不便。"始皇曰："天下共苦战斗不休，以有侯王。赖宗庙，天下初定，又复立国，是树兵也⓬，而求其宁息，岂不难哉！廷尉议是。"

---

❶ 数以六为纪：数字以"六"为尊贵。纪，纲纪。依"五行"说，水为阴德，"六"为阴数，故相对应。尚存远古计数三进位的痕迹。

❷ 符：古代朝廷用以传达命令或调遣兵将的凭证。以竹木或金玉为之，中剖为二，双方各执一半，以验真假。传世秦兵符为铜虎符，做成虎的形状。法冠：又称惠文冠、解豸冠。本为楚王之冠，秦以为御史冠，后为执法者专服。

❸ 河：黄河。

❹ 刚毅戾深：强硬、果决、凶暴、深文周纳。

❺ 刻削（qiào）：苛酷。削，通"峭"。仁恩和义：仁慈、宽厚、温和、德义。

❻ 数：规律、法则。秦自以为得"水德"，而水为阴，阴主刑杀，故采用"五德"之说作为所行严酷法治的理论依据。

❼ 填：通"镇"。此句意为王绾等上言，请立秦始皇诸子为王，以镇守故燕、齐、楚等边远地区。

❽ 便：有利。

❾ 同姓：此指周文王、武王所封同姓诸侯国。

❿ 后属：后代族属。周代实行宗法封建制，王族内部按大宗、小宗作等级分封，故其始封诸侯关系尚近，愈后则愈疏远。

⓫ 无异意：无二心。此特指无诸侯反叛之事。

⓬ 树兵：培植军事势力。

分天下以为三十六郡❶，郡置守、尉、监❷。更名民曰“黔首”❸。大酺❹。收天下兵，聚之咸阳，销以为钟鐻❺；金人十二，重各千石，置廷宫中。一法度衡石丈尺❻，车同轨，书同文字。地东至海暨朝鲜，西至临洮、羌中❼，南至北向户❽，北据河为塞，并阴山至辽东❾。徙天下豪富于咸阳十二万户。诸庙及章台、上林皆在渭南❿。秦每破诸侯，写放其宫室⓫，作之咸阳北阪上，南临渭。自雍门以东至泾、渭⓬，殿屋复道周阁相属⓭，所得诸侯美人、钟鼓以充入之。……

（三十四年）始皇置酒咸阳宫，博士七十人前为寿⓮。仆射周青臣进颂曰⓯：“他时秦地不过千里，赖陛下神灵明圣，平定海内，放逐蛮夷，日月所照，莫不宾服。以诸侯为郡县，人人自安乐，无战争之患，传之万世。自上古

---

❶ 三十六郡：见于史书记载者名目有出入，历来学者考证甚多，亦分歧无定说。王国维《秦郡考》与谭其骧《秦郡新考》均认为有秦一代共48郡；其初置之36郡，谭氏所考为：上、巴、汉中、蜀、河东、陇西、北地、南、南阳、上党、三川、太原、东、云中、雁门、颍川、邯郸、巨鹿、上谷、渔阳、右北平、辽西、砀、泗水、薛、九江、辽东、代、会稽、长沙、齐、琅琊、黔中、广阳、陈、闽。另有12郡为后来所置和析置，而尚不包括京师咸阳所在的内史。

❷ 守、尉、监：全称郡守、都尉、监御史。分掌一郡之政务、军事、监察。

❸ 黔首：犹言黎民、庶民。疑本为中原之人对古黔中地区居民的俗称，后此称流传于秦地，故秦王朝建立后取以为对庶民的统一称呼。黔中原为楚郡，故治在今湖南沅陵西；战国末入秦、辖境扩大，约当今湖南沅江及澧水流域，湖北清江流域，重庆黔江（乌江下游）流域及贵州东北部地区。一说秦人尚黑，平民用黑布包头，故有“黔首”之称。

❹ 酺（pú）：聚会饮酒。秦汉之际，统治者为防止民众起事，禁止平民聚饮。此“大酺”指秦始皇为宣扬统一之功，特许大众在规定日期内聚饮。

❺ 钟鐻（jù）：钟和钟架。鐻，亦作“虡”，本义指悬钟的架子两旁的柱子，此泛指钟架。

❻ 一法度衡石丈尺：统一度量衡的标准。一，统一；法度，即度量衡制度。

❼ 羌中：古羌族居住的地区。约指今甘肃临洮以西以至青海东部。

❽ 北向户：泛指今五岭以南地区。一说指今越南中部。因当地居民多向北开门户，故称。

❾ 并：通“傍”，沿着。

❿ 诸庙：秦王室诸祖庙。章台，秦离宫台名。上林：即上林苑，秦王室园林名。

⓫ 写放：模仿。放，同“仿”。

⓬ 雍门：地名。一说在今陕西高陵西，一说在今凤翔西南。按：疑以后说为是。句意盖指自故雍城以至泾、渭交汇处，由西而东，凡数百里之地（皆在渭水以北）。

⓭ 殿屋复道周阁相属：殿屋及殿屋间的复道，都围绕高大的楼阁相连接。复道，下文作“复道”，楼阁间架于空中的通道。属（zhǔ），连接。

⓮ 寿：祝寿。此为敬词，实指敬酒。

⓯ 仆射（yè）：官名。秦于中央各部门多置仆射为主管官。此指博士仆射，即博士之长。

不及陛下威德。”始皇悦。博士齐人淳于越进曰：“臣闻殷周之王千馀岁，封子弟功臣，自为枝辅❶。今陛下有海内，而子弟为匹夫，卒有田常、六卿之臣❷，无辅拂❸，何以相救哉？事不师古而能长久者，非所闻也。今青臣又面谀以重陛下之过，非忠臣。”始皇下其议。丞相李斯曰：“五帝不相复，三代不相袭，各以治，非其相反，时变异也。今陛下创大业，建万世之功，固非愚儒所知。且越言乃三代之事，何足法也？异时诸侯并争❹，厚招游学。今天下已定，法令出一，百姓当家则力农工，士则学习法令辟禁❺。今诸生不师今而学古，以非当世，惑乱黔首。丞相臣斯昧死言：古者天下散乱，莫之能一，是以诸侯并作，语皆道古以害今，饰虚言以乱实，人善其所私学，以非上之所建立。今皇帝并有天下，别黑白而定一尊。私学而相与非法教，人闻令下，则各以其学议之。入则心非，出则巷议，夸主以为名❻，异取以为高❼。率群下以造谤。如此弗禁，则主势降乎上，党与成乎下。禁之便。臣请史官非《秦记》皆烧之❽。非博士官所职❾，天下敢有藏《诗》、《书》、百家语者❿，悉诣守、尉杂烧之⓫。有敢偶语《诗》、《书》者弃市⓬。以古非今者族⓭。吏见知不举者与同罪。令下三十日不烧，黥为城旦⓮。所不去者，医药、卜筮、种树之

---

❶ 自为枝辅：使各自为枝条辅助主干。此以天子比作大树的主干，受封诸侯比作辅助主干的枝条。亦兼指传统宗法分封体系。按周代宗法制度，嫡长子所代表的大宗为主干，其余王室子弟为分支，皆有封土。异姓诸侯的分封亦如此。枝辅，《李斯列传》作“支辅”。

❷ 卒：通“猝”，突然。田常：即田恒、田成子。春秋末齐国大夫。杀齐简公，立齐平公，自为相国，为田氏篡夺姜氏政权的关键人物。六卿：指春秋时晋国范氏、中行氏、智氏、赵氏、魏氏、韩氏六家贵族。六家皆世代为卿，各自发展私家势力，削弱晋公室，最后导致赵、魏、韩三家分晋。

❸ 拂：通“弼”。辅佐。

❹ 异时：往时。

❺ 辟禁：刑法禁令。

❻ 夸主以为名：意谓借助人主之令，出其夸诞之词，哗众取宠以获得名誉。

❼ 异取：意谓标新立异。

❽《秦记》：秦国的国史。

❾ 职：掌管。

❿ 百家语：指先秦诸子之书。

⓫ 杂：共。

⓬ 偶语：二人或二人以上在一起谈论。弃市：处死刑。

⓭ 族：灭族之刑。

⓮ 黥：在犯人脸上刺字。城旦：刑期四年，强迫从事筑城苦役的刑名。

书❶。若欲有学法令，以吏为师❷。”制曰：“可。”

三十五年，除道❸，道九原抵云阳❹，斩山堙谷，直通之。于是始皇以为：咸阳人多，先王之宫廷小，吾闻周文王都丰❺，武王都镐，丰镐之间，帝王之都也。乃营作朝宫渭南上林苑中。先作前殿阿房❻，东西五百步，南北五十丈，上可以坐万人，下可以建五丈旗。周驰为阁道，自殿下直抵南山，表南山之颠以为阙❼。为复道，自阿房渡渭，属之咸阳，以象天极、阁道绝汉抵营室也❽。阿房宫未成；成，欲更择令名名之❾。作宫阿房，故天下谓之阿房宫。隐宫徒刑者七十余万人❿，乃分作阿房宫，或作丽山⓫。发北山石椁⓬，乃写蜀、荆地材皆至⓭。关中计宫三百，关外四百余。于是立石东海上朐界中⓮，以为秦东门。因徙三万家丽邑⓯，五万家云阳，皆复不事十岁⓰。

---

❶ 种树之书：指农书。种树，并列动词词组，概指耕稼、种菜、植树等作业。

❷ 以吏为师：秦禁私学，乃复古制，使求学士人入官府为役，从官吏受学。所学则唯有法令，禁读传世经典及百家书。

❸ 除道：修道路。

❹ 道：由。九原：秦郡名，故治在今内蒙古包头市西北。云阳：秦县名，故治在今陕西淳化西北。

❺ 丰：故址在今陕西长安县西南沣河西岸。镐：与丰相对，在沣河东岸。

❻ 阿房（ē páng）：近旁。房，通“旁”。此宫故址在今西安市西，其前殿建于高大的夯土台基上，故下文云“上可以坐万人，下可以建五长旗”。丰、镐故址在其南。

❼ 表：树立标志。南山：今秦岭终南山。阙：古代宫殿前两旁的高大建筑物。此句意为：在终南山顶树立标志，象征性地把其山作为阿房宫的门阙。

❽ 天极：指北极星，像帝王起居之所。阁道：古星名，像“飞阁之道”即复道。绝：渡过。汉：天河。营室：古二十八宿之一，像野营。全句是说：自阿房宫以至咸阳，架起一条空中通道跨过渭水，象征天帝由“天极”通过“阁道”天桥，跨过天河而到达“营室”。

❾ 令名：美名。

❿ 隐宫：即宫刑、腐刑，阉割男子外生殖器的刑罚。一说当从《云楚秦简》作“隐官”，指收容受肉刑以后，因立功又被赦免的罪人的机关。

⓫ 丽山：即骊山，在今陕西临潼东南。“作丽山”，指修建秦始皇陵墓之役。

⓬ 北山：指关中平原北面诸山。石椁（guǒ）：石棺。椁，棺材外面套的大棺材。

⓭ 乃：疑当作“及”。写：通“泄”，指水路运输。材：木材。

⓮ 立石东海上朐（qú）界中：指立碑于东海郡朐县境内上朐一带海边上。朐县，在今江苏连云港西南。上朐，当指朐县海滨一带。

⓯ 丽邑：古邑名，在今陕西临潼东北阴盘城。

⓰ 复：免除徭役。

卢生说始皇曰："臣等求芝奇药、仙者，常弗遇❶，类物有害之者❷。方中❸，人主时为微行以辟恶鬼❹，恶鬼辟，真人至❺。人主所居而人臣知之，则害于神。真人者，入水不濡❻，入火不爇❼，陵云气，与天地久长。今上治天下，未能恬倓❽。愿上所居宫毋令人知，然后不死之药殆可得也。"于是始皇曰："吾慕真人，自谓'真人'，不称'朕'。"乃令咸阳之旁二百里内，宫观二百七十，复道、甬道相连❾，帷帐、钟鼓、美人充之，各案署不移徙❿。行所幸⓫，有言其处者，罪死。始皇帝幸梁山宫⓬，从山上见丞相车骑众，弗善也⓭。中人或告丞相⓮，丞相后损车骑。始皇怒曰："此中人泄吾语。"案问莫服⓯。当是时，诏捕诸时在旁者，皆杀之。自是后，莫知行之所在。听事，群臣受决事，悉于咸阳宫。

侯生、卢生相与谋曰："始皇为人，天性刚戾自用⓰。起诸侯，并天下，意得欲从⓱，以为自古莫及己。专任狱吏，狱吏得亲幸。博士虽七十人，特备

---

❶ 芝：灵芝草，一种菌类植物。古人以为瑞草、奇药，传为仙人所种。

❷ 类：好像；害：妨碍。

❸ 方中：方术书中记载。古代用于书写的木板称"方"，亦代指书籍，后又转指医家药案或神仙家符之类为"方"。"方士"一词，初指记录及掌管王公贵族讼辞之人，后亦泛指神仙家术士及医、卜、星、相之流。

❹ 微行：隐秘身份，便装出行。辟：通"避"。

❺ 真人：道家所称存养本性的得道之人。此实指所称的仙人。

❻ 不濡（rú）：不会被沾湿。

❼ 不爇（ruò）：不会被烧伤。"爇"字本意为燃烧。《说文》："爇，烧也。从火，爇声。"徐铉等注："《说文》无蓺字，当从火、从艸，热省声。"按：《说文》有"蓺"字，当即"爇"之本字，徐说似不可从。

❽ 恬倓（tián dàn）：同"恬惔"，亦作"恬淡"，淡泊宁静。其义近于道家所称的"无为"。

❾ 甬（yǒng）道：楼阁建筑间有顶棚的通道。此与"复道"对举，分指地面通道与空中通道。

❿ 案署：设置专人管理。案，几案。署，办公处所，此用为动词，指设置机构。

⓫ 所幸：所至。古代以"幸"字特指皇帝到某处。

⓬ 梁山宫：秦宫名，在今陕西乾县西北梁山南麓。

⓭ 弗善：不高兴。

⓮ 中人：指宦官。

⓯ 案问：审问。

⓰ 刚戾自用：强毅凶暴，自以为是。

⓱ 从（zòng）：同"纵"，放纵。

员弗用❶。丞相诸大臣皆受成事，倚辨于上❷。上乐以刑杀为威❸，天下畏罪持禄❹，莫敢尽忠。上不闻过而日骄，下慑伏谩欺以取容。秦法，不得兼方❺，不验，辄死❻。然候星气者至三百人❼，皆良士，畏忌讳谀，不敢端言其过❽。天下之事无小大皆决于上，上至以衡石量书❾，日夜有呈，不中呈不得休息❿。贪于权势至如此，未可为求仙药。”于是乃亡去。始皇闻亡，乃大怒曰：“吾前收天下书，不中用者尽去之。悉召文学方术士甚众，欲以兴太平，方士欲练以求奇药⓫。今闻韩众去不报⓬，徐市等费以巨万计⓭，终不得药，徒奸利相告日闻⓮。卢生等吾尊赐之甚厚，今乃诽谤我，以重吾不德也。诸生在咸阳者，吾使人廉问⓯，或为訞言以乱黔首⓰。”于是使御史悉案问诸生，诸生传相告引⓱，乃自除犯禁者四百六十余人，皆阬之咸阳，使天下知之，以惩后。益发谪徙边⓲。始皇长子扶苏谏曰：“天下初定，远方黔首未集⓳，诸生皆诵法孔子，今上皆重法绳之，臣恐天下不安。唯上察之。”始皇怒，使扶苏北监蒙恬于上郡⓴。……

---

❶ 特：只是。备员：虚占员额，凑数。

❷ 倚辨于上：完全听凭秦始皇的命令办事。辨，通“办”。

❸ 乐（yào）：喜欢，犹言“好”（hào）。

❹ 天下：指各级官吏。畏罪持禄：害怕得罪，尸位素餐，仅求保住俸禄。

❺ 兼方：兼用两种或两种以上炼长生不老药的方子。

❻ 辄死：就判死刑。

❼ 候星气者：指以占星望气推测福祸的方士。候，观察。

❽ 端言：正言。秦讳嬴政之名，以“端”代“正”。

❾ 以衡石量书：以称重用具量取待批阅的文件（竹木简）。衡石，指称重用具和单位，一石为一百二十斤。

❿ 中（zhòng）呈：完成定量。呈，通“程”，定量。

⓫ 欲练以求：《集解》引徐广曰：“一云‘欲以练求’”。练，通“炼”。

⓬ 韩众：亦作“韩终”。不报：无回音。

⓭ 徐市（fú）：亦作“徐福”。

⓮ 徒：白白地，只有。奸利：指方士费公家钱物而获利。告：告发。闻：使主上听到，义同报告。

⓯ 廉问：察访。

⓰ 訞言：同“妖言”。

⓱ 传：通“转”，辗转。告引：告发检举。

⓲ 益发谪徙边：增发被判有罪者迁戍边地。

⓳ 集：通“辑”，安定。

⓴ 监：指监军。时蒙恬为大将，领兵数十万在北边修长城，御匈奴，故始皇遣扶苏为监军。公元前210年，始皇死后，二人皆被赵高等人矫命迫令自杀。

六国年表序❶

太史公读《秦记》❷，至犬戎败幽王❸，周东徙洛邑❹，秦襄公始封为诸侯❺，作西畤用事上帝❻，僭端见矣❼。《礼》曰：天子祭天地，诸侯祭其域内名山大川❽。今秦杂戎、翟之俗❾，先暴戾❿，后仁义，位在藩臣而胪于郊

---

❶ 本篇是《史记·六国年表》的序言，由周平王东迁言及秦国的发展、列国形势及秦的统一，以说明作表之意。原表共分周、秦、魏、韩、赵、楚、燕、齐八栏，除周一栏大致仅用于纪年外，其余综列七国攻战大事，实是战国年表，可以补充本纪和列传记事的不足。因意在展示秦灭六国的过程，故以“六国”标题。表末略附秦朝大事，迄至秦亡。

❷ 太史公：本为官职称谓，指太史令，此处司马迁用为自称。《秦记》，秦国的史记，即秦统一中国以前的国史。

❸ 犬戎：即畎戎，上古部族名。殷周时游牧于泾渭流域，公元前771年，与申侯联合攻杀周幽王，迫使周王室东迁。

❹ 周东徙洛邑：指公元前770年周平王东迁事。洛邑，亦作“雒邑”，故址在今河南洛阳洛河北岸。

❺ 秦襄公始封为诸侯：秦襄公因护送周平王东迁有功，被平王封为诸侯。

❻ 畤（zhì）：古代祭祀天地五帝之所。其字本意是基址，近于除地而祭的“墠”，后亦包括祭坛及其周围的矮墙等。秦有西畤、鄜畤、密畤、上畤、下畤、畦畤等名（见《封禅书》），以西畤的建造为最早。按五行学说，西方属金，对应的颜色是白色，秦处西部地区，故首作西畤，后来又专用于祭祀白帝。一说“西”为县名，其地在秦之西陲，即西犬丘。事，祭祀。

❼ 僭（jiàn）：超越本分。按古代礼制，祭祀天地的宗教权利为天子所专有，诸侯只可祭其领地范围内的名山大川（见下引《礼记》之文），故秦作西畤祭上帝，被认为是僭越之举。

❽ 见《礼记·王制》篇。原文作“天子祭天地，……诸侯祭名山大川之在其地者”。

❾ 翟：通“狄”。句意谓秦处西部地区，接纳、吸收了戎狄等族的文化风俗。

❿ 戾（lì）：凶暴。《说文》谓本义为“曲”，指“犬出户下”而“身曲”。疑本为综合会意字，指凶、暴、狠、猛及劲疾之貌等，曲、乖、反、背、贪、忿、罪、灾戾等皆为引申义。古籍又多以其字通借为“至”。

祀❶，君子惧焉。及文公逾陇❷，攘夷狄❸，尊陈宝❹，营岐、雍之间❺，而穆公修政，东竟至河❻，则与齐桓、晋文中国侯伯侔矣❼。是后陪臣执政❽，大夫世禄，六卿擅晋权❾，征伐会盟，威重于诸侯。及田常杀简公而相齐国，诸侯晏然弗讨，海内争于战功矣。三国终之卒分晋❿，田和亦灭齐而有之⓫，六国之盛自此始。务在强兵并敌，谋诈用，而从衡短长之说起⓬。矫称蜂出⓭，誓盟不信，虽置质剖符⓮，犹不能约束也。秦始小国僻远，诸夏宾之⓯，比于戎、翟，至献公之后，常雄诸侯。论秦之德义，不如鲁、卫之暴戾者；量秦之兵，不如三晋之强也。然卒并天下，非必险固便，形势利也，盖若天所助焉。

或曰："东方，物所始生；西方，物之成孰。"⓰ 夫作事者必于东南⓱，收

---

❶ 藩臣：指诸侯，兼封地及其臣属天子的关系而言之。胪，陈列。郊祀，古代帝王在南郊祭天的活动。句意谓秦为诸侯，祭祀陈设比于天子且举行郊祀，是僭越等级名分。一说秦襄公初封时势力尚弱，未得用天子之礼，僭越之说出于汉人的附会。

❷ 逾陇：越过陇山（在今陕西陇县东南）一带。

❸ 攘：排斥，驱逐。

❹ 陈宝：神名。公元前747年，秦文公在陈仓（今陕西宝鸡东）北阪城得雉形玉石，以为是神物，得之可以称霸西戎，遂筑祠祀之，因名"陈宝"。

❺ 营：经营。岐雍之间，即今陕西岐山凤翔一带。

❻ 竟：同"境"。河：黄河。

❼ 中国：中原，此泛指潼关以东地区。侔：相等。

❽ 陪臣：隔一层之臣。古代诸侯之卿大夫对于天子，卿大夫之家臣对于诸侯皆自称陪臣。

❾ 六卿：参见本册《秦始皇本纪》注。

❿ 三国：指赵、魏、韩。亦称三晋，见下文。

⓫ 田和：田常曾孙。继其祖、父为齐相。公元前391年，放逐齐康公于海上，成为实际上的齐国国君；公元前386年，被周王正式承认为诸侯，是为田齐正式取代姜齐之时。

⓬ 从衡：同"纵横"。短长：亦指纵横家言，盖取意于说长道短而短可使长、劣可使优。

⓭ 矫称：假借名义。

⓮ 置质：交换人质。剖符：亦指信守约定。符即契符，是古代作凭证的物件，一般以竹、木或金属材料制成，中剖为两半，双方各执其一，以备勘验。

⓯ 诸夏：指中原各国。宾：同"摈"，排斥，疏远。

⓰ 孰：同"熟"。

⓱ 作事：指事情的开始。

功实者常于西北。故禹兴于西羌❶，汤起于亳❷，周之王也以丰镐伐殷❸，秦之帝用雍州兴，汉之兴自蜀汉❹。

秦既得意，烧天下《诗》《书》，诸侯史记尤甚，为其有所刺讥也❺。《诗》《书》所以复见者，多藏人家；而史记独藏周室❻，以故灭。惜哉，惜哉！独有《秦记》，又不载日月，其文略不具❼。然战国之权变，亦有可颇采者，何必上古。秦取天下多暴，然世异变，成功大。传曰"法后王"❽，何也？以其近己而俗变相类，议卑而易行也。学者牵于所闻，见秦在帝位日浅，不察其终始，因举而笑之，不敢道，此与以耳食无异❾，悲夫！

余于是因《秦记》，踵《春秋》之后，起周元王，表六国时事，讫二世，凡二百七十年❿，著诸所闻兴坏之端。后有君子，以览观焉。

❶ 西羌：泛指古羌人居住的西部地区。传说禹生于石纽（在今四川北部）。

❷ 亳：当是指汉人所知的杜县（今陕西西安东南）之亳亭。按：古时名亳（其字或又作薄、蕃等）之地甚多，率由商代子姓部族聚居地或封国的亳社（社稷通名）得称。商人兴起于东方，其初都之地大都在今豫东鲁西，杜县之亳应是晚出地名，以此指证商汤起于西方，不确。

❸ 丰镐（hào）：均为西周国都，并在今陕西西安西南。丰，又作"酆"。

❹ 蜀汉：指巴蜀、汉中地区。汉高祖刘邦初据其地称汉王。

❺ 有所刺讥：指对秦人多所指斥。

❻ 而史记独藏周室：此句意为各诸侯国史都由周王室收藏。近世学者或据此以为各国史官皆自周出，恐未必然。

❼ 不具：不完备。

❽ 传（zhuàn）：解释经典的文字。此泛指历史记载及诸子著作等。法后王，即效法传说时代以后的王者制度。战国时荀况一派主张"王者之制，道不过三代，法不二后王"（《荀子·王制》），反对一味遵从三代以前无从稽考的古先王法度之说。

❾ 耳食：喻不加审查而轻信传闻，犹如以耳进食而不能知味。

❿ 此表起于周元王元年（公元前475），终于秦亡，下限实超出秦二世之死数月，按秦历可列在公元前206年，故总言270年。

留侯世家❶（节选）

留侯张良者❷，其先韩人也。大父开地，相韩昭侯、宣惠王、襄哀王❸。父平，相釐王、悼惠王❹。悼惠王二十三年，平卒。卒二十岁，秦灭韩❺。良年少，未宦事韩。韩破，良家僮三百人❻，弟死不葬，悉以家财求客刺秦王，为韩报仇，以大父、父五世相韩故❼。良尝学《礼》淮阳❽，东见仓海君❾，得力士，为铁椎重百二十斤❿。秦皇帝东游，良与客狙击秦皇帝博浪沙中⓫，误中副车⓬。秦皇帝大怒，大索天下，求贼甚急⓭，为张良故也。良乃更名姓，亡匿下邳⓮。

良尝閒从容步游下邳圯上⓯。有一老父衣褐至良所⓰，直堕其履圯下⓱，顾谓良曰："孺子下取履。"⓲ 良愕然，欲殴之，为其老，彊忍下取履。父曰：

---

❶ 本篇选自《史记》卷五十五。"世家"初见于《世本》，原是周代各封国诸侯的宗谱。《史记》中的"世家"，自《吴太伯世家》以至《田敬仲完世家》，皆记先秦各诸侯国的历史；自《孔子世家》《陈涉世家》以下，则皆为人物传记。本篇原记汉高祖刘邦的主要谋士张良一生的事迹，这里节选的是他辅佐刘邦夺取天下时期的部分。

❷ 张良：字子房，出身韩国贵族。相传他的祖籍在城父（今河南郏县东，一说今安徽亳县东南）。他的生年不详，约卒于公元前189年。

❸ 大父：祖父。开地：其祖父之名。韩昭侯、宣惠王、襄哀王：皆战国时韩国国君，分别于公元前362—前333年、公元前332—前312年、公元前351—前296年在位。

❹ 平：张平，《韩非子》作张谴。釐王、悼惠王分别于公元前295—前273、公元前272—前239年在位。

❺ 秦灭韩：秦灭韩在公元前230年。

❻ 家僮：家仆。

❼ 五世相韩：指为韩国五代国君的相国。

❽ 学《礼》淮阳：于淮阳从师学《礼》。

❾ 仓海君：《汉书·张良传》颜注以为是当时贤者之号。或即张良本师。

❿ 为铁椎（chuí）：造铁槌。椎，同"槌"，敲击用的棒槌。

⓫ 狙（jū）击：伏击，埋伏在隐蔽地点伺机袭击。狙，伺机。博浪沙：地名，在今河南原阳东南。

⓬ 中（zhòng）：击中。副车：亦称"属车"，随从之车。

⓭ 贼：杀人者。此指刺客。

⓮ 下邳：秦县名，在今江苏睢宁西北。

⓯ 閒（jiàn）：同"间"，抽空，私下里。圯（yí）：桥。

⓰ 老父：犹言老翁。褐：粗布衣。

⓱ 直：特地，故意。句意谓故意使鞋子掉到桥下。

⓲ 顾：回头。孺子：儿童。此犹言"小子"，是对年轻人的不尊重称呼。

"履我!"❶ 良业为取履❷，因长跪履之❸。父以足受，笑而去，良殊大惊，随目之。父去里所❹，复还，曰："孺子可教矣❺。后五日平明，与我会此。"良因怪之，跪曰："诺。"五日平明，良往，父已先在，怒曰："与老人期❻，后，何也?"去曰："后五日早会。"五日鸡鸣，良往，父又先在，复怒曰："后，何也?"去曰："后五日复早来。"五日，良夜未半往，有顷，父亦来，喜曰："当如是。"出一编书，曰："读此，则为王者师矣。后十年兴，十三年，孺子见我济北，谷城山下黄石即我矣❼。"遂去，无他言，不复见。旦日视其书，乃《太公兵法》也❽。良因异之，常习诵读之。

居下邳，为任侠❾。项伯尝杀人❿，从良匿。后十年，陈涉等起兵⓫，良亦聚少年百余人。景驹自立为楚⓬，假王在留⓭，良欲往从之，道遇沛公⓮。

---

❶ 履我：给我穿上鞋!

❷ 业：既已。

❸ 长跪：直身而跪，表示庄重。

❹ 里所：里许，约一里地。

❺ 孺子可教：犹言年轻人可造就。

❻ 期：约会。

❼ 济北：郡名，秦时治所在今山东泰安东南。楚汉相争时为济北国。谷城山：又称黄山，在今山东平阴西南。按：此述黄石公传说来历。本篇末又云："后十三年，(良)从高帝过济北，果见谷城山下黄石，取而葆(宝)祠之。留侯死，并葬黄石冢(为黄石造一坟)，每上冢伏臘(夏冬两季)祠黄石。"

❽《太公兵法》:《正义》引《七录》谓一帙三卷，当即指后世所传《黄石公三略》。相传源出于姜太公。《汉书·艺文志》道家类著录《太公》237篇，疑《三略》原是其中的一种，故亦称《太公兵法》。其书当成于战国末，推源于《姜太公》系假托。

❾ 任侠：行事崇尚侠义。

❿ 项伯：(?—前192年)名缠，字伯，项羽叔父。与张良友善。因楚汉相争时曾回护刘邦，故刘邦建汉后赐姓刘氏，封射阳侯。项氏故籍本在今河南项城、沈丘一带，后项梁因有罪杀人，携项羽逃居下相(今江苏宿迁西)，疑项伯从张良避匿事即在此时。伯、梁为兄弟。

⓫ 陈涉：即秦末农民起义领袖陈胜。胜是其名，涉是其字。

⓬ 景驹：(?—前208年)战国时楚国贵族景氏后裔。秦末响应陈涉起义，聚众起兵于郢(今湖北江陵东南)，随后辗转东进。及陈涉军败，他被另一支起义军首领李嘉拥立为楚王，不久被项梁击杀。

⓭ 假王在留：暂摄王号，聚众在留。"假"为代理之意，其时虽传陈王已死，而尚不能确知，故称"假王"。留，地名，在今江苏沛县东南。《项羽本纪》谓秦嘉"立景驹为楚王，军彭城东"，彭城即今徐州。

⓮ 沛公：即刘邦。刘邦为沛丰邑(今江苏沛县)人，初聚众起义时称沛公。陈涉死后，他曾一度从属景驹及秦嘉。

沛公将数千人略地下邳西，遂属焉❶。沛公拜良为厩将❷，良数以《太公兵法》说沛公，沛公善之，常用其策。良为他人言，皆不省❸，良曰："沛公殆天授。"❹故遂从之，不去见景驹。及沛公之薛，见项梁❺。项梁立楚怀王❻，良乃说项梁曰："君已立楚后，而韩诸公子横阳君成贤❼，可立为王，益树党❽。"项梁使良求韩成，立以为韩王，以良为韩申徒❾，与韩王将千余人西略韩地。得数城，秦辄复取之，往来为游兵颍川❿。沛公之从洛阳南出轘辕⓫，良引兵从沛公，下韩十余城，击破杨熊军⓬。沛公乃令韩王成留守阳翟，与良俱南攻下宛⓭，西入武关⓮。沛公欲以兵二万人击秦峣下军⓯，良说曰："秦兵尚彊，未可轻。臣闻其将屠者子⓰，贾竖易动以利⓱，愿沛公且留壁⓲，使

---

❶ 属焉：属之，指张良以众从属刘邦。
❷ 厩将：别将名号，主管军中马匹。
❸ 不省（xǐng）：不能领悟。
❹ 殆：近于。天授：天赋。
❺ 薛：薛城，在今山东滕州南。项梁：（？—公元前 208 年）项羽叔父。秦末与项羽等人起兵响应陈涉起义，被任为张楚政权上柱国。闻陈涉死，召集各路义军首领会集于薛，立楚怀王，自号武信君。由此声威大振，然亦因此而骄傲轻敌，不久被秦将章邯击杀。此言"沛公之薛"，实指从项梁之招而赴薛。张良随同前往，故得见项梁。
❻ 楚怀王：（？—公元前 205 年）战国时楚怀王之孙。姓，熊氏，名心。楚亡后在民间为人牧羊，秦末项梁起义军闻陈涉死，遂立他为楚怀王。后项羽自立为西楚霸王，尊他为义帝，不久又派人杀之。
❼ 横阳君：韩成在韩国未亡时的封号。张良本为韩国贵族，故劝说项梁立韩成为韩王。项羽入关后分封诸侯，仍封之为韩王，使领韩故地，但未遣其之国。公元前 206 年为项羽所杀，事见本篇下文。
❽ 益树党：增树自己的势力。
❾ 申徒：官名，即司徒。《集解》谓"语音讹转，故字亦随改"。实为封国相职。
❿ 为游兵颍川：在颍川一带流动作战。颍川，战国秦汉时郡名，治阳翟（今河南禹县）。原为韩国地。
⓫ 轘辕：古山名，在今河南偃师东南，接巩县、登封两县界。山路险隘，盘桓十二曲，将去复还，故曰轘辕。历代为控守要地。
⓬ 杨熊：（？—公元前 207 年）秦朝将领。因败于刘邦，被秦二世派使者斩杀。
⓭ 宛（yuān）：古邑名，即今河南南阳。秦以后历代为南阳郡治所。
⓮ 武关：古关名，故址在今陕西商南东南丹江北岸。
⓯ 峣下军：指守峣关的秦军。峣关，故址在今陕西商县西北。
⓰ 屠者子：屠夫的儿子。
⓱ 贾（gǔ）竖：对商人的蔑称。
⓲ 壁：军营，营寨。

人先行为五万人具食❶，益为张旗帜诸山上，令郦食其持重宝啗秦将❷。”秦将果畔❸，欲连和俱西袭咸阳。沛公欲听之，良曰：“此独其将欲叛耳，恐士卒不从。不从必危，不如因其解击之❹。”沛公乃引兵击秦军，大破之，遂北至蓝田❺。再战，秦兵竟败，遂至咸阳，秦王子婴降沛公❻。

沛公入秦宫，宫室帷帐、狗马、重宝、妇女以千数，意欲留居之。樊哙谏沛公出舍❼，沛公不听。良曰：“夫秦为无道，故沛公得至此。夫为天下除残贼，宜缟素为资❽，今始入秦即安其乐，此所谓助桀为虐。且忠言逆耳利于行，毒药苦口利于病，愿沛公听樊哙言。”沛公乃还军霸上❾。

项羽至鸿门下❿，欲击沛公，项伯乃夜驰入沛公军，私见张良，欲与俱去。良曰：“臣为韩王送沛公，今事有急，亡去，不义。”乃具以语沛公。沛公大惊，曰：“为将奈何？”良曰：“沛公诚欲倍项羽邪⓫？”沛公曰：“鲰生教我距关无内诸侯⓬，秦地可尽王⓭，故听之。”良曰：“沛公自度能却项羽乎？”沛公默然良久，曰：“固不能也。今为奈何？”良乃固要项伯⓮。项伯见沛公，

---

❶ 具食：准备饭食。

❷ 郦食其（lì yì jī）：（？—公元前203年）又称郦生，陈留高阳（今河南杞县西）人。秦末已六十余岁，以纵横之策说刘邦，得刘邦礼遇，常为奔走于诸侯间。后因游说齐王田广归汉，不果，被田广烹杀。啗：同“啖”“噉”。本义为吃，引申为利诱、引诱。

❸ 畔：同“叛”。

❹ 解：同“懈”。

❺ 蓝田：古县名，今陕西蓝田西灞河西岸。

❻ 秦王子婴：（？—公元前206年）秦末代王。或说为始皇弟，或说为始皇弟之子，或说为秦二世兄之子。学者多从后说。秦将亡时即位，去帝号，族灭宦官赵高，在位仅46日而降于刘邦。后被项羽暗杀。

❼ 樊哙：（？—公元前189年）刘邦将领。沛（今江苏沛县）人。少以屠狗为业，秦末随刘邦起义，屡建战功。汉王朝建立后官至相国，卒谥武侯。

❽ 缟素为资：以俭约为凭借。缟素，白色丝织品，此喻俭约、俭朴。

❾ 军：驻扎。霸上：古地名，一作“灞上”，又称霸头、霸陵。在今陕西西安东白鹿原北首。

❿ 鸿门：古邑名，在今陕西临潼东北阴盘镇东。

⓫ 倍：通“背”，背叛。

⓬ 鲰（zōu）生：《索隐》引臣瓒语，谓《楚汉春秋》记“鲰生本姓解”。其事未详。距关：拒诸侯于关外。实指发兵守潼关。距，通“拒”。内：同：“纳”。

⓭ 尽王（wàng）：足以称王。

⓮ 要（yāo）：约请，邀。

沛公与饮，为寿结宾婚❶，令项伯具言沛公不敢倍项羽，所以距关者，备他盗也❷。及见项羽，后解❸，语在项羽事中❹。

汉元年正月❺，沛公为汉王❻，王巴蜀。汉王赐良金百镒❼，珠二斗，良具以献项伯。汉王亦因令良厚遗项伯，使请汉中地❽。项王乃许之，遂得汉中地。汉王之国❾，良送至褒中❿，遣良归韩。良因说汉王曰："王何不烧绝所过栈道。示天下无还心，以固项王意?"乃使良还行烧绝栈道。良至韩，韩王成以良从汉王，故项王不遣成之国，从与俱东。良说项王曰："汉王烧绝栈道，无还心矣。"乃以齐王田荣反书告项王⓫。项王以此无西忧汉心，而发兵北击齐。项王竟不肯遣韩王，乃以为侯，又杀之彭城。良亡，间行归汉王⓬。

汉王亦已还定三秦矣⓭，复以良为成信侯，从东击楚。至彭城，汉败而还。至下邑⓮，汉王下马踞鞍而问曰⓯："吾欲捐关以东等，弃之谁，可与共

---

❶ 为寿：祝酒。此指以干杯约盟。结宾婚：宾服（归顺）及结成婚姻关系。此指汉对楚而言，非指刘邦对项伯。

❷ 他盗：实指当时其他武装力量。

❸ 后解：指后来刘邦在鸿门宴上得以逃脱。

❹ 语在项羽事中：指事见《项羽本纪》。

❺ 汉元年：公元前 206 年。

❻ 汉王：项羽入关，大封诸侯王，刘邦封汉王。

❼ 镒（yì）：古代重量单位。二十四两（一说二十两）为一镒。

❽ 汉中：郡名，秦汉之际治所在南郑（今陕西汉中东）。

❾ 之国：到封国去。

❿ 褒中：古邑名，在今陕西勉县东北褒城东。汉于此置县。境内有褒谷道，连接南、北栈道，为往来秦岭南北的交通要道。

⓫ 田荣：（？—公元前 205 年）战国时齐公室后裔。秦汉之际，他先是逐走齐王假，立田市，自为相。及项羽分封三齐（齐王、济北王、胶东王），他不得封，遂怒而杀逐三齐王，自立为齐王。不久被项羽击杀。

⓬ 间行：秘密逃走。

⓭ 三秦：古地区名，约当今陕西秦岭以北及甘肃东部地区。因秦亡后，项羽分封，三分其地，故称三秦。

⓮ 下邑：秦汉时县名，故治在今安徽砀山县东。

⓯ 踞鞍：踞坐在置地的马鞍上。

功者？”[1] 良进曰：“九江王黥布[2]，楚枭将，与项王有郄[3]；彭越[4]，与齐王田荣反梁地。此两人可急使[5]，而汉王之将，独韩信可属大事[6]，当一面。即欲捐之，捐之此三人，则楚可破也。”汉王乃遣随何说九江王布[7]，而使人连彭越。及魏王豹反[8]，使韩信将兵击之，因举燕、代、齐、赵[9]。然卒破楚者，此三人力也。

汉三年[10]，项羽急围汉王荥阳[11]。汉王恐忧，与郦食其谋桡楚权[12]。食其曰：“昔汤伐桀，封其后于杞[13]；武王伐纣，封其后于宋[14]。今秦失德弃义，侵伐诸侯社稷，灭六国之后，使无立锥之地。陛下诚能复立六国后世，毕已受印，此其君臣百姓必皆戴陛下之德，莫不乡风慕义[15]，愿为臣妾[16]。德义已

---

[1] 此“问曰”是说：我想捐弃关东之地，应该弃给谁。可使他与我共济灭楚之功？按：所谓“捐”“弃”，实指欲以分封土地拉拢诸武装势力集团。

[2] 黥布：（？—公元前195年）即英布，六县（今安徽六安北）人。本姓英，因秦时曾被刺面罚作骊山苦役，故称黥布。秦末率郦山徒逃入长江为盗，后投项梁、项羽，大破秦军。后又背楚归汉，封淮南王。汉高祖十一年举兵反，次年兵败被杀。

[3] 郄：即“郤”字，通“隙”，嫌隙。

[4] 彭越：（？—公元前196年）字仲，昌邑（今山东金乡西北）人。秦末起兵，众至三万。楚汉战争时投刘邦为将，掠定梁地（今河南东南部），后封梁王。汉高祖末年被废为庶人，吕后时又被人诬告谋反，被族诛。

[5] 急使：事急时可以利用。

[6] 属（zhǔ）：托付。

[7] 随何：秦汉之际儒生。初为刘邦谒者，后为护军中尉。

[8] 魏王豹：（？—公元前204年）战国末魏国贵族。秦末初投陈胜，后投项羽，攻占故魏地，自立为魏王。楚汉战争时降汉，及项羽击破汉军，复叛汉，被韩信击败俘获。后为汉将周苛所杀。参见本册《淮阴侯列传》。

[9] 举：占领。

[10] 汉三年：公元前204年。

[11] 荥阳：秦县名，治今河南荥阳东北。

[12] 桡楚权：对付项羽的办法。桡，同“挠”，有干扰、削弱、摧折、使屈服等义。权，权宜之计，犹言策划。

[13] 杞：古国名，夏代王族后裔的封国。相传为商汤灭夏桀后所封，不可考。史籍载周武王封大禹之后东楼公于杞（今河南杞县），后其国迁至今山东境内，公元前445年为楚所灭。

[14] 宋：即两周时宋国。周武王所封，开国君主是商纣王庶兄微子启，都商丘（今属河南）。公元前286年为齐所灭。

[15] 乡：通“向”。下文“南乡”同此。

[16] 臣妾：同“臣仆”。

行，陛下南乡称霸，楚必敛衽而朝汉。”汉王曰：“善。趣刻印❶，先生因行佩之矣❷。”食其未行，张良从外来谒❸。汉王方食，曰：“子房，前客有为我计桡楚权者。”具以郦生语告于子房，曰：“何如？”良曰：“谁为陛下画此计者？陛下事去矣！”汉王曰：“何哉？”张良对曰：“臣请藉前箸为大王筹之❹。”曰：“昔者汤伐桀而封其后于杞者，度能制桀之死命也。今陛下能制项籍之死命乎❺？”曰：“未能也。”“其不可一也。武王伐纣，封其后于宋者，度能得纣之头也。今陛下能得项籍之头乎？”曰：“未能也。”“其不可二也。武王入殷，表商容之闾❻，释箕子之拘❼，封比干之墓❽。今陛下能封圣人之墓，表贤者之闾，式智者之门乎❾？”曰：“未能也。”“其不可三也。发钜桥之粟，散鹿台之钱❿，以赐贫穷。今陛下能散府库，以赐贫穷乎？”曰：“未能也。”“其不可四矣。殷事已毕，偃革为轩⓫，倒置干戈，覆以虎皮⓬，以示天下不复用兵。今陛下能偃武行文，不复用兵乎？”曰：“未能也。”“其不可五矣。休马华山之阳⓭，示以无所为。今陛下能休马无所用乎？”曰：“未能也。”“其不可六矣。放牛桃林之阴，以示不复输积⓮。今陛下能放牛不复输积乎？”曰：“未能也。”

---

❶ 趣：通“促”，赶快。下同。

❷ 因行佩之：就请出行，去给他们佩戴封印。

❸ 谒：拜见。

❹ 藉：同“借”。前箸：此前招待客人的筷子。筹：动词，筹划、说明。

❺ 项籍：即项羽。籍是其名，羽是其字。

❻ 表商容之闾：立碑表于商容的故里。商容，相传为殷纣王时贤臣，典礼乐。后被纣王罢职，欲举兵伐纣，未成，遂退隐太行山中。周武王灭殷，命之为三公，不受，乃命复主礼乐，并派人表彰其门闾。

❼ 释箕子之拘：解除对箕子的囚禁。“拘”一作“囚”。箕子，殷纣王叔父，为太师。屡谏纣王，不见听，惧祸而佯狂为奴，遭纣王囚禁。周武王灭殷，释其囚，咨以国事。

❽ 封比干之墓：在比干墓上加土。意谓重修比干之墓而大其规模，以示表彰。比干，又称王子比干，殷纣王叔父，为少师。相传他以死谏纣王，被纣王剖腹观心。

❾ 式智者之门：此用战国魏文侯典故。相传魏文侯欲起用段干木，登门拜访，不得见，后每乘车过其门，必伏轼以致敬。式，通“轼”，此用为动词，表示伏轼致敬。

❿ 此二句亦用周武王故事。相传周武王灭商后，散发钜桥之粟、鹿台之钱以赈贫民。钜桥，殷纣王粮仓名，在今河北平乡东南。鹿台，殷纣王所筑台名，在今河南汤阴朝歌镇南。

⓫ 偃革为轩：把兵车改为平时所乘的轩车。偃，停止使用。革，兵车。

⓬ 覆以虎皮：用虎皮盖起来。表示如同有猛虎看守，不准人再使用。

⓭《史记·周本纪》：“纵马于华山之阳，牧牛于桃林之虚。”亦周武王故事。华山之阳，即华山之南，约当今洛南至西安一带。桃林，又称桃原。下文所称“桃林之阴”，约当今河南灵宝以西、陕西潼关以东地区。按：以上周武王故事均见于《史记·周本纪》。

⓮ 输积：指运送收积军饷。

"其不可七矣。且天下游士离其亲戚，弃坟墓，去故旧，从陛下游者，徒欲日夜望咫尺之地❶。今复六国，立韩魏燕赵齐楚之后，天下游士各归事其主，从其亲戚，反其故旧、坟墓，陛下与谁取天下乎？其不可八矣。且夫楚唯无彊，六国立者复桡而从之，陛下焉得而臣之❷？诚用客之谋，陛下事去矣。"汉王辍食吐哺❸，骂曰："竖儒，几败而公事❹！"令趣销印。

汉四年，韩信破齐，而欲自立为齐王。汉王怒，张良说汉王，汉王使良授齐王信印❺，语在淮阴事中。其秋，汉王追楚至阳夏南❻，战不利而壁固陵❼，诸侯期不至❽。良说汉王，汉王用其计，诸侯皆至，语在项籍事中。

汉六年正月，封功臣。良未尝有战斗功，高帝曰："运筹策帷帐中，决胜千里外，子房功也。"自择齐三万户❾。良曰："始臣起下邳，与上会留，此天以臣授陛下。陛下用臣计，幸而时中❿，臣愿封留足矣，不敢当三万户。"乃封张良为留侯，与萧何等俱封⓫。

货殖列传序⓬

老子曰："至治之极⓭，邻国相望，鸡狗之声相闻，民各甘其食，美其服，安其俗，乐其业，至老死不相往来⓮。"必用此为务，輓近世涂民耳目，则几

❶ 望咫尺之地：指望得到一小块封地。实指希望取得一定地位。
❷ 此处全句是说：而且对于项楚政权，只希望它不能强盛，如果又立六国之后为封国，他们复屈服于强楚而跟随之，那么陛下您又有什么办法使他们称臣？
❸ 辍食吐哺：停止进食，吐出口中食物。
❹ 竖儒：对儒士的蔑称。而公事：犹今言"你老头子的事"。而，第二人称代词。《汉书·张良传》作"迺（乃）公事"。
❺ 信印：信符和玺印。信符，指封王的文件。
❻ 阳夏（jiǎ）：秦以后县名，今河南太康。
❼ 壁：扎营。固陵：古聚邑名，今河南太康南。
❽ 期不至：约定会集而到期不至。
❾ 自择齐三万户：指汉高祖亲自选择有三万纳税户的齐地作为张良的食邑。
❿ 幸：侥幸。此为谦辞。时中（zhòng）：偶尔有中。
⓫ 萧何：汉初大臣，刘邦建汉后为丞相。时封酂侯，论为首功。
⓬ 本篇选自《史记》卷一二九。"货殖"一词，本指货物的生产和交换，司马迁用为列传名目，主要指商业活动。但原篇除集录一些富商大贾的简要事迹外，还兼记各地物产、风俗及经济都市等，并随文阐释自己的观点，实具有春秋末年以至汉景帝年间社会经济史专篇的意义。其写法不拘于传记体，大致以论说为主，而以人物史料及其他资料为辅，开后世正史《食货志》的先河。这里节选的是本篇的序。
⓭ 至治之极：社会治理的理想状态。
⓮ 引文见今本《老子》第八十章，文字略有不同。

无行矣❶。

太史公曰：夫神农以前❷，吾不知已❸。至若《诗》、《书》所述虞、夏以来，耳目欲极声色之好，口欲穷刍豢之味❹，身安逸乐而心夸❺，矜埶能之荣❻，使俗之渐民久矣❼，虽户说以眇论❽，终不能化。故善者因之❾，其次利道之❿，其次教诲之⓫，其次整齐之⓬，最下者与之争⓭。

夫山西饶材、竹、穀、纑、旄、玉石⓮；山东多鱼、盐、漆、丝、声色⓯；江南出枏、梓、姜、桂、金、锡、连、丹沙、犀、瑇瑁、珠玑、齿革⓰；龙门、碣石北多马、牛、羊、旃裘、筋角⓱；铜、铁则千里往往山出棊置⓲：此

---

❶ 此句意为：治世必用此为务，那么从晚近之世民情风俗的所闻所见来看，几乎无法实行。輓：通“晚”。涂：通“途”，途民犹言百姓。

❷ 神农：即炎帝，传说中“五帝”时代西夏部族的宗神。

❸ 已：通“矣”。

❹ 刍豢（chú huàn）：泛指各种畜肉。刍，以草料饲养的牲畜，如牛羊。豢，以粮食饲养的牲畜，如猪狗。

❺ 心夸：指心理放纵荒诞。《说文》：“夸，譀也。”“譀，诞也。”

❻ 矜：夸耀。埶：同“势”。

❼ 俗：此种风气。渐：浸渍，薰染。

❽ 户说以眇论：挨家挨户地劝说以微妙的道理。眇论，实指老子之言。

❾ 因：指因顺从民情风俗。

❿ 利道：以利引导。道，通“导”。

⓫ 教诲：教化。

⓬ 整齐：指以法令刑政加以制裁，使趋于一致。

⓭ 争：指与民争利。

⓮ 山西：战国秦汉时指华山（在今陕西境内）或崤山（在今河南境内）以西，犹言关中地区。饶：富有。材：木材。穀（gǔ）：即楮树，古亦称构树。其皮可以造纸。纑：野纻麻，其皮可以织布。旄：指旄牛尾，可作舞具或旗帜装饰物。

⓯ 山东：与山西而言，泛指黄河中下游流域以至东海岸。声色，泛指各种可供声色娱乐之物，亦兼指好声色之俗。

⓰ 江南：长江流域及其以南。枏：同“楠”，楠木，木质坚硬。梓：梓木，木质轻软，与楠木均为贵重木材。连：同“链”，铅矿石。丹沙：即朱砂。犀：指犀牛角。瑇瑁（dài mào）：亦作“玳瑁”，一种海中动物，形似龟而大，其甲壳花纹美观，可作装饰品。珠玑：圆及不圆的宝珠。齿革：象牙、贵重皮革。

⓱ 龙门：山名，在今山西河津西北，陕西韩城东北。碣石：山名，在今河北昌黎北。或说在今河北卢龙，又有说在今河北乐高西南者。旃裘：毛毡和皮衣。筋角：制造弓弩用的动物筋角。

⓲ 山出棊置：山山有出产，采矿点如星罗棋布。棊，“棋”的异体字。

其大较也，皆中国人民所喜好❶，谣俗被服饮食奉生送死之具也❷。故待农而食之，虞而出之❸，工而成之，商而通之。此宁有政教发征期会哉❹！人各任其能，竭其力，以得所欲。故物贱之征贵❺，贵之征贱，各劝其业，乐其事，若水之趋下，日夜无休时。不召而自来，不求而民出之，岂非道之所符❻，而自然之验邪❼？

《周书》曰❽："农不出则乏其食，工不出则乏其事，商不出则三宝绝❾，虞不出则财匮少，财匮少而山泽不辟矣❿。"此四者，民所衣食之原也⓫。原大则饶，原小则鲜⓬。上则富国，下则富家，贫富之道，莫之夺予⓭，而巧者有余，拙者不足。故太公望封于营丘⓮，地潟卤⓯，人民寡，于是太公劝其女功⓰，极技巧，通鱼盐，则人物归之，繦至而辐凑⓱。故齐冠带衣履天下⓲，海岱之閒敛袂而往朝焉⓳。其后齐中衰，管子修之，设轻重九府⓴，则桓公以

---

❶ 中国人民：中原人民。泛指华夏地区居民。

❷ 谣俗：风俗。此犹言日常。被服：即穿戴。

❸ 虞而出之：由畜牧及开采产出。虞，古代掌管畜牧及山林川泽的官员。

❹ 此宁有政教发征期会哉：此句意为：物产虽有地有时而无固定规律，国家的征收亦不当限定期限及价格等。宁：难道。政教：代指国家。发征：赋敛征收。期会：指定期按约定征收。

❺ 物之贱徵贵：物价过低时应提高征收价格。

❻ 道之所符：符合"道"的措施。

❼ 自然之验：因任自然之理的验证。

❽ 《周书》：疑泛指周代所传官府文件。此下文所引不见于《尚书·周书》，或为逸篇之文。

❾ 三宝：此指金钱、珠宝、货物。

❿ 山泽不辟：山林川泽不能利用。辟，开通，此犹言利用。

⓫ 四者：指农、工、商、虞。原：同"源"。

⓬ 鲜：少。与"饶"相对，指财富之多少。

⓭ 此四句意谓从治国到治家，都有一定的致贫致富的规律，而不可人为改变。

⓮ 指周初姜太公初封齐，都营丘。营丘：一般认为在今山东临淄北。

⓯ 潟卤（xì lǔ）：指盐碱地。

⓰ 女功：妇女刺绣纺织等事。

⓱ 繦至而辐凑：如绳索贯穿钱币一般络绎而至，如轮辐集于车毂一般凑聚而来。繦（qiǎng），穿线绳。

⓲ 句意为齐国出产的冠带衣履行销天下。

⓳ 海岱之间：大海和泰山之间，指今山东半岛地区。閒，同"间"。敛袂而往朝：整理衣袖（表示恭敬）而前往朝见齐君。

⓴ 设轻重九府：管仲相齐桓公治齐时采取的统治措施。大意指在各地积贮轻重不同的货币以调节物价。今本《管子》尚有《轻重》篇，而《九府》篇已佚。据《周礼》，周代掌管钱币的官府有大府、玉府、内府、外府、泉府、天府、职内、职金、职币。

霸，九合诸侯❶，一匡天下❷；而管氏亦有三归❸，位在陪臣❹，富于列国之君。是以齐富强至于威、宣也❺。

故曰："仓廪实而知礼节，衣食足而知荣辱。"❻ 礼生于有而废于无。故君子富，好行其德；小人富，以适其力❼。渊深而鱼生之，山深而兽往之，人富而仁义附焉。富者得埶益彰，失埶则客无所之，以而不乐，夷狄益甚❽。谚曰："千金之子，不死于市。"❾ 此非空言也。故曰："天下熙熙，皆为利来；天下壤壤，皆为利往。"❿ 夫千乘之王⓫，万家之侯⓬，百室之君⓭，尚犹患贫，而况匹夫编户之民乎⓮！

---

❶ 九合诸侯：多次召集诸侯会盟为盟主。

❷ 一匡天下：独以大国地位匡扶天下。

❸ 三归：无确解。或说指齐国商税的三分之一归于管仲，作为其俸禄。

❹ 陪臣：隔一层的臣子之称。诸侯的卿大夫对天子自称陪臣，卿大夫的家臣对诸侯也自称陪臣。

❺ 威：齐威王。姓田氏，名因齐，公元前356—前320年在位。宣：齐宣王。威王之子，公元前319—前310年在位。

❻ 引文见《管子·牧民》篇。

❼ 适：调节。

❽ 此处全句意为：财富丰厚者得势则更加显赫，失势则贵客不到其门，因而不得欢悦，其行为准则倾向于夷狄，也就比无财富者更加严重。客，指贵客。无所之，没有人到。以而，因而。夷狄，用作动词，与上"仁义"对言，指夷狄化，亦即指富而失势者弃仁义而行同夷狄的倾向。

❾ 千金之子，不死于市：家累千金的富豪之子，没有因为犯罪而被砍头弃市的。此斥以钱财贿赂乱法之行。

❿ 熙熙：与"壤壤"皆形容拥挤嚣杂貌。壤，通作"攘"，亦作"穰"。后世常连用作"熙熙攘攘"。

⓫ 千乘之王：指有千辆战车的中等诸侯国之王。

⓬ 万家之侯：指有万户食邑的封侯者。

⓭ 百室之君：指有百户食邑的受封者。

⓮ 编户之民：编入国家户籍的平民。

汉　书❶

艺文志序❷（节选）

昔仲尼没而微言绝❸，七十子丧而大义乖❹。故《春秋》分为五，《诗》分为四，《易》有数家之传。战国从衡❺，真伪分争，诸子之言，纷然淆乱。至秦患之，乃燔灭文章❻，以愚黔首。汉兴，改秦之败❼，大收篇籍，广开献书之路。迄孝武世❽，书缺简脱❾，礼坏乐崩，圣上喟然而称曰："朕甚闵

---

❶ 本书是我国第一部纪传体断代史，东汉班固（32—92年）撰。固字孟坚，东汉扶风安陵（今陕西咸阳东北）人，出身贵族。初因改编其父班彪所作《史记后传》，被人告发以私改国史罪名，被捕入狱；后受明帝赏识，得任兰台令史，历时25年，大体完成是书。晚年受外戚窦宪案牵连，再次被捕，死于狱中。其生前未完稿的八表和《天文志》，由其妹班昭和当时学者马续补成。全书由十二纪、八表、十志、七十列传组成，共一百篇，釐为120卷。记录西汉历史，上起汉高祖元年（公元前206年），下至王莽新朝地皇四年（23年）。主要编纂特点是：一、体例基本上依仿《史记》而有所变更，如改"书"为"志"，取消"世家"而并入"列传"等；二、创立纪传体断代史的规模，为后世史家所仿效，唯志、表的某些篇章仍贯通前代；三、文赡而事详，武帝以前的部分多袭用《史记》原文而有所增补，武帝以后的部分据班彪后传改写而成新编，保存了极为丰富的西汉一代史料，尤其十志的记载比《史记》的八书扩出很多，对少数民族历史的记载也较详备；四、撰述谨严、精练，不少篇章兼具较高的文学价值，但行文多用古字古义，较难懂。作者的史学思想浸透着浓厚的正统儒学意识，鼓吹纲常名教，宣扬皇权神授、天人感应、五德循环、阴阳灾异，与《史记》的主体史学思想形成鲜明的对立。历来注《汉书》者甚多，其中最流行的是唐人颜师古的注本，清人王先谦的《汉书补注》保存有关资料较丰。

❷ 本篇选自《汉书》卷三十。原篇系在刘歆《七略》的基础上编成，为我国现存第一部完整的目录书，并兼有学术史的性质，开后世官修目录编制正史艺文志的先例。所录尚保留《七略》原书六略三十八种的分类体系及全部著录书籍，唯增入刘向、扬雄、杜林三家著作。凡所改移、删补等处，均注有"出""入""省"等字。这里节选的仅是全篇总序及《六艺略》的大小序。

❸ 仲尼：孔子的字。微言：含意精微深远的言论。

❹ 七十子：指孔子的七十二大弟子。史籍或称"贤人七十"，乃举其成数言之。丧：死。大义：指儒家要旨。乖：相互背离，不一致。

❺ 从衡：同"纵横"，指纵横家言论。

❻ 燔灭文章：指秦焚书。燔，烧。

❼ 败：义同"弊"。

❽ 孝武：汉武帝。

❾ 书缺简脱：书籍缺少，简编脱落。

焉❶!”于是建藏书之策❷，置写书之官，下及诸子传说，皆充秘府❸。至成帝时，以书颇散亡，使谒者陈农求遗书于天下❹。诏光禄大夫刘向校经传、诸子、诗赋❺，步兵校尉任宏校兵书❻，太史令尹咸校数术❼，侍医李柱国校方技❽。每一书已，向辄条其篇目，撮其指意❾，录而奏之。会向卒，哀帝复使向子侍中奉车都尉歆卒父业❿。歆于是总群书而奏其《七略》，故有《辑略》⓫，有《六艺略》⓬，有《诸子略》，有《诗赋略》，有《兵书略》，有《术数略》，有《方技略》。今删其要，以备篇籍⓭。

《易》曰：“宓戏氏仰观象于天，俯观法于地，观鸟兽之文，与地之宜，近取诸身，远取诸物，于是始作八卦，以通神明之德，以类万物之情。”⓮ 至于

---

❶ 闵：忧。此为古代帝王诏令套语。

❷ 建藏书之策：设置藏书的登记簿。策，同“册”。意指建立和完善藏书制度。

❸ 秘府：宫廷藏书之处。

❹ 谒者：官名。掌宾赞受事。陈农：生平未详。

❺ 刘向（？—公元前6年）：西汉文献学家。本名更生，字子政，高祖异母弟楚元王刘交之后。成帝时官至光禄大夫、中垒校尉。河平三年（公元前26年），奉命校国家图书，主持其事近二十年。汇集校雠成果编成《别录》一书，为我国目录学的奠基性著作。另著有《五经通义》《新序》《说苑》《烈女传》等，均有较高史料价值。

❻ 步兵校尉：官名。西汉武帝时始置，掌上林苑门屯兵。

❼ 太史令：秦汉官名。掌天时、星历及时节禁忌等，并有修史之任。尹咸：西汉末汝南（今河南上蔡西南）人。尹更始之子。通《左传》，刘歆曾从其受学。数术：指天文、历法、占卜、五行之类的书。

❽ 侍医：皇帝的御医。方技：指医药卫生之类的书。

❾ 撮其指意：概括其旨意。指，同“旨”。

❿ 歆：刘歆（？—23年）。西汉文献学家，字子骏，刘向子。精通经学，推重古文经。哀帝、平帝时，历官骑都尉、奉车都尉、光禄大夫、中垒校尉、羲和京兆尹等职。继其父总校群书，撰成《七略》。又著有《三统历谱》等。王莽称帝，奉为国师。后因谋诛王莽，事泄自杀。

⓫《辑略》：《七略》的第一部分，为其他六略的总要。《汉书·艺文志》在改编时，已删除“辑略”之名而保留其内容，将总序列于六略之前，大、小序分列于六略及三十八种之后。

⓬《六艺略》：即儒家经典类。“六艺”即六经，此用为经典总名。其下实分《易》《书》《诗》《礼》《乐》《春秋》《论语》《孝经》《小学》九个小类。

⓭ 以备篇籍：以为记录书籍的专门篇章。按：以上为全篇总序，此下九段为《六艺略》各小类的序。

⓮ 引文见《易·系辞下》。宓戏氏，即伏羲氏，参见本册《百官公卿表序》第一段注①。又，引文末二句意谓：通过八卦来通晓万事万物变化的性质，模仿万事万物的情状。

殷、周之际，纣在上位，逆天暴物；文王以诸侯顺命而行道，天人之占可得而効❶，于是重《易》六爻，作上下篇❷。孔氏为之《彖》、象、《系辞》《文言》《序卦》之属十篇❸。故曰《易》道深矣，人更三圣，世历三古❹。及秦燔书，而《易》为筮卜之事，传者不绝。汉兴，田（和）[何]传之❺。讫于宣、元，有施、孟、梁丘、京氏列于学官❻，而民间有费、高二家之说❼。刘向以中《古文易经》校施、孟、梁丘经❽，或脱去"无咎""悔亡"❾，唯费氏经与古文同。

❶ 天人之占可得而効：意谓通过占卜沟通天人关系，可得效法天地以助人事。効，同"效"。

❷ 此二句述周文王演《易》传说。相传《易》书在周以前已有，但多用单卦，每卦三爻（爻即构成卦的"—""— —"两种笔画形符号），故只有八卦。周文王将八卦两两交错重叠，配合为六十四卦，故每卦有六爻。重卦之后，简帙重大，故又分为上下篇。后世所传《周易》前30卦为上篇，后34卦为下篇。

❸ 此句指《周易》的"十翼"，包括《彖》上下、《象》上下、《系辞》上下及《文言》《序卦》《说卦》《杂卦》，共十篇。"十翼"又总称《易传》，相传为孔子所作，不可信，当是战国晚期作品。

❹ 此处全句是说：以《易经》占卜之道流传久远，其书伏羲、周文王、孔子"三圣"的制作，历上古、中古、近古"三世"数千年。

❺ 田何：字子装，齐人。战国末从孙虞学《易》，汉初徙杜陵（今陕西长安东南），号杜田生。汉代《易》学的传授从他开始。

❻ 施：施雠，字长卿，西汉沛（今安徽濉溪西北）人。从田王孙受《易》，宣帝时为博士。孟：孟喜。字长卿，东海兰陵（今山东苍山县兰陵镇）人。亦从田王孙受《易》，官至相掾，因改师法而未得为博士。梁丘：梁丘贺，字长翁，琅琊诸（今山东诸城）人。先后从京房、田王孙受《易》，官至少府。京：京房（公元前77—前37年）。字君明，本姓李，推律自改为京氏。东郡顿丘（今河南清丰西南）人。从焦延寿受《易》，元帝初元末举孝廉为郎。以阴阳灾异之学，谏元帝考课官吏、斥佞用贤，为宦官石显和佞臣五鹿充宗所排挤，出为魏郡太守。月余，被诬陷下狱死。列于学官：指列入官学，设博士收徒传授。

❼ 费：费直。字长翁，东莱（今山东龙口）人。治《易》为郎，官至单父令。高：高相。沛（今江苏沛县东）人，与费直同时。二家说《易》无章句，均未得列入学官。费氏所传为古文经。

❽ 中：指宫内。此指皇家藏书处。

❾ 句意指施、孟、梁丘诸家《易经》，与《古文易经》本相校，时或脱去《易经》中常用的"无咎""悔亡"等术语。中《古文易经》，指皇家图书馆所藏用古文传抄的《易经》。

《易》曰："河出图，洛出书，圣人则之。"❶故《书》之所起远矣，至孔子篹焉❷。上断于尧，下讫于秦，凡三百篇，而为之序，言其作意。秦燔书禁学，济南伏生独壁藏之❸。汉兴，亡失，求得二十九篇，以教齐鲁之间。讫孝宣世❹，有欧阳、大小夏侯氏立于学官❺。《古文尚书》者，出孔子壁中。武帝末，鲁共王坏孔子宅，欲以广其宫，而得《古文尚书》及《礼记》《论语》《孝经》凡数十篇，皆古字也❻。共王往入其宅，闻鼓琴瑟钟磬之音，于是惧，乃止不坏。孔安国者❼，孔子后也，悉得其书，以考二十九篇，得多十六篇。安国献之，遭巫蛊事❽，未列于学官。刘向以中古文校欧阳、大小夏侯三家经文，《酒诰》脱简一，《召诰》脱简二❾。率简二十五字者，脱亦二十五字；简二十二字者，脱亦二十二字。文字异者七百有余，脱字数十。《书》者，古之

---

❶ 引文见《易·系辞上》。相传伏羲时有龙马为负图出于黄河，伏羲依其图而作八卦，是为《易经》的起源。又传夏禹时有神龟负书出于洛水，禹依其书而作《洪范·九畴》，是为《尚书》的起源。此实以《河图》《洛书》追溯文字的起源，以为《尚书》的历史源流作证。

❷ 篹：同"纂"，编纂。

❸ 伏生：名胜，字子贱，秦汉之际济南（今山东章丘）人。秦时为博士，因秦焚书而藏《尚书》于壁中，汉初取出教授，即《今文尚书》（用汉代通行的隶体字书写的《尚书》）。汉文帝曾使晁错就其家受业。

❹ 孝宣：即汉宣帝。

❺ 欧阳：指欧阳生、欧阳高等人。欧阳生，字和伯，汉初千乘（今山东高青东南）人。从伏生受《今文尚书》，传同郡倪宽，宽复传于欧阳生之子。欧阳氏世传其业，至欧阳氏生曾孙高（字子阳），得立于学官。大小夏侯氏：指夏侯胜、夏侯建。胜字长公，西汉东平（今山东东平东）人。始从族父始昌受《尚书》，后转益多师。武帝时官至长信少府、太子太傅。建字长卿，胜从兄子。始从胜及欧阳高受《尚书》，后自撰章句，成一家之学。宣帝时征为议郎博士，官至太子太傅。

❻ 《古文尚书》：用先秦古文字书写的《尚书》。其书在魏晋之际已散佚，非今本《古文尚书》。鲁共王：即鲁恭王刘余，景帝之子。

❼ 孔安国：字子国，孔子后裔。汉初受《诗》于申公，又受《尚书》于伏生。武帝时历任谏议大夫、临淮太守。考定《古文尚书》，又著有《古文孝经传》《论语训解》等。后世所传《尚书·孔氏传》一般认为是伪作。

❽ 巫蛊事：汉武帝时，方士与神巫多聚京师，女巫出入宫中，教宫人埋木偶祭祀以免灾。适遇武帝有病，江充欲诬太子据，遂上言巫蛊作祟，因于宫中掘地搜查，又称太子宫中得木偶甚多。太子愤而举兵杀充，已亦战败自杀。后武帝知充诈，夷其三族。时称"巫蛊之狱"，事在征和初。巫蛊，旧谓巫师以邪术害人。

❾ 《酒诰》《召诰》：皆《尚书》篇名。

号令❶；号令于众，其言不立具，则听受施行者弗晓❷。古文读应《尔雅》，故解古今语而可知也❸。

《书》曰："诗言志，歌咏言。"❹ 故哀乐之心感，而歌咏之声发。诵其言谓之诗，咏其声谓之歌。故古有采诗之官，王者所以观风俗，知得失，自考正也❺。孔子纯取周诗❻，上采殷，下取鲁❼，凡三百五篇。遭秦而全者，以其讽诵，不独在竹帛故也❽。汉兴，鲁申公为《诗训故》❾，而齐辕固、燕韩生皆为之《传》❿。或取《春秋》，采杂说，咸非其本义与！不得已，鲁最为近之⓫。三家皆列于学官。又有毛公之学，自谓子夏所传，而河间献王好之，未得立⓬。

---

❶ 句意谓《尚书》所集录的，都是上古朝廷发号施令的文件。

❷ 此全句是说：发号施令于众，若号令之言不能以文件的形式确定下来，则听从、接受并实行号令的人就不能通晓。立具，犹言确定下来并使之形成文件。

❸ 此全句是说：古文经的语词与《尔雅》的解释相应，因此只要了解了古今语词的变化，就可以通晓古文经。读，诵习，此代指古文语词。

❹ 语出自《尚书·舜典》。原文"咏"作"永"。《孔传》："谓诗言志以导之，歌咏其义以长其言。"大意是说：诗是用精炼语言表达心志的，歌则因诗义加长其音节而形成乐声。

❺ 自考正：考查自身行政之失而修正之。

❻ 纯：皆。

❼ 上采殷，下取鲁：指《诗经》中的《商颂》和《鲁颂》。

❽ 此全句是说：《诗经》在秦时虽遭焚禁而能完整流传下来，是因为诵习者多且易于背诵，不单是由于著在竹帛的缘故。

❾ 申公：名培，汉初鲁人。少师齐人浮丘伯受《诗》，后为楚夷王刘郢所聘，传其太子刘戊。及戊为王，不好学，使服贱役。申公耻而归鲁，居家教授，为《诗训故》，时称所传为《鲁诗》。武帝时复被诏为太中大夫。训故，即训诂，解释文字音义之学。

❿ 辕固：汉初齐人。景帝时为博士，治《诗》，时称所传为《齐诗》。以廉直著称，曾为清河王太傅。韩生：即韩婴，汉初燕人。文帝时为博士，景帝时为常山王太傅。推《诗》之意，著内外传数万言，时称《韩诗》。后《内传》亡佚，唯《韩诗外传》行于世。

⓫ "或取"以下是说：鲁、齐、韩三家《诗》说或取《春秋》之意，或采杂说，大抵都已与《诗经》的本义有出入。如果迫不得已，一定要选择其中的一种的话，那么《鲁诗》要算是最接近《诗经》本义的一种。

⓬ 毛公之学：初汉毛亨、毛苌的《诗学》。二人生平均不详。《汉书·儒林传》仅言毛公赵人，治《诗》，为河间献王博士；郑玄《诗谱》始云鲁人大毛公为《训诂传》，河间献王得而献之，以小毛公为博士；至三国以后，学者乃称大毛公为鲁人毛亨，小毛公为赵人毛苌。现存《诗经》乃毛亨作传、郑玄笺注本，自此本通行，齐、鲁、韩三家渐废。河南献王，即刘德，景帝子，好古文经。

《易》曰："有夫妇、父子、君臣、上下，礼义有所错。"❶ 而帝王质文，世有损益❷。至周，曲为之防，事为之制❸，故曰："《礼经》三百，威仪三千。"❹ 及周之衰，诸侯将逾法度，恶其害己，皆灭去其籍。自孔子时而不具❺，至秦大坏。汉兴，鲁高堂生传《士礼》十七篇❻。讫孝宣世，后仓最明❼，戴德、戴圣、庆普皆其弟子，❽ 三家立于学官。《礼古经》者，出于鲁淹中及孔氏，（学七十）［与十七］篇文相似，多三十九篇❾。及《明堂阴阳》《王史氏记》所见❿，多天子、诸侯、卿大夫之制，虽不能备，犹瘉仓等推《士礼》而致于天子之说⓫。

《易》曰："先王作乐崇德，殷荐之上帝，以享祖考。"⓬ 故自黄帝下至三代，乐各有名。孔子曰："安上治民，莫善于礼；移风易俗，莫善于乐。"⓭ 二

---

❶ 引文系节括《易·序卦》之文。原文是："有天地然后有万物，有万物然后有男女，有男女然后有夫妇，有夫妇然后有父子，有父子然后有君臣，有君臣然后有上下，有上下然后礼义有所错。""错"，同"措"，措置，施行。

❷ 质文：质朴与文饰。此为偏正词，实指文饰即礼仪。损益：减少和增加。

❸ 曲为之防，事为之制：委曲周到地为之防范，事事为之定制。按：《礼记》有《曲礼》篇，杂记春秋前后贵族饮食、起居、丧葬等各种礼制的细节，即"曲为之防，事为之制"之意。

❹ 语出《礼记·中庸》。意指礼制条文有数百条，所规定的仪容动作有数千项。

❺ 不具：不完备。暗指孔子所称"礼坏乐崩"。

❻ 高堂生：汉初鲁人。传《士礼》之学，授萧奋，奋授孟卿，孟卿授后仓，后仓授戴德、戴圣等，为治《礼》者所崇。《士礼》十七篇，即今本《仪礼》。

❼ 后仓："仓"亦作"苍"。字近君，西汉东海郯（今山东郯城北）人。传授高堂生《士礼》，说《礼》数万言，自成一家，时号《后氏曲台记》。兼通《齐》诗，亦多授徒。为博士，官至少府。

❽ 戴德：字延君，西汉梁（今河南商丘南）人。从后仓学《礼》，删《礼记》为八十五篇，时称《大戴礼》。曾为信都太傅。戴圣：字次君，戴德兄子。与戴德同师后仓，复删《礼记》为 49 篇，时称《小戴礼》，即今本《礼记》。宣帝时曾为博士，官至九江太守。庆普：字孝公，沛（今安徽濉溪西北）人。从后仓学《礼》，以《礼》传家，世称"庆氏学"。曾为东平太傅。

❾《礼古经》：用古文写成的《礼经》。见于本篇著录者为 56 篇。故云较《仪礼》17 篇多出 39 篇。淹中：鲁国里名，当在曲阜附近。孔氏：即曲阜孔氏。

❿《明堂阴阳》：本篇著录为 33 篇。班固自注："古明堂遗事。"《王史氏记》：本篇著录为 21 篇。班固自注："七十子后学者。"颜师古注引刘向《别录》谓"六国时人"。

⓫ 瘉：同"愈"，胜过。

⓬ 引文见《易·豫卦》的象辞。殷荐之上帝：用盛大的礼乐献祭上帝。殷，盛。荐，进献。

⓭ 引文见《孝经·广要道》章。

者相与并行，周衰，俱坏。乐尤微眇❶，以音律为节，又为郑卫所乱，故无遗法❷。汉兴，制氏以雅乐声律，世在乐官，颇能纪其铿锵鼓舞，而不能言其义❸。六国之君，魏文侯最为好古，孝文时得其乐人窦公❹，献其书，乃《周官·大宗伯》之《大司乐》章也。武帝时，河间献王好儒，与毛生等共采《周官》及诸子言乐事者，以作《乐记》，献八佾之舞❺，与制氏不相远。其内史丞王定传之，以授常山王禹。禹，成帝时为谒者，数言其义，献二十四卷《记》。刘向校书，得《乐记》二十三篇，与禹不同，其道寖以益微❻。

古之王者世有史官，君举必书，所以慎言行，昭法式也❼。左史记言，右史记事，事为《春秋》，言为《尚书》，帝王靡不同之❽。周室既微，载籍残缺，仲尼思存前圣之业，乃称曰："夏礼吾能言之，杞不足征也；殷礼吾能言之，宋不足征也。文献不足故也，足则吾能征之矣。"❾ 以鲁周公之国，礼文备物，史官有法❿，故与左丘明观其史记，据行事，仍人道⓫，因兴以立功，

---

❶ 微眇：精微奥妙。此指乐理、乐律等复杂难以掌握。

❷ 郑卫：指春秋战国时期郑卫地方的民间音乐。儒家以为郑卫桑间濮上之音乱雅乐，故此谓雅乐"无遗法"。

❸ 制氏：《礼乐志》颜注引服虔曰："鲁人也，善乐事。"此句意为：制氏因通晓雅乐声律，世为乐官，对乐器演奏及编合乐奏之道颇有记录，然不能解说各种乐舞的制作源流及用途、意义等。

❹ 窦公：颜注引桓谭《新论》。谓其人 180 岁而见汉文帝。事出传闻，盖不可信。考魏文侯之卒距汉文帝登基已二百余年，则文侯之乐人不得仍在世。疑此处"乐人窦公"当作"乐人之后窦公"或"乐人窦公之后。"

❺ 八佾（yì）之舞：古时天子所用乐舞。

❻ 寖以益微：渐而更加不显。

❼ 昭法式：彰明法度准则。

❽ 靡：无。

❾ 引文见《论语·八佾》篇。孔子认为三代之礼前后传承，皆相因而有损益，故据周礼可以推言夏、殷礼制。虽然杞、宋为夏、殷后裔，但两国现存礼制皆不足以作为征求夏、殷礼制的根据。这是由于文献不足的缘故，如果有充分的文献资料，则夏、殷礼制就可以征求。

❿ 礼文备物，史官有法：指鲁国礼乐制度及相应的礼器仪物特完备，史官的记录亦较各诸侯国更有法度。史载周初封周公于鲁，因周公为王朝重臣，故特赐以大批珍贵礼器文物及史官等，后又准许鲁国行天子之礼，故鲁国礼乐制度隆盛，直到春秋末仍以完备地保存周礼著称。

⓫ 据行事，仍人道：根据鲁国具体的历史行事，就人事规律加以衡量裁制。仍，因、就。

就败以成罚❶，假日月以定历数，藉朝聘以正礼乐❷。有所褒讳贬损，不可书见，口授弟子，弟子退而异言❸。丘明恐弟子各安其意，以失其真，故论本事而作《传》，明夫子不以空言说经也❹。《春秋》所贬损，大人当世君臣有威权势力，其事实皆形于《传》，是以隐其《书》不宣，所以免时难也❺。及末世口说流行，故有《公羊》《穀梁》《邹》《夹》之《传》❻。四家之中，《公羊》《穀梁》立于学官，邹氏无师，夹氏未有书❼。

《论语》者，孔子应答弟子时人及弟子相与言而接闻于夫子之语也。当时弟子各有所记，夫子既卒，门人相与辑而论纂，故谓之《论语》。汉兴，有齐、鲁之说。传《齐论》者，昌邑中尉王吉、少府宋畸、御史大夫贡禹、尚书令五鹿充宗、胶东庸生❽。唯王阳名家。传《鲁论语》者，常山都尉龚奋、长信少

---

❶ 此二句是说：因其功业兴盛之实而著录其功，就其行事过败之举而显其惩罚。此言《春秋》书法，上句指“褒”，下句指“贬”。

❷ 此二句是说：通过修史的编年系月、时日推算以确定周鲁历法的准度，借朝聘会盟等史实以典正礼乐制度。按：以上总言孔子修《春秋》之事。相传孔子从左丘明观《鲁春秋》，鉴于当时篡弑频仍、礼坏乐崩的社会状况，乃重加修订以寓褒贬。然现存《春秋》所录大致仍是春秋时鲁国国史原文，是否曾经孔子的修订尚难定论。

❸ 以上是说：孔子与左丘明重修《鲁春秋》，因有所褒贬抑扬，不可尽显于记录，故而以修史之意口授弟子，而弟子退而习之，各生出不同的见解。

❹ 以上言左丘明著《左传》之事。意谓：左丘明恐弟子各适己意而解之，从而失去重修《春秋》的本真，于是论述《春秋》所记本来事实而作《左传》，以明孔子非是以空言解说《鲁春秋》原文。按：《左传》成书于战国初，当亦不出于左丘明之手，汉人的推测未可全据。

❺ 以上是说：《春秋》所贬损的一些人物，有一些是当时尚在世的王公大人和诸侯君臣，皆有威权势力，而他们的事迹却形于《左传》，因此左丘明秘藏其书而不使传布，以便不致造成触犯当时权贵的祸端。

❻ “故有”句：汉世传《春秋》者有五家，即《左传》《公羊传》《穀梁传》《邹氏传》《夹氏传》。相传《公羊传》传自战国齐人公羊高，至汉公羊寿而定本；《穀梁传》传自战国鲁人穀梁赤（子夏弟子，赤亦作俶、憙等），大约亦在汉代定本。今二书皆存，与《左传》共称“《春秋》三传”。邹氏，齐人；夹氏，不详。二家书皆已失传。

❼ 此二句指西汉末《邹氏传》尚存，但无学者为师传授；《夹氏传》则当时已不存其书。

❽ 王吉：字子阳，一称王阳。西汉琅邪皋虞（今山东即墨北）人。昭帝末为昌邑中尉，宣帝时官至博士、谏大夫，元帝初卒。宋畸：生平未详。贡禹（公元前124—前44年）：字少翁，西汉琅邪（今山东诸城）人。以明经洁行著称，元帝初官至御史大夫。五鹿充宗：复姓五鹿，字君孟。通《易》学，有《略说》三篇传世。元帝时官至少府、尚书令，阿附宦官石显为心腹。及显败，左迁玄菟太守。庸生：名谭，胶东（今山东平度东南）人。曾从孔安国弟子都尉朝受《古文尚书》。

府夏侯胜、丞相韦贤、鲁扶卿、前将军萧望之、安昌侯张禹❶，皆名家，张氏最后而行于世。

《孝经》者，孔子为曾子陈孝道也。夫孝，天之经，地之义，民之行也。举大者言，故曰《孝经》。汉兴，长孙氏、博士江翁、少府后仓、谏大夫翼奉、安昌侯张禹传之❷，各自为家。经文皆同，唯孔氏壁中古文为异。"父母生之，续莫大焉"，"故亲生之膝下"，诸家说不安处，古文字读皆异❸。

《易》曰："上古结绳以治，后世圣人易之以书契，百官以治，万民以察，盖取诸《夬》。"❹"夬，扬于王庭"❺，言其宣扬于王者朝廷，其用最大也。古者八岁入小学，故《周官》保氏掌养国子❻，教之六书，谓象形、象事、象意、象声、转注、假借，造字之本也。汉兴，萧何草律，亦著其法，曰："太

---

❶ 龚奋：未详。疑当作萧奋。《儒林传》载瑕丘萧奋传鲁高堂氏礼学，复以其学授孟卿，孟卿授后仓。夏侯胜：见前第三段注⑤。韦贤：字长孺，西汉鲁国邹（今山东邹县东南）人。兼通《礼》《书》，以《诗》教授，时称邹鲁大儒。宣帝初官至丞相，致仕卒，年八十二。鲁扶卿：《论衡·正说》篇记为"鲁人扶卿"，曾从孔安国受古文本《论语》。按：汉世《论语》实有《齐论》《鲁论》《古论》三种，后二者较接近。相传《古论》亦出于孔子宅壁中。萧望之（？—前47年）：字长倩，西汉东海兰陵（今山东苍山兰陵镇）人。幼学《齐诗》《论语》，宣帝时累官至大鸿胪、太子太傅。受诏顾命，佐元帝，被宦官诬陷，下狱自杀。张禹（？—前5年）：字子文，西汉河内轵（今河南济源南）人。从施雠受《易》，又从夏侯氏受《鲁论语》，从王阳、庸生受《齐论语》，应试为博士。成帝时官至丞相，封安昌侯。其《论语》之学以《鲁论》二十篇为定，并参考《齐论》《古论》择善而从，时号《张侯论》，即今本《论语》。

❷ 长孙氏：未详。本篇孝经类著录《长孙氏》《说》二篇。又《儒林传·赵子传》有博士长孙顺，治《韩诗》，受业于王吉，疑即其人。江翁：又称瑕丘江公，西汉时鲁人。受《诗》及《谷梁春秋》于鲁申公，武帝时为博士。精通《鲁诗》，时号"《鲁诗》宗"。又著有《孝经说》。后仓：见前第五段注⑦。翼奉：字少君，东海下邳（今江苏睢宁西北）人。治《齐诗》，元帝初征待诏宦者署，官至博士、谏大夫。

❸ 此句意为：诸如今文本的"续莫大焉""生之膝下"等处，各家解说不能妥帖一致的，古文本的句逗都不一样。读，通"逗"，指断句。

❹ 引文见《易·系辞下》。书契，指文字。盖取诸《夬》，是说以书契易结绳大概是从《夬卦》的卦象中受到启示才学会的。

❺ 此为《易·夬卦》的卦辞。按：此卦的卦体是下乾上兑（䷪）。《彖》辞云："夬，决也，刚决柔也。健而说（悦），决而和。"意谓此卦的五个阳爻取决于最上面的一个阴爻，刚柔谐和，故云"扬于王庭"。夬，旧读如"快"，实可读如"决"。

❻ 《周礼》原文："保氏，掌谏王恶，而养国子以道，乃教之六艺：一曰五礼，二曰六乐，三曰五射，四曰五驭，五曰六书，六曰九数。"国子，指公卿大夫子弟。

史试学童，能讽书九千字以上，乃得为史❶。又以六体试之❷，课最者以为尚书、御史史书令史❸。吏民上书，字或不正，辄举劾。”六体者，古文、奇字、篆书、隶书、缪篆、蟲书，皆所以通知古今文字，摹印章，书幡信也❹。古制，书必同文，不知则阙，问诸故老；至于衰世，是非无正，人用其私。故孔子曰：“吾犹及史之阙文也，今亡矣夫！”❺ 盖伤其寖不正❻。《史籀篇》者❼，周时史官教学童书也，与孔氏壁中古文异体。《仓颉》七章者，秦丞相李斯所作也；《爰历》六章者，车府令赵高所作也；《博学》七章者，太史令胡母敬所作也：文字多取《史籀篇》，而篆体复颇异，所谓秦篆者也。是时始造隶书矣，起于官狱多事，苟趋省易，施之于徒隶也。汉兴，闾里书师合《仓颉》《爰历》《博学》三篇，断六十字以为一章，凡五十五章，并为《仓颉篇》。武帝时司马相如作《凡将篇》，无复字❽；元帝时，黄门令史游作《急就篇》；成帝时，将作大匠李长作《元尚篇》：皆《仓颉》中正字也，《凡将》则颇有出矣❾。至元始中，征天下通小学者以百数，各令记字于庭中。扬雄取其有用者以作《训纂篇》，顺续《仓颉》，又易《仓颉》中重复之字，凡八十九章；臣复续扬雄作十三章❿，凡一百二章，无复字，六艺群书所载略备矣。《仓颉》多古字，俗师

---

❶ 学童：亦作“学僮”，指学生。《说文解字叙》：“尉律：学僮十七已上始试，讽籀书九千字，乃得为史。”讽，背诵，“讽书”犹言默写。史，地方各级官员的佐史，主管起草文书。

❷ 六体：即下文所述六种书写字体。按：“六体”乃王莽时所定，由秦时“八体”变来，故或疑萧何草律时当沿秦“八体”，此作“六体”系误记。秦“八体”是：大篆、小篆、刻符（刻在器物上的字体）、虫书（旗帜上用的字体）、摹印（即“六体”的缪篆）、署书（书写官府榜牌用的字体）、殳书（兵器上用的字体）、隶书。

❸ 课最者：考试成绩最好的。史书令史：官名，此指尚书、御史属官中专掌用隶书起草公文的令史。史书，即隶书，汉人以隶书为史吏的通用字体，故名。

❹ 幡信：亦称信幡，传达命令用的一种长方形的旗子。犹符节之类，唯幡上须书写命令者的官号。

❺ 语出《论语·卫灵公》篇。意为：“原先我还看到史书上常有缺字，现在却全没有了。”

❻ 伤：忧。寖：同“浸”，渐。不正：指上文所说人各以私意用字，甚至乱填史之阙文，致使用字越来越不规范。

❼ 《史籀篇》：古代习字用书，相传为周宣王时太史籀所作，字体为大篆。按：下文所说各篇名，皆为此类作品。

❽ 无复字：无重复字。

❾ 颇有出：颇有超出《仓颉》篇者。

❿ 臣：班固自称。

失其读❶，宣帝时征齐人能正读者，张敞从受之❷；传至外孙之子杜林，为作训故，并列焉❸。

六艺之文：《乐》以和神，仁之表也；《诗》以正言，义之用也；《礼》以明体，明者著见，故无训也；《书》以广听，知之术也；《春秋》以断事，信之符也❹。五者，盖五常之道❺，相须而备❻，而《易》为之原。故曰："《易》不可见，则乾坤或几乎息矣。"❼ 言与天地为终始也。至于五学❽，世有变改，犹五行之更用事焉❾。古之学者耕且养，三年而通一艺，存其大体❿，玩经文而已⓫，是故用日少而畜德多，三十而五经立也⓬。后世经传既已乖离，博学者又不思多闻阙疑之义，而务碎义逃难，便辞巧说，破坏形体⓭；说五字之文，至于二三万言⓮。后进弥以驰逐，故幼童而守一艺，白首而后能言；安其所习，毁所不见，终以自蔽。此学者之大患也。序六艺为九种⓯。

---

❶ 读：包括读音和字义。

❷ 张敞：字子高，本为河东东阳（今山西临汾西南）人，后徙杜陵（今陕西长安东北）。宣帝时累典州郡，为京兆尹、冀州刺史等，抨击豪强，以治绩称。元帝即位初卒。

❸ 杜林：字伯山，茂陵（今陕西兴平东北）人。张敞外孙杜邺子。东汉建武中历位列卿，官至大司空。著有《仓颉故》，为东汉言小学之始，班固以其书补入《艺文志》。

❹ 以上大意为：《乐》以谐和精神，是"仁"的表征；《诗》以典正言论，是"义"的应用；《礼》以明人际大体，所明者即"礼"，故无须解释；《书》以增广听闻，是"智"的途径；《春秋》以断是非，是"信"的标准。

❺ 五常之道：指上述五经之要旨在阐释仁、义、礼、智、信五种常行不变之理。

❻ 相须而备：相辅相成而建立起完备的体系。

❼ 引文见《易·系辞上》。

❽ 五学：此指前述五经之学（不包括《易经》）。

❾ 五行：指金、木、水、火、土。更（gēng）用事：交替发生作用。按：此处以《易经》之理为其余五经之义的本原，而《易》道阴阳变化，统制五行，故言五经之教随世变改，亦犹五行之交替发生作用。句意侧重古今制度的变迁，非是说五经之教皆循环往复如五行。

❿ 存其大体：保持通经致用的大宗旨。

⓫ 玩经文：习读经文。

⓬ 三十而五经立：古时一般十五岁开始致力于读经，三年通一经，则年三十可五经皆通。

⓭ 破坏形体：指用支离破碎之说解释经文，以致离析文字形体，失去了经文的本义。

⓮ 桓谭《新论》载，秦延君注《尚书》，讲"尧典"二字多至十余万言，讲"曰若稽古"四字多至三万言。

⓯ 序六艺为九种：分《六艺略》为九个小类。按：本段为《六艺略》的大序。

叔孙通传❶

叔孙通，薛人也❷。秦时以文学征待诏博士❸。数岁，陈胜起，二世召博士诸儒生问曰："楚戍卒攻蕲入陈，于公何如?"❹博士诸生三十余人前曰："人臣无将，将则反❺，罪死无赦。愿陛下急发兵击之。"二世怒，作色。通前曰："诸生言皆非。夫天下为一家，毁郡县城，铄其兵❻，视天下弗复用❼。且明主在上，法令具于下，吏人人奉职，四方辐辏，安有反者！此特群盗鼠窃狗盗，何足置齿牙间哉！郡守尉今捕诛，何足忧?"二世喜，尽问诸生，诸生或言反，或言盗。于是二世令御史按诸生言反者下吏❽，非所宜言，诸生言盗者皆罢之。乃赐通帛二十匹，衣一袭❾，拜为博士。通已出，反舍，诸生曰："生何言之谀也?"通曰："公不知，我几不免虎口！"乃亡去，之薛，薛已降楚矣❿。

及项梁之薛，通从之。败定陶，从怀王⓫。怀王为义帝，徙长沙，通留事项王。汉二年，汉王从五诸侯入彭城⓬，通降汉王，通儒服⓭，汉王憎之，乃变其服，服短衣，楚制，汉王喜。

通之降汉，从弟子百余人，然无所进，剸言诸故群盗壮士进之⓮。弟子皆

❶ 本篇选自《汉书》卷四十三。叔孙通一生通权达变，不拘细节，直承先秦齐学的传统遗风，汉王刘邦号之为稷嗣君是很恰当的。同时他用秦朝仪作汉朝仪，又对惠帝说"人主无过举"等，也表现出"尊君卑臣"的极权思想。

❷ 薛：秦汉县名，治今山东滕州南皇殿岗。

❸ 待诏博士：在博士官中为"待诏"。秦汉时，因德才技艺被征召至京师，拟任以官职而尚未被正式任命者称"待诏"，类似今之"候补"。

❹ 蕲、陈：皆秦汉县名，蕲治今安徽宿县南，陈治今河南淮阳。公：指公意，犹言舆论。

❺ 人臣无将，将则反：意谓人臣不得有欲弑其君之意，有即谋反。将，将欲弑其君亲的省略讳称。语出《公羊传》庄公二十三年："君亲无将，将而诛焉。"同书昭公元年亦用此语，唯"诛"上有"必"字。按：本篇载诸生引此讳语，触及弑君之事，故秦二世怒形于色。又，"将则反"之"则"字，义同"即"，《史记·叔孙通传》作"即"。

❻ 铄（shuò）：熔化销毁。

❼ 视：通"示"。

❽ 按：案问，审查。下吏：交狱吏处理。

❾ 袭：量词，一套。

❿ 楚：指陈胜起义军建立的张楚政权。

⓫ 败定陶：指项梁在定陶（今山东定陶西北）被秦将章邯击杀事。怀王：指楚怀王熊心。

⓬ 五诸侯：诸说不一。《高帝纪》颜师古注以为指常山、河南、韩、魏、殷，当是。

⓭ 儒服：一种长儒衣，蔽至膝，自春秋战国以降即为儒者的习惯性服饰。

⓮ 剸：同"专"。

曰："事先生数年，幸得从降汉，今不进臣等，剸言大猾，何也?"通乃谓曰："汉王方蒙矢石争天下，诸生宁能斗乎？故先言斩将搴旗之士。诸生且待我，我不忘矣。"汉王拜通为博士，号稷嗣君❶。

汉王已并天下，诸侯共尊为皇帝于定陶，通就其仪号❷。高帝悉去秦仪，法为简易。群臣饮，争功，醉或妄呼，拔剑击柱，上患之。通知上益餍之❸，说上曰："夫儒者难与进取，可与守成，臣愿征鲁诸生，与臣弟子共起朝仪。"高帝曰："得无难乎?"通曰："五帝异乐，三王不同礼。礼者，因进世人情为之节文者也。故夏、殷、周礼所因损益可知者，谓不相复也。臣愿颇采古礼与秦仪杂就之。"上曰："可试为之，令易知，度吾所能行为之。"于是通使❹，征鲁诸生三十余人。鲁有两生不肯行，曰："公所事者且十主，皆面谀亲贵。今天下初定，死者未葬，伤者未起，又欲起礼乐。礼乐所由起，百年积德而后可兴也。吾不忍为公所为。公所为不合古，吾不行。公往矣，毋污我!"通笑曰："若真鄙儒，不知时变。"遂与所征三十人西。及上左右为学者❺，与其弟子百余人，为绵蕞野外习之❻。月余，通曰："上可试观。"上使行礼，曰："吾能为此。"乃令群臣习肄，会十月❼。

汉七年，长乐宫成，诸侯群臣朝十月。仪：先平明❽，谒者治礼❾，引以次入殿门。廷中陈车骑戍卒，卫官设兵张旗誌❿。传曰"趋"，殿下郎中侠陛⓫，陛数百人。功臣、列侯、诸将军、军吏以次陈西方，东乡⓬；文官丞相

❶ 稷嗣君：意为嗣承先秦齐国稷下学风的学者。
❷ 就其仪号：指拟定了刘邦称帝的仪式和尊号。
❸ 餍：通"厌"，厌恶。
❹ 使：为使者。
❺ 上左右为学者：皇帝近臣中有学术者。
❻ 绵蕞（jué）：此指束草为标志，使绵延相连以表明尊卑位次。蕞，通"蕝"。古代朝会时束茅以滤酒，称"茅蕝"。
❼ 会十月：在十月举行朝会。汉初尚承秦制，以十月为岁首，故朝会在十月。
❽ 先平明：天亮之前。
❾ 谒者治礼：指职掌宾赞受事的谒者安排礼仪。
❿ 卫官：指统辖宫廷卫士的卫尉。《史记·叔孙通传》作"卫官"。旗誌：同"旗帜"。
⓫ 侠陛：同"夹陛"，即分列殿阶左右。
⓬ 乡：同"向"。

以下陈东方，西向。大行设九宾胪句传❶。于是皇帝辇出房❷，百官执戟传警❸，引诸侯王以下至吏六百石以次奉贺。自诸侯王以下，莫不振恐肃敬。至礼毕，尽伏❹，置法酒❺。诸侍坐殿上皆伏抑首❻，以尊卑次起上寿❼。觞九行❽，谒者言“罢酒”。御史执法，举不如仪者辄引去。竟朝置酒❾，无敢讙哗失礼者❿。于是高帝曰：“吾乃今日知为皇帝之贵也。”拜通为奉常，赐金五百斤。

通因进曰：“诸弟子儒生随臣久矣，与共为仪，愿陛下官之。”高帝悉以为郎。通出，皆以五百斤金赐诸生。诸生乃喜曰：“叔孙生圣人，知当世务。”

九年，高帝徙通为太子太傅。十二年，高祖欲以赵王如意易太子⓫，通谏曰：“昔者晋献公以骊姬故，废太子，立奚齐，晋国乱者数十年，为天下笑⓬。秦以不早定扶苏，胡亥诈立，自使灭祀，此陛下所亲见。今太子仁孝，天下皆闻之；吕后与陛下攻苦食啖⓭，其可背哉！陛下必欲废適而立少⓮，臣愿先伏诛，以颈血污地。”高帝曰：“公罢矣，吾特戏耳。”通曰：“太子天下本，本一摇，天下震动，奈何以天下戏！”高帝曰：“吾听公。”及上置酒，见留侯所招客从太子入见，上遂无易太子志矣⓯。

---

❶ 此句意为：大行令安排赞礼的傧相九人，负责传达礼仪指令。宾，同“傧”，指傧相。胪句传，亦称“胪传”，依次传告之称。一说上传语告下为胪，下传语告上为句；一说“句”字为衍文。

❷ 辇：本指人拉的车，秦汉以后多用以专指皇帝乘坐的车。

❸ 百官执戟传警：指百官由郎中唱声传号而戒备肃静。执戟，郎中的别称；亦称“执矛”“执职”。

❹ 伏：身体前倾。

❺ 法酒：朝廷举行大礼时的宴饮。

❻ 抑首：低头。

❼ 上寿：敬酒。

❽ 觞九行：行酒九巡。

❾ 竟朝：至朝会结束。

❿ 讙哗：喧哗。

⓫ 赵王如意：汉高祖子，戚夫人所生。高祖九年封赵王，十二岁被吕后毒死。太子：即汉惠帝，吕后所生。

⓬ 春秋时，晋献公宠爱骊姬，听骊姬谗言而废太子申生，复立骊姬之子奚齐为太子。由此导致内乱，申生自杀，公子重耳及夷吾出亡，时在公元前656年。至公元前636年，重耳返国即位，是为晋文公，晋国复趋盛。

⓭ 攻苦食啖：意谓服侍辛苦而食不甘味。攻，通“供”，指服侍。苦，形容词作动词。

⓮ 適：通“嫡”。

⓯ 吕后用留侯张良之计，召“四皓”为太子辅翼，高祖遂罢易太子之心。事见《张良传》。

高帝崩，孝惠即位，乃谓通曰："先帝园陵寝庙❶，群臣莫习。"徙通为奉常，定宗庙仪法。及稍定汉诸仪法❷，皆通所论著也。惠帝为东朝长乐宫，及间往❸，数跸烦民❹，作复道❺。方筑武库南，通奏事，因请间曰：❻"陛下何自筑复道高帝寝❼？衣冠月出游高庙❽，子孙奈何乘宗庙道上行哉！"惠帝惧，曰："急坏之。"通曰："人主无过举。今已作，百姓皆知之矣。愿陛下为原庙渭北❾，衣冠月出游之，益广宗庙，大孝之本。"上乃诏有司立原庙。

惠帝常出游离宫，通曰："古者有春尝果❿。方今樱桃熟，可献，愿陛下出，因取樱桃献宗庙。"上乃许之。诸果献由此兴。

司马迁报任安书⓫

少卿足下⓬：曩者辱赐书，教以慎于接物、推贤进士为务，意气勤勤恳

---

❶ 园陵寝庙：陵墓和宗庙。古代帝王的宗庙由两部分组成，前曰庙，后曰寝，庙供祀神主，寝放置衣冠。此处实指园陵寝庙的祭祀礼仪。

❷ 稍：逐渐。

❸ 东朝长乐宫：指朝见吕太后于长乐宫。间往：平日偶或前往探视。

❹ 数跸烦民：因屡次警跸而造成居民行动不便。数（shuò），屡次。跸，皇帝经过之处禁止行人往来。

❺ 复道：架于空中的通道。

❻ 请间：趁机。

❼ 筑复道高帝寝：据下文，此实指复道从高祖之庙与寝之间的道路上方通过。当接近于寝。

❽ 衣冠月出游高庙：此指"游衣冠"之仪。汉制，祖宗衣冠各藏其寝，每月具威仪出游于庙，然后再归藏于寝。

❾ 原庙：正庙之外别立的庙。"原"为"再"之义。其庙在今陕西咸阳东北白庙村东长陵旁。

❿ 尝：以新鲜谷物或果品献祭之称。

⓫ 本篇选自《汉书》卷六十二《司马迁传》，标题为历来选篇者所定（或称《报任少卿书》）。任安，字少卿，荥阳（今河南荥阳东北）人。初为大将军卫青舍人，后被举荐为郎中，迁益州刺史，与司马迁友善。他在益州刺史任上，曾给当时任中书令的司马迁写信，劝司马迁效法古贤臣，以推贤进士为务。不久任安得罪入狱，司马迁因复此信，痛述自己所遭受的奇耻大辱，并引古论今，指斥当时，连带表出自己忍辱含垢，发愤著书的曲折心迹。后任安遇赦出狱，复为太子太傅、北军使者护军，至武帝征和二年（公元前 91 年），因"巫蛊之祸"受牵连而被杀。司马迁的散作文字传世极少，唯此书沉郁悲壮，感人肺腑，遂成千古名篇。

⓬ 少卿足下：书信开头称呼。因是友人书信，故称对方之字，且加常用敬词"足下"。《昭明文选》录此文，于此四字前尚有"太史公牛马走司马迁再拜言"12 字。为古人书信格式用语，兼表自谦，《汉书》本传未录。

恳❶，若望仆不相师用，而流俗人之言❷。仆非敢如是也，虽罢驽❸，亦尝侧闻长者遗风矣❹。顾自以为身残处秽❺，动而见尤❻，欲益反损❼，是以抑郁而无谁语❽。谚曰："谁为为之？孰令听之！"❾盖钟子期死，伯牙终身不复鼓琴❿。何则？士为知己用，女为说己容⓫。若仆，大质已亏缺矣⓬，虽才怀随和⓭，行若由夷⓮，终不可以为荣，适足以发笑而自点耳⓯。书辞宜答，会东从上来⓰，又迫贱事⓱，相见日浅⓲，卒卒无须臾之间得竭指意⓳。今少卿抱不测之罪⓴，涉旬月，迫季冬㉑，仆又薄从上上雍㉒，恐卒然不可讳㉓，是仆

---

❶ 意气勤勤恳恳：心意和态度殷勤恳切。有反复叮咛之意。

❷ 二句意为：好像抱怨我不听从您的话，把您的话当成凡夫俗子的言论了。望，抱怨。师用，遵从。而，假设连词，用法同"犹""如"。

❸ 罢驽：犹今言无能、驽钝。罢，同"疲"。驽，劣马。

❹ 侧闻：自谦之词。侧，侧陋，犹言孤陋寡闻，用于"闻"字前作谦词词头。

❺ 顾：念，只是，表轻微转折。身残处秽：意指因受腐刑而身残有秽名。

❻ 动而见尤：动辄得罪。犹言被人看不起。

❼ 欲益反损：意谓欲有为反而受挫折。

❽ 无谁语：不曾对谁说什么。谁语，"语谁"之倒装。

❾ 谚语犹言："为谁为之？令谁听之！""谁为""孰令"皆倒装语，"为之""听之"皆指倾诉苦衷而言。叹无知己！

❿ 钟子期、伯牙：皆春秋时楚国人。相传伯牙鼓琴，子期听之，知伯牙志在高山、志在流水。及子期死，伯牙失知音，遂绝弦破琴，终身不复鼓。鼓，犹今言弹。

⓫ 说：通"悦"。容：打扮。

⓬ 大质：指身体。

⓭ 随和：指传说的随侯之珠、和氏之璧。此以宝物喻高才。

⓮ 由夷：指古史上的高洁之士许由和伯夷。此以古贤例高行。

⓯ 自点：自污、自辱。《说文》："点，小黑也。"《广雅·释诂》："点，污也。"《文选·报任少卿书》注："点，辱也。"字又作"蒧"，与"玷"字通。

⓰ 会东从上来：正逢刚随从皇帝东行归来。

⓱ 迫贱事：忙于烦琐的事务。贱事，对自己所从事的贬称。

⓲ 相见日浅：指看来信的时间很少。见信如见人，故言"相见"；匆匆粗读犹如见面不能深谈，故言"日浅"。浅，短也。

⓳ 卒卒（cù）：匆迫貌。句意谓竟抽不出一点闲暇得以详尽领会来信的旨意。

⓴ 不测之罪：结局难料的罪名。

㉑ 涉旬月，迫季冬：再过一个多月，就到了冬末。迫，接近。冬季，隐指朝廷处决囚犯的日期。汉律规定十二月处死囚。

㉒ 薄从上上雍：近日又要随从皇帝到雍城去上祭。薄，接近。雍，即雍城，在今陕西凤翔南。

㉓ 卒然：即"猝然"。不可讳："死"的讳称，指万一任安被处死。

终已不得舒愤懑以晓左右❶，则长逝者魂魄私恨无穷❷。请略陈固陋。阙然久不报❸，幸勿过。

仆闻之："修身者，智之府也；爱施者，仁之端也；取予者，义之符也；耻辱者，勇之决也；立名者，行之极也。"❹ 士有此五者，然后可以托于世，列于君子之林矣。故祸莫憯于欲利❺，悲莫痛于伤心，行莫丑于辱先❻，诟莫大于宫刑❼。刑余之人，无所比数，非一世也，所从来远矣。❽ 昔卫灵公与雍渠同载，孔子适陈❾；商鞅因景监见，赵良寒心❿；同子参乘，爰丝变色⓫：自古而耻之！夫中材之人，事关于宦竖，莫不伤气，况慷慨之士乎！如今朝廷虽乏人，奈何令刀锯之余荐天下豪俊哉⓬！

仆赖先人绪业，得待罪辇毂下⓭，二十余年矣。所以自惟⓮：上之，不能纳忠效信，有奇策才力之誉自结明主；次之，又不能拾遗补阙，招贤进能，显岩穴之士⓯；外之，不能备行伍，攻城野战，有斩将搴旗之功；下之，不能累

---

❶ 晓左右：使您知道。左右，指任安。古人表谦敬，往往不直接称呼对方。而以对方左右之人代替。

❷ 长逝者：死者，指任安。私恨无穷：指遗憾无终期。倘魂魄有灵，亦当存此憾。实反衬作者本人遗憾。

❸ 阙然：指其事当做而一直未做。阙，缺。

❹ 引文意为：修身养性是明智的积库，爱人施善是成仁的发端，可取而予是立义的凭据，知耻不辱是勇者的先决，立身扬名是处世的终点。

❺ 憯：同"惨"，痛。《古文观止·报任安书》注："须利赎罪，而家贫，最憯也。"

❻ 辱先：辱没祖先。

❼ 诟：耻辱。宫刑：亦称腐刑，古时阉割男性外生殖器或破坏女性生殖机能的酷刑。

❽ 此全句是说：受宫刑之人，无法和常人相比，其被轻视非一世之俗，来历已很久远了。刑余之人，此特指宦者。比数，比较列举。

❾ "昔卫灵公"句：相传孔子在卫时，卫灵公携夫人南子同车出游，让宦官雍渠陪乘，而让孔子坐在后面的车子上。孔子感到羞耻，遂去卫而适陈。

❿ "商鞅"句：商鞅西行入秦，由嬖人景监引荐而见秦孝公，贤者赵良以为大不光彩，为之寒心。

⓫ "同子"句：汉文帝出行，由宦官赵同陪乘，郎中爰盎认为不成体统，为之变脸，伏车前谏阻。赵同，即赵谈，司马迁避父讳称其名为同。爰丝，即爰盎，亦作袁盎，丝是其字。

⓬ 刀锯之余：义同刑余之人。此句答任安书中"推贤进士"之语，自谓亏身辱先，不足以荐士。

⓭ 待罪辇毂下：指供职京师。待罪，谦词。辇毂下，皇帝车驾之下，代指京师。

⓮ 惟：思忖。

⓯ 岩穴之士：隐士。

日积劳，取尊官厚禄，以为宗族交游光宠。四者无一遂❶，苟合取容、无所短长之效可见于此矣❷。乡者仆亦尝厕下大夫之列❸，陪外廷末议❹；不以此时引维纲，尽思虑❺，今已亏形，为扫除之隶，在阘茸之中❻，乃欲卬首信眉❼，论列是非，不亦轻朝廷，羞当世之士邪？嗟乎，嗟乎！如仆，尚何言哉！

且事本末未易明也。仆少负不羁之才❽，长无乡曲之誉，主上幸以先人之故，使得奉薄技，出入周卫之中❾。仆以为戴盆何以望天？故绝宾客之知，忘室家之业，日夜思竭其不肖之才力，以求亲媚于主上，而事乃有大谬不然者！夫仆与李陵，俱居门下❿，素非相善也。趣舍异路⓫，未尝衔杯酒接殷勤之欢。然仆观其为人，自奇士，事亲孝，与士信，临财廉，取予义，分别有让⓬，恭俭下人，常思奋不顾身，以徇国家之急⓭。其素所畜积也⓮，仆以为有国士之风。夫人臣出万死不顾一生之计，赴公家之难，斯已奇矣。今举事壹不当。而全躯保妻子之臣随而媒孽其短⓯，仆诚私心痛之！且李陵提步卒不满五千，深践戎马之地，足历王庭⓰，垂饵虎口，横挑强胡，卬亿万之师⓱，与

❶ 遂：成。

❷ 无所短长：遇事不说短、不说长。犹言无所事事。效：验证。此句亦就任安书中责以有为之义言之。

❸ 乡者：同“向者”，以往。厕：置身于。下大夫：居于下位的大夫。秦汉时秩六百石至千石的官吏约当先秦的下大夫。司马迁曾为太史令，秩六百石。

❹ 陪外廷末议：参与朝堂议事，陪位在群臣之末。与上句同为自谦之语。外廷，即外朝，与皇帝设在宫中的内朝对称。

❺ 引维纲，尽思虑：意谓据纲常法纪，尽心于朝政。

❻ 阘茸（tà róng）：卑贱。

❼ 卬：同“昂”。信：同“伸”。

❽ 少负不羁之才：少年时欠缺高远不羁的才质。羁，约束。

❾ 出入周卫之中：指司马迁初仕为郎。周卫，宿卫。郎中属宿卫侍从官。

❿ 门下：皇帝侍从官的俗称。因领受尚书事诸曹在宫门内，故称。汉时官员属吏亦多冠以“门下”之名。

⓫ 趣舍异路：志向不同。趣，同“趋”。李陵习武，司马迁尚文，故不同路。

⓬ 分别有让：知尊卑长幼、进退揖让之礼。

⓭ 徇：从。

⓮ 畜积：指道德修养的积累。畜，同“蓄”。

⓯ 媒孽：媒，酒母；孽，通“糵”，酒麹。二字连用，引申为滋事哄传，诬陷构害。

⓰ 王庭：指匈奴单于王庭。

⓱ 卬：同“迎”。

单于连战十余日，所杀过当❶。虏救死扶伤不给❷，旃裘之君长咸震怖❸，乃悉征左右贤王，举引弓之民，一国共攻而围之。转斗千里，矢尽道穷，救兵不至，士卒死伤如积。然陵一呼劳军，士无不起躬流涕，沬血饮泣❹，张空弮❺，冒白刃，北首争死敌❻。陵未没时，使有来报，汉公卿王侯皆奉觞上寿❼。后数日陵败，书闻，主上为之食不甘味，听朝不怡。大臣忧惧，不知所出❽。仆窃不自料其卑贱，见主上惨悽怛悼❾，诚欲效其款款之愚❿，以为：李陵素与士大夫绝甘分少⓫，能得人之死力，虽古名将不过也；身虽陷败彼，观其意，且欲得其当而报汉⓬；事已无可奈何，其所摧败，功亦足以暴于天下⓭。仆怀欲陈之，而未有路。适会召问，即以此指推言陵功，欲以广主上之意，塞睚眦之辞⓮。未能尽明，明主不深晓，以为仆沮贰师⓯，而为李陵游说，遂下于理⓰。拳拳之忠终不能自列⓱，因为诬上，卒从吏议⓲。家贫，财赂不足以自赎⓳，交游莫救，左右亲近不为壹言。身非木石，独与法吏为伍，深幽囹圄之中，谁可告愬者⓴！此正少卿所亲见，仆行事岂不然邪？李陵既生

❶ 所杀过当：杀敌之数超过部下兵数。
❷ 不给：无暇，来不及。
❸ 旃裘之君长：指匈奴各部落的酋长。旃，同“氈”。
❹ 沬（huì）血饮泣：满面血泪交下，流入口中如饮。沬，通“頮”，洗面。泣，泪。
❺ 弮（quán）：弓弦。
❻ 北首：北向。死敌：拼死与敌人决战。
❼ 上寿：祝酒。此指祝捷。
❽ 按：李陵，字少卿，名将李广孙。其率步卒五千击匈奴在汉武帝天汉二年（公元前99年），战败后降匈奴，匈奴单于以为右校王。在匈奴中二十余年，死于汉昭帝元平元年（公元前74年）。
❾ 惨悽怛（dá）悼：悲戚忧伤之貌。
❿ 款款：忠诚之貌。
⓫ 绝甘分少：指李陵爱抚将士，甘美之食不入口，财物缺少亦分享。
⓬ 得其当：待有适当机会。
⓭ 暴（pù）：显。
⓮ 睚眦之辞：出于琐碎积怨的构陷之词。
⓯ 沮：贬毁。贰师：指贰师将军李广利。天汉二年出兵击匈奴时，李广利为主将。
⓰ 下于理：下于大理治罪。大理，汉中央执法机构。
⓱ 拳拳：亦作“惓惓”，恳切之貌。自列：自陈，表白。
⓲ 因为诬上，卒从吏议：因此被定为欺骗皇上之罪，终于听从法吏判决（而施以官刑）。
⓳ 财赂：财货，钱财。赎：赎罪，用钱财解除刑罚。
⓴ 谁可告愬者：可向谁诉告！愬，同“诉”。

降，隤其家声❶，而仆又茸以蚕室❷，重为天下观笑。悲夫！悲夫！

事未易一二为俗人言也❸。仆之先人，非有剖符丹书之功❹，文史星历，近乎卜祝之间，固主上所戏弄，倡优畜之，流俗之所轻也❺。假令仆伏法受诛，若九牛亡一毛，与蝼蝗何异❻？而世又不与能死节者比❼，特以为智穷罪极；不能自免，卒就死耳。何也？素所自树立使然❽。人固有一死，死有重于泰山，或轻于鸿毛，用之所趋异也❾。太上不辱先❿，其次不辱身⓫，其次不辱理色⓬，其次不辱辞令⓭；其次诎体受辱⓮，其次易服受辱⓯，其次关木索、被箠楚受辱⓰，其次鬄毛发、婴金铁受辱⓱，其次毁肌肤、断支体受辱⓲；最下腐刑⓳，极矣。传曰："刑不上大夫。"此言士节不可不厉也⓴。猛虎处深

---

❶ 隤（tuí）：衰落，败坏。

❷ 茸以蚕室：受辱低贱到居于蚕室。茸，犹前文所称"在阘茸之中"。蚕室，受宫刑者愈伤之处。

❸ 一二：犹今言"一一"。

❹ 剖符丹书：古代帝王授予诸侯或功臣的特制竹符和铁券。皆用以书写誓言，表信用。竹符一分为二，双方各执其一；铁券用红漆填写，故称丹书。誓言内容均为优遇条件，受符券者子孙有罪可以赦免。

❺ 以上司马迁自述家世地位，以为：家世掌文书、史记、星象、历法，地位近似于占卜和祭祝之职，本来就是供人主戏弄的，和戏子乐工一样被豢养着，固为世俗所轻视。

❻ 蝗："蚁"的本字。

❼ 死节者：为节义而死者。

❽ 素所自树立使然：犹言向来自己的为人使如此。本为流俗所轻，而又欲树节尽忠，是以被指为"不能自免"。

❾ 用之所趋异也：因为各自走向死亡的途径不同。用，因为。之，用法同"其"。

❿ 太上不辱先：意谓人生一世，首先是要不使先人的名声因自己的过失而辱没。

⓫ 不辱身：不使自身因涉嫌犯法而受辱。

⓬ 不辱理色：不因被下于大理提起诉讼而受辱。理，大理。色，种类，指各种科罪。

⓭ 不辱辞令：不因被判决有罪而受辱。辞令，指司法机关的判决书。

⓮ 诎体受辱：因被捆绑拘押而受辱。诎，同"屈"。

⓯ 易服受辱：因被换上囚服而受辱。

⓰ 关木索、被箠楚受辱：因被戴上刑具、箠笞拷打而受辱。

⓱ 鬄毛发、婴金铁受辱：因被剃光头发，颈套铁圈而受辱。鬄，同"剃"。婴：缠绕。分指古时髡刑和钳刑。

⓲ 毁肌肤、断支体受辱：因受各种肉刑使身体损伤而受辱。如刺面、劓鼻、抽舌、割耳等则毁肌肤，斩手、砍脚、去掉膝盖骨等则断肢体。支，同"肢"。

⓳ 最下腐刑：最大的屈辱是受腐刑。按：此段言辱，每况愈下，皆后辱包括前辱，如辱身则并辱先等。至于腐刑而众辱皆包，"极矣"。是知人趋死之途固种种不一。

⓴ 厉：激励。这个意义亦写作"励"。

山，百兽震恐；及其在穽槛之中❶，摇尾而求食：积威约之渐也❷。故士有画地为牢，势不入；削木为吏，议不对：定计于鲜也❸。今交手足❹，受木索，暴肌肤，受榜箠❺，幽于圜墙之中❻，当此之时，见狱吏而头枪地❼，视徒隶则心惕息❽。何者？积威约之势也❾。及已至此，言不辱者，所谓强颜耳❿，何足贵乎！且西伯，伯也，拘牖里⓫；李斯，相也，具五刑⓬；淮阴，王也，受械于陈⓭；彭越、张敖，南乡称孤，系狱具罪⓮；绛侯诛诸吕，权倾五伯，囚于请室⓯；魏其，大将也，衣赭，关三木⓰；季布为朱家钳奴⓱；灌夫受辱

---

❶ 穽槛（jǐng jiàn）：陷阱和栅栏。

❷ 积威约之渐：犹言“威约之积渐”，意谓由威风之盛转为被束缚牢笼非一日造成。

❸ 此全句意为：注重风节之士，即使在地上划圈为牢狱，他也绝不进入；即使刻木人为狱吏，他也绝不面对：这是为了防微杜渐。势、议，皆言“必”。鲜（xiǎn），“鲜克有终”的缩语，犹言“渐”。

❹ 今：表假设。交手足：指手足被捆缚。

❺ 榜（péng）箠：亦作“榜棰”，指刑杖。

❻ 圜墙：监狱。《周礼》称为“圜土”。

❼ 头枪地：以头撞地。枪，同“抢”（qiāng）。

❽ 徒隶：指监狱的犯人。惕息：惊惧不敢喘息之貌。

❾ 积威约之势：由威福至窘迫的积势造成。

❿ 强（qiǎng）颜：勉强露出笑脸。

⓫ 西伯：周文王。商末周文王为西伯（西方诸侯），曾被殷纣王拘禁于牖里（亦作羑里，在今河南汤阴北）。

⓬ 李斯具五刑事，参见《史记·李斯列传》。

⓭ 淮阴：即淮阴侯韩信。信被告发谋反，刘邦假托南游，至陈（今河南淮阳）而捕之。

⓮ 彭越、张敖：皆汉初功臣，分封梁王、赵王，后均被告发谋反而逮捕下狱。南乡称孤：指王侯身份。古时王侯坐北面南朝见臣下，自称孤。乡：同“向”。

⓯ 绛侯：即汉初丞相周勃。勃与陈平定计诛诸吕，迎立文帝。后被人诬告谋反，下廷尉治罪。五伯：泛指诸侯王。请室：古称大臣待罪（请罪）之所。实为专门的囚室。

⓰ 魏其（jī）：即汉景帝时大将魏其侯窦婴。婴平定七国之乱有功，武帝初曾任丞相，被窦太后斥罢。后因上书救灌夫，被下狱处死。赭：指赭色囚衣。三木：指加于颈、手、足的刑具。

⓱ 季布：楚汉之际原为项羽部将，曾屡次围困刘邦。汉朝建立后逃匿，为避刘邦追捕，遂隐名卖身到大侠朱家手下为奴。后经朱家游说，得赦，文帝时官至河东太守，号为名将。钳奴：脖子上套铁圈的奴隶。

居室❶。此人皆身至王侯将相，声闻邻国，及罪至罔加❷，不能引决自财❸。在尘埃之中❹，古今一体，安在其不辱也！由此言之，勇怯，势也；强弱，形也❺。审矣❻，曷足怪乎！且人不能蚤自财绳墨之外❼，已稍陵夷至于鞭箠之间❽，乃欲引节❾，斯不亦远乎！古人所以重施刑于大夫者❿，殆为此也。

夫人情莫不贪生恶死，念亲戚⓫，顾妻子。至激于义理者不然，乃有不得已也。今仆不幸蚤失二亲，无兄弟之亲，独身孤立，少卿视仆于妻子何如哉⓬？且勇者不必死节，怯夫慕义，何处不勉焉！仆虽怯耎欲苟活⓭，亦颇识去就之分矣⓮，何至自湛溺累绁之辱哉⓯！且夫臧获婢妾⓰，犹能引决，况若仆之不得已乎？所以隐忍苟活，函粪土之中而不辞者⓱，恨私心有所不尽⓲，鄙没世而文采不表于后也。古者富贵而名摩灭，不可胜记，唯倜傥非常之人称焉⓳。盖西伯拘而演《周易》；仲尼厄而作《春秋》；屈原放逐，乃赋《离骚》；左丘失明，厥有《国语》；孙子膑脚，《兵法》修列；不韦迁蜀，世传《吕览》；

---

❶ 灌夫：汉景帝、武帝时将领。历任郎中将、代相、淮阳太守、太仆、燕相。性直而屡犯法，家族横行乡里。因得罪丞相田蚡，被诬下狱，族诛。居室：汉拘讯犯罪贵族之所。其事务归少府管理。

❷ 罔加：诬罔陷害所加。

❸ 引决自财：自杀。引决，亦作“引诀”，诀别人生之意。财，通“裁”。

❹ 尘埃：指囚室污秽之地。

❺ 形：指客观形势所造成。

❻ 审矣：这是明明白白的。

❼ 蚤：通“早”。绳墨：指法刑。

❽ 已稍陵夷：已经逐渐落到……

❾ 引节：为名节而自杀。

❿ 重：慎重对待。

⓫ 亲戚：指父母兄弟等，义同“宗亲”。

⓬ 句意谓自己并非只是顾念妻子儿女。

⓭ 耎：同“愞”；即“懦”字。《文选》作“懦”。

⓮ 去就之分：舍生取义的道理。

⓯ 湛（chén）溺：同“沉溺”，犹言深陷于。累绁：同“缧绁”（léi xiè）。拘缚罪人的绳索，引申为牢狱。

⓰ 臧获：古代对奴仆的鄙称。取意于逃亡窝藏可以抓获。本专用于指男仆，后亦用于兼指奴和婢。

⓱ 函：掩埋于。

⓲ 私心：犹言自己的志向抱负。

⓳ 倜傥非常之人：才气豪迈不拘，非同于凡常之人。

韩非囚秦，《说难》《孤愤》。《诗》三百篇，大氐贤圣发愤之所为作也❶。此人皆意有所郁结，不得通其道，故述往事，思来者❷。及如左丘无目，孙子断足，终不可用，退论书策以舒其愤，思垂空文以自见❸。仆窃不逊，近自托于无能之辞❹，网罗天下放失旧闻❺，考之行事，稽其成败兴坏之理❻。[上计轩辕，下至于兹，为十表、本纪十二、书八章、世家三十、列传七十]❼，凡百三十篇，亦欲以究天人之际，通古今之变，成一家之言。草创未就，适会此祸，惜其不成，是以就极刑而无愠色。仆诚已著此书，臧之名山❽，传之其人，通邑大都❾，则仆偿前辱之责❿，虽万被戮，岂有悔哉！然此可为智者道，难为俗人言也。

且负下未易居，上流多谤议⓫。仆以口语遇遭此祸，重为乡党戮笑⓬，污辱先人，亦何面目复上父母之丘墓乎？虽累百世，垢弥甚耳⓭！是以肠一日而九回，居则忽忽若有所亡⓮，出则不知所如往。每念斯耻，汗未尝不发背霑衣

---

❶ 按：以上概言古人发奋著书，以寄托作者之意，所说不尽合于史实。相传周文王曾推演前世《易书》的八卦为六十四卦，是为《周易》，“拘”指前述拘于牖里；孔子周游列国，屡遭困厄，乃返回鲁国而修《春秋》；屈原被放逐而作《离骚》，事最可据；左丘明为鲁国瞽史（盲人史官），旧说《国语》为他所编；孙膑被庞涓施以膑刑（去掉膝盖骨），后事齐而败魏，成为著名军事家，有《兵法》传世；然吕不韦组织门人著《吕览》（即《吕氏春秋》），在他被秦王政流放蜀地之前；韩非著《说难》《孤愤》等篇（实指《韩非子》一书；句中仅举篇名，无动词，乃承上句省“世传”二字），亦在他入秦被下狱毒死以前。《诗经》中有一些政治讽刺诗，大抵可以说是因出于对黑暗政治的激愤而作的。

❷ 述往事，思来者：撰述往古之事，以为将来人的借鉴。

❸ 空文：指于自身遭遇无补的文字。

❹ 近自托于无能之辞：近时自寄托于毫不能有所作为的文字著述。指著《史记》。

❺ 放失旧闻：散佚的历史记载。失，同“佚”。

❻ 稽：考察。

❼ 中括号内26字，《汉书》本传不载，今据《文选·报任少卿书》补入。

❽ 臧：同“藏”。

❾ 通邑大都：指交通发达的城邑和大都市。此句无动词，亦承上句省“传”字，如上文《说难》《孤愤》之文例。

❿ 责：同“债”。

⓫ 此二句是说：辇毂之下未易居处，供职上层多遭毁谤。负下，犹言“毂下”，人臣之于人主如牛马，故言“负下”。按：别本“上流”或作“下流”，故一说二句意为：负侮辱之名未易自处，品味低下多遭毁谤。

⓬ 乡党：乡亲。戮笑：羞辱耻笑。

⓭ 此二句是说：虽经百世，耻辱日甚一日。弥，更。

⓮ 忽忽：恍惚。

也。身直为闺阁之臣❶，宁得自引深臧于岩穴邪！故且从俗浮湛❷，与时俯仰，通其狂惑❸。今少卿乃教以推贤进士为务，无乃与仆之私指谬乎？今虽欲自雕瑑❹，曼辞以自解❺，无益于俗，不信，只取辱耳。要之死日然后是非乃定。书不能尽意，略陈固陋。谨再拜。

❶ 闺阁之臣：犹言供职后宫者，即宦官。

❷ 浮湛：同“浮沉”。

❸ 通其狂惑：疏通内心的矛盾和积愤。

❹ 雕瑑（zhuàn）：雕琢。谦称自我装饰、辩解。

❺ 曼辞：美词。仍谦指辩解之语。

后汉书❶

党锢列传序❷

孔子曰："性相近，习相远也。"言嗜恶之本同，而迁染之塗异也❸。夫刻意则行不肆，牵物则其志流❹。是以圣人导人理性，裁抑宕佚，慎其所与，节其所偏❺。虽情品万区，质文异数，至于陶物振俗，其道一也❻。

叔末浇讹，王道陵缺，而犹假仁以效己，凭义以济功❼。举中于理，则强

---

❶《后汉书》是纪传体东汉史，共120卷。其中帝纪10卷，列传80卷，南朝宋范晔撰；志30卷，晋司马彪撰。范晔（398—445年）字蔚宗，南朝宋顺阳（今河南淅川东）人。曾历任尚书吏部郎，宣城太守、左卫将军、太子詹事等官。元嘉二十二年，因孔熙先等谋迎彭城王刘义康一案牵涉，以谋反罪被杀。在范晔前，记载东汉历史的著作已有多种，但他认为都不能令人满意，乃在诸家东汉史的基础之上，删繁补略，从事著作。死时仅完成纪、传，原定十志尚未完成。南朝梁时，刘昭取司马彪《续汉书》的八志加以注释增补，附在范书后面，但纪传仍往往单独流行。直到北宋，才将范书与司马彪的八志重新校勘，合为今本。《后汉书》在体例方面，基本与《汉书》相同，但亦有所创新。如在"帝纪"后另立了"皇后纪"；"列传"中创立了"党锢""宦者""文苑""独行""方术""逸民""列女"七种类传。对于东汉学者有价值的论著，传中亦注重收录。《后汉书》问世后颇得学者好评，其他各家后汉史书除袁宏《后汉纪》外则逐渐散佚，故此书为研究东汉历史的重要资料。然书中无表，司马彪的八志虽称"翔实"，但无"食货""艺文"等志，则其不足。《后汉书》通行的注释，纪传部分有唐章怀太子李贤注，志有梁刘昭注。清惠栋撰《后汉书补注》；王先谦以惠书为基础，撰有《后汉书集解》。本书所用为中华书局1965年版《后汉书》。

❷ 本篇是《后汉书》卷六十七《党锢列传》的序言。东汉后期，君道粃秕，朝政昏浊，外戚与宦官迭起执权，士大夫集团中的正直人物奋起抗争，于是被指为朋党，大加诛戮和禁锢之祸。本列传具载党锢中人物，序言则提示其来龙去脉，从中不仅可以看到当时宦官政治的糜烂腐败和社会危机的加剧，而且可以明了汉末士大夫重名节之风崛然盛起的特殊历史背景和传统心理文化基础。

❸ 篇首所引孔子之语见《论语·阳货》。下二句是说：人的好恶本性原无差异，而随时随地习染变迁之途却不同。塗，同"途"。

❹ 此二句是说：约束自己的心意则行为不放肆，为物欲所牵制则其意志将流荡忘返而无所归。

❺ 导人理性：引导人们理智处事。裁抑宕佚：抑制放荡的行为。宕佚，同"荡逸"。慎其所与：谨慎其赞同或参与。节其所偏：节制其好恶偏向。

❻ 情品万区：性情种类千差万别。质文异数：质朴或文彩规律不一。陶物振俗：陶冶万物，振兴风俗。陶冶万物，犹言按万物生成发展的本来规律陶冶性情。道：途径。

❼ 以上是说：末世风俗浮薄伪诈，王道政治衰颓崩坏，而世人犹假借仁义以装扮自己，成其功名。叔末，犹言末世，特指春秋时期。

梁褫气；片言违正，则厮台解情❶。盖前哲之遗尘，有足求者❷。

霸德既衰，狙诈萌起，强者以决胜为雄，弱者以诈劣受屈❸。至有画半策而绾万金，开一说而锡琛瑞；或起徒步而仕执珪，解草衣而升卿相❹。士之饰巧驰辩，以要能钓利者，不期而景从矣❺。自是爱尚相夺，与时回变，其风不可留，其敝不能反❻。

及汉祖杖剑，武夫勃兴，宪令宽赊，文礼简阔❼。绪余四豪之烈，人怀陵上之心，轻死重气，怨惠必仇，令行私庭，权移匹庶，任侠之方，成其俗矣❽。自武帝以后，崇尚儒学，怀经协术，所在雾会，至有石渠分争之论，党同伐异之说，守文之徒，盛于时矣❾。至王莽专伪，终于篡国，忠义之流，耻见缨绋，遂乃荣华丘壑，甘足枯槁❿。虽中兴在运，汉德重开，而保身怀方，弥相慕袭，去就之节，重于时矣⓫。逮桓、灵之间，主荒政缪，国命委于阉

---

❶ 此二句是说：举动合于义理，则强横之人也会为之夺气；片言背离正义，则贱役奴仆也会因此离心。褫（chǐ），夺。厮台，古时有地位之人对服杂役者的贱称。

❷ 此句是说：可见前代贤哲的遗风，尚有足可追求者。

❸ 霸德既衰：指春秋五霸衰落之后。下述实指战国时风气。狙诈：诡诈。李贤注：“《广雅》曰：‘狙，弥猴也。’以其多诈，故比之也。”以诈劣受屈：因诈术拙劣而受屈辱。

❹ 以上极言战国策士仅靠贡献一点小小的策略或主张，就得到诸侯国主极厚的赏赐，或至由平民而骤升至高官。画，策划。绾，系。锡，同“赐”。琛瑞，珍宝。徒步、草衣（粗布衣），皆指平民身份。执珪，指高官身份。珪，玉质的圭板，古时朝臣参加朝会或祭祀礼仪则执之。

❺ 要（yāo）能：博取能名。景从：同“影从”。

❻ 爱尚相夺：犹言以私欲相争斗。回变：旋转变化。留：止。敝、反：同“弊”“返”。

❼ 汉祖杖剑：指刘邦起兵反秦。代指楚汉相争时期。杖，持。宪令宽赊，文礼简阔：指其时法令、礼仪皆宽缓、简疏。

❽ 绪余四豪之烈：续承战国四公子（齐孟尝、赵平原、魏信陵、楚春申）养世任侠之遗风。陵上：犹言犯上。仇：报。私庭：私门。任侠之方：仗义行侠的行为方式。

❾ 怀经协术：指知经典、通儒术之士。雾会：会集如雾聚云合。石渠分争：汉宣帝甘露三年（公元前51年），会集诸儒于朝廷收藏秘籍的石渠阁，讨论五经异同，评议其是非，宣帝亲临裁决，以为官方定论。党同伐异：此指学术流派的门户之争。守文之徒：以尊孔读经求仕进之人。自武帝置五经博士，官收弟子教学，定员50人，此后博士弟子每朝皆有增加，成帝时曾一度多至三千人。当时凡能通一经之人，都可免去赋役。

❿ 缨绋：帽带和印绳。代指官爵。荣华丘壑，甘足枯槁：以栖身山林岩壑为荣华，以饮食不给、骨瘦如柴为富足。并谓隐居而不愿出仕王莽新朝。

⓫ 中兴、重开：均指东汉政权的建立。保身怀方：但求身心自保，怀藏方略而不用。弥相慕袭：更互相企慕仿效。去就之节：不轻易出山为官的气节。去就，偏正词组，义偏在“去”，即辞官。

寺，士子羞与为伍❶。故匹夫抗愤，处士横议，遂乃激扬名声，互相题拂，品覈公卿，裁量执政，婞直之风，于斯行矣❷。夫上好则下必甚，桥枉故直必过，其理然矣。若范滂、张俭之徒，清心忌恶，终陷党议，不其然乎❸！

初，桓帝为蠡吾侯❹，受学于甘陵周福；及即帝位，擢福为尚书❺。时同郡河南尹房植有名当朝❻，乡人为之谣曰："天下规矩房伯武，因师获印周仲进。"二家宾客，互相讥揣❼，遂各树朋徒，渐成尤隙。由是甘陵有南北部，党人之议，自此始矣。

后汝南太守宗资任功曹范滂❽，南阳太守成瑨亦委功曹岑晊❾，二郡又为谣曰："汝南太守范孟博，南阳宗资主画诺❿；南阳太守岑公孝，弘农成瑨但

---

❶ 逮：及，到。主荒政缪：君主荒唐，朝政昏谬。国命：国家权柄。阉寺：宦官。士子：士大夫。

❷ 处士横议：无官之人毫无顾忌地批评议论。激扬名声：激发扬厉名士风声。题拂（bì）：标榜提携。题，出以赞词。拂，通"弼"，帮助，犹言提携。品覈：品评。覈，考核。裁量：亦品评之义。婞直：刚直。

❸ 清心忌恶：心地高洁，疾恶如仇。

❹ 蠡吾（lí yú）：汉县名，治今河北博野西南。汉桓帝即位前，曾承其父封为蠡吾侯。

❺ 周福：字仲进，甘陵（治今山东临清东北）人。其事迹仅见于此。

❻ 房植：字伯武，清河（治今河北清河东南）人。顺帝时为少府。桓帝初迁河南尹，后官至司空。按：周福故籍甘陵在清河以南，汉桓帝时改清河国为甘陵国，移治甘陵，故下文云周房二家之党为甘陵"南北部"。

❼ 讥揣：讥讽和揣测。

❽ 宗资：南阳（今属河南）人。桓帝初为汝南太守，后拜讨寇中郎将，曾镇压泰山农民起义军。范滂（137—169年）：字孟博，汝南徵羌（今河南偃城东南）人。少有操行，举孝廉。曾为清诏使、光禄勋主事、太尉府掾，自劾去职。宗资请为功曹史，在任抑制豪强，交结太学生，反对宦官专权。桓帝延熹末被捕，不久释放，汝南、南阳士大夫驱车迎之者达数千辆。灵帝建宁初再次入狱，被杀。

❾ 成瑨：字幼平，弘农（治今河南灵宝北）人。桓帝时为南阳太守，后坐滥杀无辜被下狱处死。岑晊：字公孝，南阳棘阳（今河南新野东北）人。初为太学生，有高才，与郭林宗等友善。后为南阳功曹史，严惩富贾张汎等，杀两百余人。旋因汎妻上诉，事被追究，乃逃亡于齐鲁间，太守成瑨被杀。后遇赦复出，不应三府征辟。及党锢之祸起，逃死于江夏山中。

❿ 画诺：画押批文书和点头应诺。

坐啸。”因此流言转入太学，诸生三万余人，郭林宗、贾伟节为其冠❶，并与李膺、陈蕃、王畅更相褒重❷。学中语曰：“天下模楷李元礼，不畏强御陈仲举，天下俊秀王叔茂。”又渤海公族进阶、扶风魏齐卿❸，并危言深论，不隐豪强，自公卿以下，莫不畏其贬议，屣履到门❹。

时河内张成善说风角❺，推占当赦，遂教子杀人。李膺为河南尹❻，督促收捕。既而逢宥获免，膺愈怀愤疾，竟案杀之。初，成以方伎交通宦官，帝亦颇谇其占❼。成弟子牢修因上书诬告膺等养太学游士，交结诸郡生徒，更相驱驰，共为部党，诽讪朝廷，疑乱风俗。于是天子震恐，班下郡国❽，逮捕党人，布告天下，使同忿疾，遂收执膺等。其辞所连及，陈寔之徒二百余人❾。或有逃遁不获，皆悬金购募，使者四出，相望于道。明年，尚书霍谞、城门校

---

❶ 郭林宗（129—169年）：即郭泰。（范晔避父讳只称其字，于林宗本传则用“太”字）。泰字林宗，太原界休（今山西介休东南）人。初为太学生领袖，后知祸将起，遂归乡里，闭门教书，弟子以千数。党锢之祸中竟得免。贾伟节：即贾彪。彪字伟节，颍川定陵（今河南舞阳北）人。少游京师，志节慷慨，为太学生领袖。出仕州郡，为新息长。及党锢之祸起，毅然西入洛阳，说窦武、霍谞为党人讼冤，使党人得赦。后被禁锢，卒于家。

❷ 李膺（110—169年）：字元礼，颍川襄城（今河南襄城）人。初为司徒掾，历迁青州刺史、渔阳太守、蜀郡太守、护乌桓校尉、度辽将军、河南尹等职。以惩治贪官著称，曾两次被免职，得士人崇敬。再徵司隶校尉，桓帝延熹末被宦官诬陷入狱，释放后被禁锢终身。灵帝即位后复为长乐少府，因与陈蕃等谋诛宦官事败，死于狱中。陈蕃（？—168年）：字仲举，汝南平舆（今河南平舆北）人。初举孝廉，除郎中，累迁至光禄勋，为势家所谮，免归。不久复出，桓帝延熹末官至太尉。反对宦官专权，为太学生所敬重。灵帝即位，为太傅，与外戚窦武等谋诛宦官，事败，格斗死。王畅（？—169年）：字叔茂，山阳高平（今山东微山西北）人。初辟茂才，累迁尚书令，又屡典州郡。灵帝初官至司空，数月免，卒于家。

❸ 公族进阶：渤海（治今河北南皮东北）人。姓公族，名（或字）进阶。生平未详。魏齐卿：扶风（治今陕西兴平东南）人。生平亦未详。或说即魏杰，字齐卿，曾为皮氏长。

❹ 屣履：穿鞋不提上鞋跟。形容走路急迫，趋之若鹜。

❺ 风角：古时观风以占吉凶的方术。

❻ 河南尹：《资治通鉴》作“司隶李膺”，当是。事在延熹末，时膺为司棣校尉。

❼ 谇（suì）：问。《资治通鉴》作“讯”。

❽ 班：同“颁”，颁布命令。

❾ 陈寔（104—187年）：字仲弓，颍川许（今河南许昌东）人。初仕州郡，历太丘长。及党锢祸起，自往请囚，遇赦出。性清静，晚年大将军何进、司徒袁隗欲擢之高位，皆不从。卒于家，海内赴丧者三万余人。

尉窦武并为表请❶，帝意稍解，乃皆赦归田里，禁锢终身，而党人之名犹书王府❷。

自是正直废放，邪枉炽结，海内希风之流遂共相摽搒❸，指天下名士为之称号。上曰“三君”，次曰“八俊”，次曰“八顾”，次曰“八及”，次曰“八厨”，犹古之“八元”“八凯”也❹。窦武、刘淑、陈蕃为“三君”❺，“君”者，言一世之所宗也。李膺、荀昱、杜密、王畅、刘祐、魏朗、赵典、朱寓为“八俊”❻，“俊”者，言人之英也。郭林宗、宗慈、巴肃、夏馥、范滂、尹勋、

---

❶ 霍谞（xū）：字叔智，魏郡邺（今河北临漳西南）人。历任金城太守、北海相、尚书仆射、河南尹、司隶校尉等职，以不畏权贵著称。卒于廷尉任上。窦武（？—168年）：字游平，扶风平陵（今陕西咸阳西北）人。桓帝窦皇后之父。早年为关西名士，桓帝末为城门校尉。桓帝死，迎立灵帝，为大将军，执朝政。与陈蕃等谋诛宦官，事泄自杀。

❷ 书王府：指记录在案。《资治通鉴》作“书名三府”。“三府”指太尉、司徒、司空府。

❸ 希风：指仰慕党人风节。摽搒：同“标榜”。

❹ 八元、八凯：相传上古颛顼有八才子曰八凯，帝喾有八才子曰八元。当都是所属部落的合称。

❺ 刘淑（？—168年）：字仲承，河间乐成（今河北献县东南）人。早年隐居教授，桓帝永兴中举贤良方正，对策为天下第一。官至侍中、虎贲中郎将，曾上疏请罢宦官。灵帝即位后，宦官诬其与窦武串通谋反，被下狱，自杀。

❻ 荀昱（？—169年）：“昱”亦作“翌”。字伯条，颍川颍阴（今河南许昌）人。曾任越巂太守、沛相。初遭党锢之祸下狱，出狱后助窦武等谋诛宦官，被杀。杜密（？—169年）：字周甫，颍川阳城（今河南登封东南）人。桓帝时历官尚书令、河南尹、太仆，党锢之祸中被免官，与李膺齐名，时称“李杜”。及窦武等谋诛宦官事败，被逼自杀。刘祐：字伯祖，中山安国（今河北安国东南）人。历任扬州刺史、河东太守等职，不畏豪强。延熹中拜尚书令，累转河南尹、宗正、大司农，得罪宦官，论输左校。遇赦出，复历三卿，辞归乡里。灵帝初复为河南尹。旋黜归，卒于家。魏朗：字少英，会稽上虞（今属浙江）人。官至尚书、河内太守。窦武等死后，以党人被急征，中途自杀。赵典：字仲经，蜀郡成都（今四川成都）人。桓帝时历官弘农太守、右扶风、大鸿胪、太仆、太常，因谏诤被免职。灵帝初为长乐少府、卫尉，病卒。朱寓（？—170年）：沛（治今安徽濉溪西北）人。桓帝末为尚书，灵帝初迁司隶校尉。为宦官侯览所诬陷，死于狱中。

蔡衍、羊陟为"八顾"❶，"顾"者，言能以德行引人者也。张俭、岑晊、刘表、陈翔、孔昱、苑康、檀敷、翟超为"八及"❷，"及"者，言能导人追宗者

---

❶ 宗慈：字孝初，南阳安众（今河南镇平东南）人。桓帝时举孝廉，九辟公府，皆不就。后为修武令，旋弃官去。卒于家。巴肃：字恭祖，渤海高城（今河北盐山东南）人。曾任慎令、贝丘长，辞去。灵帝初为议郎，遭党锢之祸，被禁锢。后被害。夏馥：字子治，陈留圉（今河南杞县西南）人。性耿直，为豪姓所仇。党锢之祸起，以名声为宦官所惮，被诬为本郡党魁。逃避追捕，剪须变形亡入山中，为人佣作，党锢未解而卒。尹勋：字伯元，河南巩（今属河南）人。桓帝时累官尚书令，建谋诛外戚梁冀，封都乡侯。后为河南太守，曾上书请释党锢。徵拜将作大匠，转大司农。及窦武等谋诛宦官事败，被下狱，自杀。蔡衍：字孟喜，汝南项（今河南沈丘）人。历冀州刺史、议郎、符节令，因上表救南阳太守成瑨，被免官。灵帝初病卒。羊陟：字嗣祖，太山梁父（今山东新泰西）人。初辟太尉李固府，迁侍御史。因李固被杀，被禁锢多年。后复历冀州刺史、虎贲中郎将、城门校尉、尚书令等职，屡奏劾贪吏、宦官。灵帝初为河南尹，涉党事被免官禁锢，卒于家。

❷ 张俭（115—198年）：字元节，山阳高平（今山东微山西北）人。桓帝延熹末为东部督邮，因举劾宦官侯览，被通缉。逃亡途中，望门投宿，人多破家相容，因其留宿而被阖门抄斩者十余家。及党禁解，还乡里，从此不言时政。献帝建安初曾为廷尉，卒年八十四。刘表（142—208年）：字景升，与张俭同乡贯。少有名望。献帝时为荆州牧，割据自保，曹操攻取荆州前病卒。陈翔：字子麟，汝南邵陵（今湖南邵阳）人。性刚直，历任定襄太守、扬州刺史、御史中丞等职，屡参劾外戚、宦官。以党锢事系狱，无验，被开释，卒于家。孔昱：字元世，鲁国鲁（今山东曲阜）人。桓帝末遭禁锢，灵帝初拜议郎，補洛阳令，弃官去，卒于家。苑康：字仲真，渤海重合（今山东东陵西北）人。早年为太学生，后仕至太山太守，打击豪强，为宦官侯览所疾，被诬下狱，流放日南。后得羊陟等为之申诉，还本郡，卒于家。檀敷："敷"或作"敷"。字文有，山阳瑕丘（今山东兖州东北）人。少为诸生，后长期教授乡里，不受徵辟。灵帝初曾以议郎补蒙令，不久辞官。年八十卒于家。翟超（？—169年）：桓帝时为山阳太守，曾没收侯览财产。灵帝初被侯览诬为党人，死于狱中。

也。度尚、张邈、王考、刘儒、胡毋班、秦周、蕃向、王章为“八厨”❶，“厨”者，言能以财救人者也。

又张俭乡人朱並承望中常侍侯览意旨❷，上书告俭与同乡二十四人别相署号，共为部党，图危社稷：以俭及檀彬、褚凤、张肃、薛兰、冯禧、魏玄、徐乾为“八俊”，田林、张隐、刘表、薛郁、王访、刘祗、宣靖、公绪恭为“八顾”，朱楷、田槃、疎耽、薛敦、宋布、唐龙、嬴咨、宣褒为“八及”❸，刻石立墠❹，共为部党，而俭为之魁。灵帝诏刊章捕俭等❺，大长秋曹节因此讽有司奏捕前党❻，故司空虞放❼，太仆杜密、长乐少府李膺、司隶校尉朱寓、颍

---

❶ 度尚（117—166年）：字博平，山阳湖陆（今山东鱼台东南）人。早年为郡吏，后累历荆州刺史、贵阳太守、辽东太守等职，多镇压少数民族起事及农民起义。张邈（？—195年）：字孟卓，东平（今属山东）人。少有侠名，曾任陈留太守。董卓之乱后起兵，先后依附袁绍、曹操。后叛曹操，被曹操破杀。王考：字文祖，东平寿张（今山东东平西南）人。曾任冀州刺史。刘儒（？—168年）：字叔林，东郡阳平（今山东莘县）人。桓帝时为侍中，上书言事，言辞忠切，帝不能纳，出为任城相。旋拜议郎。灵帝初参与窦武谋诛宦官事，被下狱，自杀。胡毋班：字季友，泰山（治今山东泰安东南）人。灵帝时为侍御史。献帝初官至执金吾，因受董卓派遣，劝解关东反董卓之兵，被袁绍所杀。秦周：字平王，陈留平丘（今河南封丘东）人。曾为北海相。灵帝初被诬下狱，死于狱中。蕃向：字嘉景，鲁国（治今山东曲阜）人。灵帝初遭党锢之祸，死于狱中。王章：即王璋。字伯仪，东莱曲城（今山东莱州东北）人。曾任少府。

❷ 侯览（？—172年）：东汉宦官。山阳防东（今山东单县东北）人。桓帝时为中常侍，奸猾贪贼，受贿赂以巨万计，延熹中因参与诛外戚梁冀而封侯。坐其兄侯参贪残自杀而免官，不久又复官。灵帝初送母丧还家，大起坟茔，为督邮张俭所奏，遂怂恿朱并诬俭等为钩党，构成大狱。后代曹节为长乐太仆，熹平初为有司所奏，策收印绶，惧而自杀。

❸ 以上所称“八俊”“八顾”“八及”诸人，除张俭、刘表外，其余生平事迹皆仅见于本篇此载。

❹ 刻石立墠：意同后世所称刻碑立坛。墠（shàn），古代祭祀场所。为祭祀而清除平整的场地叫墠，中间堆土为高台建筑叫坛。此处实指结盟场所而言。

❺ 刊章：指删削朱并的奏章。不用其原文，而节略其主要内容下达，以便隐去上书者的姓名、身份等，使执行者不知谁所奏。

❻ 曹节（？—181年）：东汉宦官。字汉丰，南阳新野（今河南新野）人。初为小黄门，桓帝时为中常侍。及桓帝死，因迎立灵帝，使窦太后临朝，遂为大长秋（皇太后府总管）。后闻窦武、陈蕃等欲诛宦官，乃与朱瑀等矫诏发难，杀武、蕃等。官至尚书令，专横一时。

❼ 虞放（？—169年）：字子仲，陈留东昏（今河南兰考东北）人。桓帝时为尚书，以参与谋诛外戚梁冀封侯。后由太常升任司空，疾恶宦官，遂为所陷，与李膺等俱死于狱中。

川太守巴肃、沛相荀昱、河内太守魏朗、山阳太守翟超、任城相刘儒、太尉掾范滂等百余人皆死狱中，余或先殁不及，或亡命获免。自此诸为怨隙者因相陷害，睚眦之忿，滥入党中。又州郡承旨，或有未尝交关亦离祸毒❶，其死徙废禁者六七百人。

熹平五年❷，永昌太守曹鸾上书大讼党人❸，言甚方切。帝省奏，大怒，即诏司隶、益州槛车收鸾，送槐里狱掠杀之❹。于是又诏州郡更考党人门生故吏、父子兄弟，其在位者免官禁锢，爰及五属❺。

光和二年❻，上禄长和海上言："礼，从祖兄弟别居异财，恩义已轻，服属疏末❼。而今党人锢及五族，既乖典训之文，有谬经常之法。"帝览而悟之，党锢自从祖以下，皆得解释。

中平元年❽，黄巾贼起，中常侍吕强言于帝曰❾："党锢久积，人情多怨。若久不赦宥，轻与张角合谋，为变滋大，悔之无救。"帝惧其言，乃大赦党人，诛徙之家皆归故郡。其后黄巾遂盛，朝野崩离，纲纪文章荡然矣。

凡党事，始自甘陵、汝南，成于李膺、张俭。海内涂炭二十余年，诸所蔓衍，皆天下善士。三君、八俊等三十五人，其名迹存者，并载乎篇。陈蕃、窦武、王畅、刘表、度尚、郭林宗别有传，荀昱附祖《淑传》，张邈附《吕布传》，胡毋班附《袁绍传》。王考，字文祖，东平寿张人，冀州刺史；秦周，字平王，陈留平丘人，北海相；蕃向，字嘉景，鲁国人；郎中；王璋，字伯仪，东莱曲城人，少府卿：位行并不显。翟超，山阳太守，事在《陈蕃传》，字及郡县未详。朱寓，沛人，与杜密等俱死狱中。唯赵典，名见而已。

---

❶ 交关：交往。离：通"罹"，遭受。

❷ 熹平五年：即公元 176 年。熹平，汉灵帝年号。

❸ 永昌：汉郡名，治不韦（今云南保山东北）。明帝时初置益州西部都尉，不久改为郡。曹鸾事迹仅见于此。讼：申冤。

❹ 槐里狱：秦汉监狱名。槐里，汉县名，治所在今陕西兴平东南。东汉为右扶风治所，其狱则由司隶管辖。

❺ 爰及五属：于是更及于五服以内的亲属。

❻ 光和二年：即公元 179 年。光和，亦灵帝年号。

❼ 服属疏末：指同一个曾祖的兄弟之间，按族属关系已是较疏远的五服之末。疎，同"疏"。

❽ 中平元年：即公元 184 年。中平，亦灵帝年号。

❾ 吕强（？—184 年）：东汉宦官。字汉盛，河南成皋（今河南荥阳西北）人。灵帝时为中常侍，清忠奉公，曾坚辞都乡侯爵。因建议解党锢之禁，并核查刺史、二千石吏才能，威胁到诸常侍利益，中常侍赵忠等遂诬其与党人共诽谤朝政。灵帝遣兵召之，他决计不对狱吏，乃自杀。

范滂传❶

范滂字孟博，汝南征羌人也❷。少厉清节❸，为州里所服，举孝廉、光禄四行❹。时冀州饥荒，盗贼群起，乃以滂为清诏使，案察之❺。滂登车揽辔，慨然有澄清天下之志。及至州境，守令自知臧汙❻，望风解印绶去❼。其所举奏，莫不厌塞众议❽。迁光禄勋主事❾。时陈蕃为光禄勋❿，滂执公仪诣蕃，蕃不止之，滂怀恨，投版弃官而去⓫。郭林宗闻而让蕃曰⓬："若范孟博者，岂宜以公礼格之⓭？今成其去就之名，得无自取不优之议也⓮？"蕃乃谢焉。

---

❶ 本篇选自《后汉书》卷六十七《党锢列传》。东汉后期桓帝、灵帝时，宦官专权，政治黑暗。部分封建士大夫对此强烈不满，他们猛烈抨击宦官集团。因此引起宦官的仇视，两兴"党锢之祸"，打击和陷害重视"气节"的士大夫，成为东汉后期的重大历史事件。范晔为此在《后汉书》中专门设立了《党锢列传》，对21个"党人"的事迹作了介绍。范滂即其中之一。篇中不仅反映了"党人"的气节，也表现出作者对范滂的赞许和同情。

❷ 汝南：汉郡名，东汉时治所在平舆（今河南平舆北）。征羌：汝南属县，在今河南漯河东。

❸ 厉：通"励"，勤勉。清节：指不慕名利、洁身自好的节操。

❹ 孝廉：汉代选拔官吏的科目之一。光禄四行：光禄勋以四种品行标准选拔人才，即敦厚、质朴、逊让、节俭。

❺ 冀州：辖境相当今河北中南部、山东西端及河南北端，东汉时治所在高邑（今河北柏乡北）。清诏使：皇帝派往州郡宣达诏令、按察事件的使者。

❻ 守令：冀州之郡守、县令。臧汙：即藏污。臧通"藏"；汙为"污"之异体。

❼ 望风：犹言"闻风"。解印绶：丢弃官职。

❽ 厌（yā）塞：压倒，堵塞。

❾ 光禄勋：官名，九卿之一。掌领宿卫侍从之官，光禄勋主事为光禄勋属官。

❿ 陈蕃（？—168年）：字仲举，汝南平舆人。桓帝时，任太尉，与李膺等反对宦官专权，为太学生所敬重。灵帝立，任太傅，与外戚窦武谋诛宦官，事泄，被杀。

⓫ 公仪：指属下官吏见上司的礼节。版：手版，笏，古时大臣上朝或属下参见上官时用以记事。按当时属下以公仪见上官时，上官当加以制止，以示客气。蕃不止，故范滂怀恨，扔掉手版弃官而去。

⓬ 郭林宗：郭泰（128—169年）之字。泰，太原介休（今山西介休）人。为当时太学生首领，不就官府征召，有名于世。后归乡里。"党锢之祸"起，遂闭门教授，弟子达数千人。按《后汉书》作者范晔之父名"泰"，故避父讳只称郭泰之字。让：责备。

⓭ 格：正。

⓮ 不优之议：不能礼贤下士的议论。优，优礼。

复为太尉黄琼所辟❶。后诏三府掾属举谣言❷，滂奏刺史、二千石权豪之党二十余人。尚书责滂所劾猥多❸，疑有私故。滂对曰："臣之所举，自非叨秽奸暴❹，深为民害，岂以汙简札哉❺！间以会日迫促❻，故先举所急，其未审者❼，方更参实。臣闻农夫去草，嘉谷必茂；忠臣除奸，王道以清。若臣言有贰，甘受显戮。"吏不能诘。滂睹时方艰，知意不行，因投劾去❽。

太守宗资先闻其名❾，请署功曹❿，委任政事。滂在职，严整疾恶。其有行违孝悌，不轨仁义者⓫，皆埽迹斥逐⓬，不与共朝。显荐异节⓭，抽拔幽陋⓮。滂外甥西平李颂⓯，公族子孙，而为乡曲所弃⓰，中常侍唐衡以颂请资⓱，资用为吏。滂以非其人，寝而不召⓲。资迁怒，捶书佐朱零⓳。零仰曰："范滂清裁⓴，犹以利刃齿腐朽㉑。今日宁受笞死，而滂不可违。"资乃

---

❶ 辟：征召。汉制，中央最高行政长官如三公，地方官如州牧、郡守，都可自行征聘僚属，称"辟"。

❷ 三府：太尉、司徒、司空的府署，合称三府。三府掾属，即三府的属吏。举谣言：谓搜集民间反映州郡官吏好坏和百姓疾苦的歌谣谚语，条奏皇帝。

❸ 劾：揭发。此指所揭发的人。猥多：众多。

❹ 叨（tāo）秽：贪赃邪恶。

❺ 简札：古无纸，书于竹简木札之上。此指揭发官吏罪行的文状。污简札即弄脏简札。

❻ 间：近来。

❼ 审：详明。

❽ 投劾：呈递弹劾自己的文书。

❾ 宗资：南阳安众（今河南镇平东南）人，字叔都。时任汝南太守。

❿ 署：代理、暂任或试充官职。功曹：汉代郡守下有功曹史，简称功曹。

⓫ 轨：遵循。

⓬ 埽迹：扫除足迹，示不与交往。埽，"扫"的本字。《说文解字·土部》："埽，弃也。从土从帚"，为会意字。

⓭ 显荐异节：表彰荐举节操不平常之人。

⓮ 抽拔幽陋：选拔隐居和地位卑贱之人。

⓯ 西平：县名。在今河南西平县西。

⓰ 乡曲：犹言乡里。

⓱ 中常侍唐衡：中常侍，官名。秦、西汉时，本为列侯至郎中的加官，侍从皇帝左右；东汉时，专用宦官充任，掌传达诏令和处理文书。唐衡，桓帝时宦官，初为小黄门，因与宦官单超、具瑗、徐璜、左悺合谋诛灭外戚梁冀，任中常侍，封汝阳侯。因专横，人称"唐两堕""唐独坐"。

⓲ 寝：止。

⓳ 捶：通"棰"，杖击。书佐：主办文书的佐吏。

⓴ 清裁：清正的决断。

㉑ 齿：刻。

止。郡中中人以下❶，莫不归怨，乃指滂之所用以为“范党”。

后牢修诬言鉤党❷，滂坐系黄门北寺狱❸。狱吏谓曰：“凡坐系皆祭皋陶❹。”滂曰：“皋陶贤者，古之直臣。知滂无罪，将理之于帝❺；如其有罪，祭之何益！”众人由此亦止。狱吏将加掠考❻。滂以同囚多婴病❼，乃请先就格❽，遂与同郡袁忠争受楚毒❾。桓帝使中常侍王甫以次辨诘❿，滂等皆三木囊头⓫，暴于阶下⓬。余人在前，或对或否，滂、忠于后越次而进。王甫诘曰：“君为人臣，不惟忠国，而共造部党，自相褒举，评论朝廷，虚搆无端⓭，诸所谋结，并欲何为？皆以情对⓮，不得隐饰。”滂对曰：“臣闻仲尼之言，‘见善如不及，见不善如探汤⓯。’欲使善善同其清，恶恶同其汙⓰，谓王政之所愿闻，不悟更以为党⓱。”甫曰：“卿更相拔举⓲，迭为唇齿，有不合者，见则排斥，其意如何？”滂乃慷慨仰天曰：“古之循善，自求多福；今之循善，身陷大戮⓳。身死之日，愿埋滂于首阳山侧，上不负皇天，下不愧夷、齐⓴。”

---

❶ 中人：谓品行一般之人。

❷ 牢修：宦官党羽张成的弟子。张成因纵子杀人，被李膺处死，故牢修诬告李膺等人结为部党，诽讪朝廷。鉤党：相牵引为党。鉤，“钩”之异体字。

❸ 坐系：受牵连获罪被关押。黄门北寺狱：当时由宦官掌管的监狱。

❹ 皋陶（gāo yáo）：传说中东夷族的领袖，曾任舜主管刑法的官，极其公正廉明。

❺ 理：申辩，帝：谓天。

❻ 掠考：拷打。考，通“拷”。

❼ 婴病：患病。婴，被……缠绕。

❽ 就格：接受拷打。格，击，打。《后汉书集解》引惠栋曰：“高诱《淮南子注》云：‘格，榜床也。’”恐非。

❾ 楚毒：指苦刑。

❿ 以次辨诘：逐个审理。

⓫ 三木：头、手、足皆加刑具。囊头：以物蒙覆其头。

⓬ 暴（pù）：同“曝”，晒。

⓭ 搆：“构”之异体字。无端：无从产生之事。

⓮ 情：实。

⓯ 见善句：出自《论语·季氏》。原文为“见善如不及，见不善如探汤。”意谓见到善如同追不上（要努力去追）；见到恶如同手摸开水（马上避开）。

⓰ 善善同其清：赞扬美善如同爱好清洁。恶恶同其汙：痛恨邪恶如同讨厌污浊。

⓱ 不悟：不明白。

⓲ 更相拔举：互相提拔举荐。

⓳ 大戮：死刑。

⓴ 首阳山：在洛阳东北。夷、齐：伯夷、叔齐，商末孤竹君之二子。父死，二人互让君位，皆逃至周。武王伐纣时，二人拦阻车马劝谏。武王灭商后，他们又逃避到首阳山，不食周粟而死。

甫愍然为之改容❶。乃得并解桎梏❷。

滂后事释，南归。始发京师，汝南、南阳士大夫迎之者数千两❸。同囚乡人殷陶、黄穆，亦免俱归，并卫侍于滂，应对宾客。滂顾谓陶等曰："今子相随，是重吾祸也。"遂遁还乡里。

初，滂等系狱，尚书霍谞理之。及得免，到京师，往候谞而不为谢❹。或有让滂者。对曰："昔叔向婴罪，祁奚救之，未闻羊舌有谢恩之辞，祁老有自伐之色❺。"竟无所言。

建宁二年❻，遂大诛党人，诏下急捕滂等。督邮吴导至县❼，抱诏书，闭传舍❽，伏床而泣。滂闻之，曰："必为我也。"即自诣狱。县令郭揖大惊，出解印绶，引与俱亡。曰："天下大矣，子何为在此？"滂曰："滂死则祸塞，何敢以罪累君，又令老母流离乎！"其母就与之诀。滂白母曰："仲博孝敬❾，足以供养，滂从龙舒君归黄泉❿，存亡各得其所。惟大人割不可忍之恩，勿增感戚。"母曰："汝今得与李、杜齐名⓫，死亦何恨！既有令名⓬，复求寿考⓭。可兼得乎？"滂跪受教，再拜而辞。顾谓其子曰："吾欲使汝为恶，则恶不可为；使汝为善，则我不为恶⓮。"行路闻之，莫不流涕。时年三十三。

---

❶ 愍：哀怜。改容：改变脸色。
❷ 桎梏：刑具，在足曰桎，在手曰梏。
❸ 两：同"辆"。
❹ 候：问候。
❺ 昔叔向四句：春秋时，晋叔向因其弟羊舌虎犯法被囚，祁奚闻之往救，叔向得免。祈奚不见叔向而归，叔向亦不道谢。事详见《左传》襄公二十一年。叔向：晋大夫羊舌肸之字。祁奚：晋大夫，字黄羊，当时已告老。自伐：自夸功劳。
❻ 建宁：汉灵帝年号。建宁二年当196年。
❼ 督邮：官名。汉代各郡的重要属吏，代表太守督察县乡，宣达教令，兼司狱讼捕亡等事。
❽ 传（zhuàn）舍：驿舍。
❾ 仲博：范滂弟。
❿ 龙舒君：范滂父。滂父显，曾任龙舒侯相，已亡。
⓫ 李、杜：指李膺、杜密。李膺，字元礼，颍川襄城（今属河南）人。桓帝时任司隶校尉，反对宦官专权，被太学生称为"天下楷模李元礼。"延熹九年（166年）被捕入狱。释放后禁锢终身。灵帝立，外戚窦武执政，又被起用为长乐少府，与陈蕃等谋诛宦官失败，死狱中。杜密，字周甫，颍川阳城（今河南登封东南）人。桓帝时，官至太仆，以党锢之祸免官。与李膺齐名，时称李杜。灵帝时，陈蕃辅政，他复为太仆，党锢事再起，自杀。
⓬ 令名：好名声。
⓭ 寿考：犹言高寿。
⓮ 我不为恶：意谓我不为恶而竟至此地步，不知让你如何是好。

论曰：李膺振拔汙险之中❶，蕴义生风❷，以鼓动流俗❸，激素行以耻威权❹，立廉尚以振贵执❺，使天下之士奋迅感槩❻，波荡而从之，幽深牢破室族而不顾，至于子伏其死而母欢其义。壮矣哉！子曰：“道之将废也与！命也❼！”

---

❶ 李膺句：《后汉书集解》引惠栋曰：“膺以弛刑徒再迁司隶校尉也。”据《李膺传》，膺任河南尹时，原北海郡守宛陵大姓羊元群罢归，赃罪狼藉。膺上表欲按其罪，元群行赂宦官，膺反坐罚送左校做苦工。司隶校尉应奉上疏为之申辩，乃免其刑。膺再迁司隶校尉。振拔：举擢。汙险：劳苦险恶，指苦工。

❷ 蕴义生风：蕴蓄道义，树立风气。

❸ 鼓动：激励。流俗：此指民风。

❹ 素行：平素的品行。

❺ 振：振慑。执：同“势”。

❻ 奋迅：高度振奋。感槩：感慨。槩，通“慨”。

❼ 子曰句：语出《论语·宪问》篇。此句意为：我的主张将要废弃吗，这是由命运决定的。

三国志❶

让县自明本志令❷

孤始举孝廉❸，年少❹，自以本非岩穴知名之士❺，恐为海内人之所见凡愚❻，欲为一郡守，好作政教，以建立名誉，使世人明知之；故在济南❼，始除残去秽❽，平心选举❾，违忤诸常侍。以为强豪所忿，恐致家祸，故以病还❿。

去官之后，年纪尚少⓫，顾视同岁中⓬，年有五十，未名为老。内自图

❶ 《三国志》，西晋陈寿撰。共65卷，其中《魏书》30卷、《蜀书》15卷、《吴书》20卷。为纪传体三国史，但仅有纪、传而无表、志。书中以魏为正统，对魏君称帝，叙入纪中；吴、蜀之君则称主，叙入传中。作者陈寿（233—297年），字承祚，巴西安汉（今四川南充）人。初仕于蜀，蜀亡后入晋为官。晋统一后，开始搜集魏、蜀、吴三国史料，历时十年，撰成此书。《三国志》取材严谨，文笔简洁，记事较真实，故书成之后，颇得时人好评。但书中叙事简略，对一些重要历史事件及人物事迹，语焉不详，甚至遗漏；对曹魏亦有所回护，乃其缺陷。由于《三国志》记事过于简略，南朝宋文帝命裴松之为作补注。裴注引书达二百余种，注文字数超过正文。除少数文字上的解释外，绝大部分为补充缺漏，备载异说，校正谬误，辨明是非，并对史家和著作予以评论。所引各书今多已亡佚，赖裴注部分得以保存。因此裴注对研究三国历史，与《三国志》具有同样重要价值。近人卢弼亦兼采各家研究成果，撰有《三国志集解》一书。本书选文据中华书局1982年版《三国志》。

❷ 本篇选自《三国志》卷一《武帝纪》裴松之注引《魏武故事》。曹操的这篇令文发布于汉献帝建安十五年（210年）十二月。曹操在令文中，借退还汉献帝封给他的三个县之机，概述了自己生平抱负的变化，可看作他五十五岁前的自传。

❸ 孤：古代侯王对自己的谦称。当时曹操任丞相，封武平侯，故称孤。

❹ 年少：曹操二十岁时被举为孝廉，故称年少。

❺ 岩穴知名之士：隐居不仕而又有名望的人。岩穴，山洞。此喻隐居。

❻ 恐为句：谓担心自己被世人看作平凡无知的人。

❼ 在济南：汉灵帝光和末年，曹操曾迁任济南相。济南，东汉的王国之一，治所在东平陵（今山东章丘西）。

❽ 除残去秽：清除残暴污秽。曹操任济南相时，曾奏免阿附贵戚、贪赃枉法的长吏八人，并禁止淫祀，故曰除残去秽。

❾ 平心选举：以公平之心选拔举荐人才。

❿ 以病还：以病为由，辞官还乡。

⓫ 年纪尚少：曹操辞官时约三十岁。

⓬ 同岁：同年被举为孝廉的人。

之，从此却去二十年❶，待天下清，乃与同岁中始举者等耳❷。故以四时归乡里❸，于谯东五十里筑精舍❹，欲秋夏读书，冬春射猎，求底下之地❺，欲以泥水自蔽❻，绝宾客往来之望，然不能得如意。后征为都尉❼，迁典军校尉❽，意遂更欲为国家讨贼立功，欲望封侯作征西将军，然后题墓道言“汉故征西将军曹侯之墓❾”，此其志也。

而遭值董卓之难，兴举义兵❿。是时合兵能多得耳，然常自损，不欲多之；所以然者，兵多意盛，与强敌争，倘更为祸始⓫。故汴水之战数千⓬，后还扬州更募，亦复不过三千人，此其本志有限也。后领兖州，破降黄巾三十万众⓭。又袁术僭号于九江⓮，下皆称臣，名门曰建号门，衣被皆为天子之制，两妇预争为皇后。志计已定，人有劝术遂即帝位，露布天下⓯，答言“曹公尚

---

❶ 却去：再过。

❷ 乃：才。始举者：指五十岁才举为孝廉者。

❸ 四时：卢弼《三国志集解》疑为“是时”之误。

❹ 谯：县名，在今安徽亳县。曹操的原籍。精舍：亦称精庐，讲学读书的房屋。

❺ 底下之地：指不引起注意的地方。

❻ 以泥水自蔽：指在乡村隐居。

❼ 都尉：掌管一郡军事之官。

❽ 典军校尉：汉灵帝时所建的“西园军”八校尉之一，是中央禁军的高级军官，位仅次于将军。曹操迁典军校尉在汉灵帝中平五年（188年），时三十四岁。

❾ 墓道：墓室前的甬道。此指墓道前的墓碑。

❿ 董卓之难：董卓（？—192年），字仲颖，陇西临洮（今甘肃岷县）人。本为凉州豪强，灵帝时任并州牧。灵帝死，外戚何进与袁绍谋诛宦官，召董卓进京。卓率军入洛阳后，废少帝，立献帝，专断朝政，引起各地军阀的反对。兴举义兵：曹操于中平六年（189年）十二月，在陈留已吾，散家财募兵三千，起兵反对董卓。

⓫ 倘更为祸始：或许会又成为祸难的开始。

⓬ 汴水之战数千：汉献帝初平元年（190年），曹操与董卓将徐荣战于荥阳汴水（今河南荥阳西南），操为流矢所伤，军队损失严重。时操军仅五千人。

⓭ 后领兖州：初平三年（192年），青州黄巾百万人攻入兖州。杀刺史刘岱，兖州官吏推举曹操权领兖州牧。这年冬，曹操领兵镇压了这支黄巾军，收编其余部三十多万，并选拔精锐组成“青州兵”。曹操势力由此强盛。

⓮ 袁术僭号于九江：袁术（？—199年）字公路，汝南汝阳（今河南商水西南）人。初为虎贲中郎将，董卓专权，他逃亡南阳，据有其地。后遭曹操和袁绍攻击，率余众割据扬州。建安二年（197年），在寿春称帝，后为曹操所破，病死。僭号，盗用天子名号。九江，郡名，治所在寿春（今安徽寿县）。

⓯ 露布：宣布。

在，未可也”。后孤讨禽其四将❶，获其人众，遂使术穷亡解沮❷，发病而死。及至袁绍据河北❸，兵势强盛，孤自度势，实不敌之；但计投死为国，以义灭身，足垂于后。幸而破绍❹，枭其二子❺。又刘表自以为宗室❻，包藏奸心，乍前乍卻❼，以观世事，据有当州❽，孤复定之❾，遂平天下。身为宰相，人臣之贵已极，意望已过矣。今孤言此，若为自大，欲人言尽，故无讳耳。设使国家无有孤，不知当几人称帝，几人称王。

或者人见孤强盛，又性不信天命之事，恐私心相评，言有不逊之志❿，妄相忖度，每用耿耿⓫。齐桓、晋文所以垂称至今日者，以其兵势广大，犹能奉事周室也。《论语》云“三分天下有其二，以服事殷，周之德可谓至德矣⓬。”夫能以大事小也。昔乐毅走赵⓭，赵王欲与之图燕，乐毅伏而垂泣，对曰：“臣事昭王，犹事大王；臣若获戾⓮，放在他国⓯，没世然后已，不忍谋赵之

---

❶ 讨禽其四将：建安二年（197年）秋，袁术攻陈（今河南淮阳），曹操出兵应战。袁术弃军走，留桥蕤、李丰、梁纲、乐就四将御操，为操击败斩杀。禽，同“擒”。

❷ 穷亡解沮：穷困败亡，瓦解崩溃。

❸ 袁绍据河北：袁绍（？—202年），字本初，袁术族兄，初为司隶校尉。董卓专权，绍逃奔冀州，起兵讨卓。后据有冀、青、幽、并四州，成为当时北方势力最强的割据力量。河北，泛指黄河以北地区。

❹ 幸而破绍：建安五年（200年），曹操与袁绍战于官渡（今河南中牟东北），曹操利用袁绍军轻敌无备，发动奇袭，歼灭了袁军主力，创造了历史上以少胜多，以弱克强的著名战例。

❺ 枭其二子：袁绍死后，其子袁谭、袁尚为争冀州相互攻战。谭败，求救于曹操。曹出兵救助，尚退军。后谭叛曹，建安十年被曹攻杀。不久，曹又败尚。尚逃奔辽东，建安十二年，被太守公孙康所杀，将其头送给曹操。枭，悬首示众。

❻ 刘表（142—208年）：字景升，山阳高平（今山东微山西北）人。为西汉鲁恭王刘余后裔。东汉末任荆州牧，是较大的割据势力。

❼ 乍前乍卻：忽进忽退。官渡之战时，袁绍求刘表相助，表虽答应却未出兵。有人劝他归附曹操，他派人前去观望虚实，但未表态。卻，“却”的异体字，退。

❽ 当州：本州，指荆州。

❾ 孤复定之：建安十三年七月，曹操南征刘表。八月，表卒，其子刘琮降操。

❿ 不逊之志：不恭顺的想法。指代汉自立为帝的野心。

⓫ 每用耿耿：常因此心中不安。

⓬ 三分天下有其二：语见《论语·泰伯》，是孔子赞美周文王的话。说文王有天下的三分之二，仍然臣服于殷，周的德可以说是最高的德。

⓭ 乐毅走赵：乐毅，战国时燕国名将。燕昭王时率军攻齐，连下七十余城。昭王死，惠王即位，中了齐将田单的反间计，夺取乐毅兵权。乐毅恐留燕被害，逃奔赵国。

⓮ 获戾：得罪。

⓯ 放：放逐。

徒隶，况燕后嗣乎！”胡亥之杀蒙恬也❶，恬曰：“自吾先人及至子孙，积信于秦三世矣❷；今臣将兵三十余万，其势足以背叛，然自知必死而守义者，不敢辱先人之教以忘先王也。”孤每读此二人书，未尝不怆然流涕也。孤祖父以至孤身，皆当亲重之任❸，可谓见信者矣，以及子桓兄弟❹，过于三世矣。孤非徒对诸君说此也，常以语妻妾，皆令深知此意。孤谓之言：“顾我万年之后❺，汝曹皆当出嫁，欲令传道我心，使他人皆知之。”孤此言皆肝鬲之要也❻。所以勤勤恳恳叙心腹者，见周公有《金縢》之书以自明，❼ 恐人不信之故。

然欲孤便尔委捐所典兵众以还执事❽，归就武平侯国❾，实不可也。何者？诚恐己离兵为人所祸也。既为子孙计，又己败则国家倾危，是以不得慕虚名而处实祸，此所不得为也，前朝恩封三子为侯❿，固辞不受，今更欲受之，非欲复以为荣，欲以为外援，为万安计。孤闻介推之避晋封⓫，申胥之逃楚赏⓬，未尝不舍书而叹，有以自省也。奉国威灵，仗钺征伐，推弱以克强，处小而禽大。意之所图，动无违事，心之所虑，何向不济，遂荡平天下，不辱主

---

❶ 蒙恬（？—210 年）：秦始皇时名将。秦统一后，曾率兵三十余万抵御匈奴，修筑长城。始皇死，二世胡亥矫造始皇遗诏，令蒙恬自杀。

❷ 三世：指蒙恬祖父骜、父武和蒙恬本人，三代皆为秦名将。

❸ 孤祖父二句：曹操祖父曹腾，桓帝时任中常侍、大长秋，封费亭侯；操父曹嵩（曹腾养子），灵帝时任太尉。时操任丞相，故云皆当亲重之位。

❹ 子桓：曹操世子曹丕的字，即后来的魏文帝。

❺ 万年：死的讳称。

❻ 肝鬲之要：肺腑之言。鬲，同“膈”，体内胸腔和腹腔的隔膜。肝鬲犹言肺腑，内心。

❼ 《金縢》之书：《今文尚书·金縢》篇载，周武王有病，周公祷于先王，请以身代。祷毕，将祷辞放入金縢（柜名）。武王死，成王年幼，周公辅政。管叔等流言周公将谋害成王，周公避居东都。后成王于柜中发现祷辞，知其忠贞，乃迎归。

❽ 便尔：立即。委捐：放弃。执事：朝廷有关官员。

❾ 武平侯国：曹操的封地。建安元年（196 年）曹操被封为武平侯。武平，县名，在今河南鹿邑西北。

❿ 恩封三子为侯：三子，指曹植、曹据、曹豹，此令发布的次年正月，均被封侯。但据此令可知，在这以前朝廷已有成命。

⓫ 介推之避晋封：介推亦作介子推或介之推，春秋时晋人，曾随晋文公流亡国外 19 年。文公回国即位后，遍赏从亡诸臣，而未及介推。介推亦不言己功，与其母隐居于绵山。

⓬ 申胥之逃楚赏：申胥即申包胥，春秋时楚国贵族。楚昭王十年，吴师攻破楚国，他到秦求救，在官廷痛哭七昼夜，使秦发兵，恢复了楚室。昭王返国赏赐功臣，申包胥称“吾为君非为身也”，不肯居功而逃赏。

命，可谓天助汉室，非人力也。然封兼四县❶，食户三万，何德堪之！江湖未静，不可让位；至於邑土，可得而辞。今上还阳夏、柘、苦三县户二万，但食武平万户，且以分损谤议，少减孤之责也。

❶ 四县：指曹操的封地武平、阳夏（今河南太康）、柘（zhè，今河南柘城北）、苦（今河南鹿邑东）。

古文献常识

古汉语语法

古汉语语法，即古汉语的结构规则。它的范围较为广泛。我们仅就语法中词类的活用和宾语的倒置分别加以介绍。

在古汉语里，词的词性及其在句中的作用，通常是固定的。但在一定条件下，有些词可以按照一定的语言习惯而灵活运用，临时具有另一类词的语法功能，此即词类活用。词类的活用中较常出现的有以下几种：一是名词用作一般动词；二是动词、形容词、名词的使动用法；三是形容词、名词的意动用法；四是名词用作状语；五是动词用作状语。

名词用作一般动词，具有跟原名词意义有着密切联系的动词的一般意义。可细分为普通名词与方位名词两类。

普通名词用作一般动词有以下几种情况：一种是代词前面的名词用作动词，如《论语·述而》："曲肱而枕之"，"枕（zhèn）"。以头枕物，用作动词，"之"为代词。又如：《史记·留侯世家》："父曰：'履我！'""履"，穿鞋，用作动词，"我"代指老父。第二种是宾语前面的名词用作动词，如苏轼《石钟山记》："微风鼓浪"，"鼓"，吹动，振动，用作动词，"浪"，是宾语。又如《战国策·赵策》："鄂侯争之急，辩之疾，故脯鄂侯。""脯"，做成干肉，用作动词，"鄂侯"，是实语。第三种是在副词后，用作动词，如《左传》隐公元年："今京不度，非制也。""不"，是否定副词，意为"不合"；"度"，法度，用作动词。又如《史记·项羽本纪》："范增数目项王。""数（shuò）"，屡次，副词。"目"，用作动词，即"以目示意"。第四种是名词后边带有介词结构或处所名词，如《左传》僖公三十年："晋军函陵，秦军氾南。""军"，用作动词，意为"驻军"；"函陵""氾南"，都是处所名词。又如《国语·越语·勾践栖会稽》："请勾践女女于王，大夫女女于大夫，士女女于士。"此句中的"于"是介词，紧靠它的"女（nǜ）"，用作动词，意为"以女嫁人"，实为做奴婢。

方位名词用作动词在古书中亦常见。例如《史记·项羽本纪》："汉败楚，楚以故不能过荥阳而西。""西"，往西走，方位名词作动词。又如《后汉书·郑玄传》："融喟然谓门人曰：'郑生今去，吾道东矣。'""东"，即往东去，亦是方位名词用作动词。又如《史记·商君列传》："（孝公）不知膝之前于席也。""前"，向前移动，前也是方位名词用作动词。

动词、形容词、名词的使动用法，都属于古汉语语法的重要特点。所谓动词的使动用法，意即主语所代表的人物并不施行这个动词所表示的动作，而是使宾语所代表的人和事物施行这个动作。所谓形容词的使动用法，就是使宾语所代表的人或事物具有这个形容词所表示的性质或状态，意即"使……具有……"的意思。名词的使动用法，在古汉语里较为少见，它是在词汇意义方面带有"使……成为……"的意思。

动词的使动用法可分为及物动词和不及物动词两种情况。及物动词本来是带宾语的，在它作为一般动词用时，宾语是它支配的对象，在它作为使动用法时，它所表示的动作则是主语所代表的人物使宾语所代表的人物有这种动作。例如《孟子·公孙丑》上："武丁朝诸侯，有天下，犹运之掌也。""朝"，及物动词，是使动用法，是使诸侯来朝见武丁，而不是武丁朝见诸侯。又如《战国策·齐策》："左右以君贱之也，食以草具。"这句中的"食（sì）"，是及物动词，意为使他吃，是使动用法。《左传》宣公二年："晋侯饮赵盾酒"。"饮（yìn）"，意为使赵盾饮酒，是及物动词的使动用法。不及物动词本来不带宾语，但在古汉语中，它常以使动用法出现于句子中，因而也就带有宾语了。例如《论语·先进》："求也退，故退之；由也兼人，故退之。"此句中的"进"，是使之进取，"故退之"中的"退"，是使之后退，"进""退"都是不及物动词的使动用法。马中锡《中山狼传》："先生之恩，生死而肉骨也。""生"，使死者复生，亦为不及物动词的使动用法。《论语·季氏》："故远人不服，则修文德以来之。"此句中的"来"，是招致的意思。以上几例是不及物动词以使动用法出现在句中时，后边都带有宾语。除此外，不及物动词的后面虽然不带宾语，但从上下文的意思看，仍是使动用法，这样的例子也是有的。如《论语·季氏》："远人不服，而不能来也。""来"，意为"使远人来"。使动用法造成了一些本来反义的字词却意义相同的结果，例如"胜"字被用为一般及物动词时，"胜之"，意为"战胜了他"；"败"字在使动用法时，"败之"，意为"打败了他"（或说使他打了败仗），这样一来，"胜"与"败"本来意思完全相反的两个词，只是用法不同，便可使之意思完全相同。

形容词活用为使动词，是古汉语里常有的现象。举例来说，《论语·尧曰》："君子正其衣冠"，"正"即用作使动词，"正其衣冠"，是"使其衣冠正"。"衣冠"是宾语，"正"是整齐，"正"在使动用法下，是使其衣冠（宾语）具有整齐的状态。又如《史记·魏其武安侯列传》："能富贵将军者，上也。""富贵"，用作使动，"将军"是宾语，"富贵将军"，使将军富贵。又如《孟子·告子》下："必先苦其心志，劳其筋骨"，"苦""劳"，都是使动用法，"苦其心志"，是"使其心志苦"，"劳其筋骨"，是"使其筋骨劳"。

名词活用为使动用法，在古汉语里也偶而出现。如《左传》襄公二十二年："吾见申叔，夫子所谓生死而肉骨也。"此句中"生死"是动宾结构，"肉骨"也是动宾结构，不同点在于"生"是不及物动词用作使动词，"肉"是名词用作使动词，"生死"是"使死者复生"，"肉骨"是"使白骨生肉"。又如《史记·项羽本纪》："纵江东父兄怜而王我，我何面目见之?"句中的"王我"，是"使我为王"，"王"是使动用法。又如《韩非子·问田》："楚将宗骶而失其政，魏相冯离而亡其国。"这句中的"将""相"，都是名词用作使动词，意为"使宗骶为将""使冯离为相"。名词中的方位词也有用作使动词的，如《诗经·小雅·斯干》："筑室百堵，西南其户。"此句中的"西南"，是方位名词用于使动，"西南其户"，是"使其门户向着西方或南方"。又如《史记·苏秦列传》："故王不如东苏子。"此句中的"东苏子"，是"使苏子向东去"，"东"是方位名词使动用法。方位名词用作使动，使宾语所代表的事物依方位词所表示的方位而动。

形容词、名词都可用作意动词。含有"认为、以为、以……为"意义的动词叫做意动词。它表示当事人主观上认为、以为人和事物是意动词所表示的性质或状态。

形容词用作意动词，它后面的成分就是它的宾语。如《老子》："甘其食，美其服，安其居，乐其俗。""甘""美""乐"，均是形容词用作意动词。"甘其食"，即"以其食为甘"；"美其服"，即"以其服为美"；"安其居"，即"以其居为安"；"乐其俗"，即"以其俗为乐"。又如《孟子·尽心》上："孔子登东山而小鲁，登泰山而小天下。""小"，是形容词用作意动词，"小鲁"，"以鲁为小"；"小天下"，"以天下为小"。又如晁错《论贵粟疏》："是故明君贵五谷，贱金玉。"这句中的"贵""贱"，都是形容词的意动用法，即"以五谷为贵""以金玉为贱"。"贵""贱"后面的成分就是它们各自的宾语。

鉴别同一个形容词在句中是使动用法还是意动用法，须根据上下文来分辨。例如，"贱"字曾在《战国策·齐策》中出现："左右以君贱之，食以草具。"又在《孟子·告子》上这篇文章中出现："赵孟之所贵，赵孟能贱之。"《齐策》中的"贱之"，是"认为他贱"，不是"使之贱"，故"贱"字用作意动词；《告子》上所说的"贱之"是"使之贱"，"贱"字用作使动词。如离开上下文，单独就“贱之”去区分，只能断定“之”前边的“贱”是形容词用作动词。一般来说，代词是不被形容词修饰的，如出现形容词在代词前的情况，那么，这个形容词一定是被活用了，不是被活用作使动词，就是被活用为意动词。

名词用作意动词，意思是把宾语所代表的人或事物看成为这个名词所表示的人或事物。例如《荀子·赋篇·名赋》：“友风而子雨。”其中的“友风”，是“把风当作朋友”；“子雨”，是“把雨当作儿子”。“友”“子”都是名词用作意动词。又如《史记·信陵君列传》：“公子乃自骄而功之”，此处的“功之”，即“以之为功”，认为自己所做的事是自己的功劳。又如《谷梁传》僖公八年：“夫人之，我可以不夫人之乎?”这句中的“夫人之”，是“把她（之）看作夫人”，“夫人”是名词做意动词。

古汉语中的普通名词，常常可以直接修饰动词做状语，有的甚至具有浓厚的修辞色彩。其具体表现形式大体可分为五种。

第一种是以做状语的名词所表示的人或事物的行动特征，去描绘动词所表示的行动的方式或状态，即比喻法。例如《战国策·秦策》：“嫂蛇行匍伏。”“蛇行”，意即像蛇爬那样往前走。又如《史记·魏公子列传》：“其后秦稍蚕食魏。”“蚕食”，即像蚕吃桑叶似的。“蛇行”“蚕食”都是用动物的行为特征做比喻。《左传》庄公八年：“豕人立而啼。”说的是豕（shǐ）像人似的站着啼哭。表示比喻的意义，常用“像……一样”“跟……似的”来解释。

第二种是把动词宾语所代表的人或物，当作用作状语的那个名词所表示的人或物来对待，即表示对人或物的态度。例如《史记·项羽本纪》：“君为我呼入，我得兄事之。”“兄事之”，把他当作哥哥那样来侍奉。又如《史记·孙子吴起列传》：“齐将田忌善而客待之。”这句的“客待之”，即用对待客人的态度来对待他。上述两例表示对人的态度。《荀子·天论》：“大天而思之，孰与物畜而制之。”这句中的“物畜而制之”，意为像对待万物那样对待（畜养）天，支配天。这是对物的态度。古汉语中表示对人或物的态度，可释为“像对待……那样”“当作……那样”“用对待……的态度”。

第三种是把普通名词直接置于动词前做状语，表示动作所用的工具或依据。例如《史记·商君列传》：“秦王车裂商君以徇。”“车裂”，用车把肢体拖裂（这是古代的酷刑）。又如《史记·信陵君列传》：“朱亥袖四十斤铁椎，椎杀晋鄙。”此句中“椎杀”，指用铁椎打死。上述二例表示动作所用工具，即“用……”《史记·陈涉世家》：“失期，法当斩。”这句中的“法当斩”，是说依照法律应当斩首。有“依据……”的意思。

第四种也是把普通名词直接置于动词前做状语，表示动作发生或进行的处所。《国语·鲁语》：“舜勤于民而野死。”“野死”，就是在野外死去。《史记·

廉颇蔺相如列传》："卒廷见相如，毕礼而归之。""廷见"，即在朝廷上接见。《史记·陈涉世家》："扶苏以数谏故，上使外将兵。""外将兵"，即在外边统率军队。上述各例均有"在……"的意思，以表示处所。

第五种是表示动作进行的方式，也是直接将普通名词直接置于动词前做状语。例如《战国策·齐策》："群臣吏民能面刺寡人之过者，受上赏。""面刺"，是当面指责。又如《汉书·龚遂传》："遂入见王，涕泣膝行。"这句中的"膝行"，是指用膝盖行走。

表示处所、表示工具、表示方式等由普通名词用作状语时，其用法基本相同，要作最恰当的解释，就要注意其语言环境。

古汉语中时间名词用作状语以表示时间修饰，是时间状语经常性的职务之一。史书中此类用法不胜枚举。例如《左传》僖公三十年："朝济而夕设版焉。"文中的"朝""夕"都是时间状语。《左传》隐公元年："五月辛丑，大叔出奔共。"这句中的"五月辛丑"也是时间状语，即五月二十三日。

按照古汉语的习惯，"岁""月""日"等字常被用作状语，此时它们所表示的意义与平时就会有所不同。有这样三种情况：第一种，把"岁""月""日"放在具有行动性的动词前面时，可表示行动的经常性，有"岁岁"（每年）"月月"（每月）"日日"（每日）的意思。《史记·信陵君列传》："魏王日闻其毁，不能不信。"此句的"日"，即每日。《庄子·养生主》："良庖岁更刀，割也；族庖月更刀，折也。"这句中的"岁"，指每年，"月"，指每月。第二种表示情况的逐渐发展，有"逐渐地""一天天地"的意思。此时，"日"放在动词或形容词的前面。《史记·魏其武安侯列传》："事日急。""日"，即一天天地。《三国志·诸葛亮传》："于是与亮情好日密。""日密"，一天天地亲密。第三种是把"日"用在句首主语的前面，用以追溯过去，有"从前""往日"的意思。《国语·晋语》四："日吾来此也，非以狄为荣，可以成事也。"此句中的"日"，意为往日。《左传》昭公十六年："日起（韩起自称）请夫環，执政弗义，弗敢复也。"这句中的"日"也是追溯过去，意为从前。

动词用作状语可细分为下列三种情况：第一种，不及物动词做状语。例如《史记·李将军列传》："生得一人，果匈奴射雕者也。""生"，即活捉。《汉书·卜式传》："富豪皆一匿财。""一"，一着。上述两例都是把不及物动词直接加在谓语动词前面做状语。第二种，是用"而"或者用"以"把做状语的动词与动词谓语连接起来。例如《战国策·燕策》："箕踞以骂"，"箕踞"是像簸箕似的蹲坐在地上（这是一种傲慢的姿态）。《史记·陈涉世家》："傭者笑而应曰"，"笑"后面紧跟"而"，使动词状语通过"而"与动词谓语相连接。第三种，用动宾词组做状语。《左传》宣公二年："触槐而死"，"触槐"是表示行为方式的。同样的例子如《孟子·梁惠王》上："挟太山以超北海"，"挟太山"

即动宾词组做状语，也用来表示方式。下面两例则是表示时间，例一：杨恽《报孙会宗书》："故君父至尊亲，送其终也，有时而既。""有时"，即表示时间的状语。《三国志·诸葛亮传》："先帝知臣谨慎，故临崩寄臣以大事也。"这句中的"临崩"，也是表示时间的状语。上述动词或动宾词组用作状语，是修饰动词谓语的，在意思上有主有次。

宾语倒置于谓语之前是古汉语里常见的现象。"宾语前置"和"宾语提前"是宾语倒置的两种体现方式。

宾语前置，是指宾语放在动词前面的现象。其一，是疑问代词做宾语，使宾语前置，如《左传》闵公二年："寡人有子，未知其谁立焉。"这句中的"谁"是宾语，也是疑问代词，其后面的"立"字是动词，"谁立"是把疑问代词做宾语放在动词之前，构成宾语前置的现象。又如《史记·项羽本纪》："大王来何操？"这句中的"何"是疑问代词，在句中做宾语，"操"是动词，"何操"，构成疑问代词做宾语，宾语前置。在古汉语中，"谁""何""安""奚""孰"等疑问代词做宾语的时候，一般都会出现宾语前置的现象。直到汉代以后，疑问代词做宾语才逐渐由前置改为后置。但在仿古作品中，仍沿用宾语前置。第二，否定句中，"不""未""莫""毋"等否定词置于代词做宾语的前面，宾语一般放在动词前面，构成宾语前置的语法格式。《论语·学而》："不患人之不己知，患不知人也。"这句中的"不己知"，是宾语前置结构，"不"是否定词，"己"是代词宾语，"知"是动词。《左传》宣公二年："谏而不入，则莫之继也。"这句中的"莫之继"，是宾语前置结构，"莫"是否定词，"之"是代词宾语，"继"是动词。第三，宾语用"是""之"等代词复指，位于动词之前。例如《左传》僖公五年："将虢是灭，何爱于虞？"这句中"虢是灭"的格式属于宾语前置，"虢"为宾语，"是"具有复指提前的宾语的作用，是代词，由于它与被指的宾语（虢）连在一起，故可以不把它译出来，它在句中置于动词"灭"之前，成宾语前置格式。又如《左传》庄公三十二年："虢多凉德，其何土之能得？"这句中的"何土之能得"是宾语前置格式，"何土"是宾语词组，"之"是复指代祠，"得"是动词，"能"是助动词。"之"与上文"是"的作用、性质相同，都是复指而使宾语前置。在上述宾语前面再加副词"唯"（惟），即可表示动作行为对象的单一性或排他性。《列子汤问》："当臣之临流持竿时，心无杂虑，唯鱼之求。"《左传》宣公十二年："率师以来，唯敌是求。"上述"唯……是……""唯……之……"作为一种固定格式，现仍在沿用，常见的如："唯利是图""唯你是问""唯命是从"，等等。此外，"是之谓""此之谓"等用"之"复指前置的代词宾语的格式，早在先秦就已成为固定的结构。例如《左传》隐公元年："诗曰：'孝子不匮，永锡尔类'其是之谓乎？"《孟子·公孙丑》上："诗云：'自西自东，自南自北，无思不服。'此之谓也。"

宾语提前是指古汉语中有时为了强调宾语而将其提到动词前面的现象。例如《史记·项羽本纪》："臣死且不避，卮酒安足辞!"这句中的"死且不避""卮酒安足辞"都是宾语提前句式。"死"是"避"的宾语，"卮酒"是"辞"的宾语，都是为了强调它们而提到动词之前。又如《汉书·晁错传》："故民可得而有也。"这句中的"民"是宾语，"可得而有"是动词词组，"民可得而有"即宾语提前句式。蒲松龄著《聊斋·促织》："并虫亦不能行捉矣。"此句中的"虫"为宾语，"捉"是动词，宾语提前在这句中也较为明显。

此外"宾语前置"和"宾语提前"在有些情况下可以互通。如前所述，用"之"或"是"复指而使宾语前置，这是把"之"或"是"作为代词看待；若把"之"或"是"作为助词看待，那么它们在句中即起指明词序倒置的作用，成为宾语提前的标志。

古汉语中，代词宾语"是"在不复指的情况下，也可直接放在动词之前，这与用"是"复指前置宾语的格式相似。下举二例说明。例一，《左传》僖公五年："将虢是灭，何爱于虞?"此句中"是"为复指，是代词，置于动词"灭"之前。例二，《左传》僖公四年："尔贡包茅不入，王祭不共，无以缩酒，寡人是徵；昭王南征而不复，寡人是问。"这句中的"寡人是徵"和"寡人是问"中的"是"都是代词宾语，虽不是复指，也可做前置的宾语。对此，必须认真分辨。

白文选篇

太平诏书

原道醒世训

从来福大则量大量大则为大人福小则量小量小则为小人是以泰山不辞土壤故能成其高河海不择细流故能就其深　王者不郤众庶故能成其德凡此皆量为之也无如时至今日亦难言矣世道乖漓人心浇薄所爱所憎一出于私故以此国而憎彼国以彼国而憎此国者有之甚至同国以此省此府此县而憎彼省彼府彼县以彼省彼府彼县而憎此省此府此县者有之更甚至同省府县以此乡此里此姓而憎彼乡彼里彼姓以彼乡彼里彼姓而憎此乡此里此姓者有之世道人心至此安得不相陵相夺相斗相杀而沦胥以亡乎无他其见小故其量小也其以此国而憎彼国以彼国而憎此国者其见在国国以外则不知故同国则爱之异国则憎之其以此省此府此县而憎彼省彼府彼县以彼省彼府彼县而憎此省此府此县者其见在省府县省府县以外则不知故同省同府同县则爱之异省异府异县则憎之其以此乡此里此姓则憎彼乡彼里彼姓以彼乡彼里彼姓而憎此乡此里此姓者其见在乡里姓乡里姓以外则不知故同乡同里同姓则爱之异乡异里异姓则憎之天下爱憎如此何其见未大而量之不广也遐想唐虞三代之世天下有无相恤患难相救门不闭户道不拾遗男女别涂举选尚德尧舜病博施何分此土彼土禹稷忧溺饥何分此民彼民汤武伐暴除残何分此国彼国孔孟殆车烦马何分此邦彼邦盖实见夫天下凡间分言之则有万国统言之则实一家
皇上帝天下凡间大共之父也近而中国是　　皇上帝主宰化理远而番国亦然远而番国是　　皇上帝生养保佑近而中国亦然天下多男人尽是兄弟之辈天下多女子尽是姊妹之群何得存此疆彼界之私何可起尔吞我并之念是故孔丘曰大道之行也天下为公选贤与能讲信修睦故人不独亲其亲不独子其子使老有所终壮有所用幼

有所长鳏寡孤独废疾者皆有所养男有分女有归货恶其弃于地也不必藏于己力恶其不出于身也不必为己是故奸邪谋闭而不兴盗窃乱贼而不作故外户而不闭是谓大同而今尚可望哉然而乱极则治暗极则光天之道也于今夜退而日升矣惟愿天下凡间我们兄弟姊妹跳出邪魔之鬼门循行　上帝之真道时凛天威力遵天诫相与淑身淑世相与正己正人相与作中流之底柱相与挽已倒之狂澜行见天下一家共享太平几何乖离浇薄之世其不一旦变而为公平正直之世也几何陵夺斗杀之世其不一旦变而为强不犯弱众不暴寡智不诈愚勇不苦怯之世也在易同人于野则亨量大之谓也同人于宗则吝量小之谓也况量大则福大而人亦与之俱大量小则福小而人亦与之俱小凡有血气者安可伤天地之和而贻井底蛙之诮哉　诗云

上帝原来是老亲　水源木本急寻真
量宽异国皆同国　心好天人亦世人
兽畜相残还不义　乡邻互杀断非仁
天生天养和为贵　各自相安享太平

原道觉世训

天下总一家凡间皆兄弟何也自人肉身论各有父母姓氏似有此疆彼界之分而万姓同出一姓一姓同出一祖共原亦未始不同若自人灵魂论其各灵魂从何以生从何以出皆禀　皇上帝一元之气以生以出所谓一本散为万殊万殊总归一本孔伋曰天命之谓性诗曰天生蒸民书曰天降下民昭昭简编洵不爽也此圣人所以天下一家时廑民吾同胞之怀而不忍一日忘天下而近代则有阎罗妖注生死邪说阎罗妖乃是老蛇妖鬼也最作怪多变迷惑缠捉凡间人灵魂天下凡间我们兄弟姊妹所当共击灭之惟恐不速者也而世人偏伸颈于他何其自失天堂之乐而自求地狱之苦哉论道有真谛大凡可通于今不可通于古可通于近不可通于远者伪道也邪道也小道也据怪人妄说阎罗妖注生死且问中国经史论及此乎曰无有番国圣经载及此乎曰无有无有则何以起怪人佛老之徒出自陷迷途贪图射利诳人以不可知之事以售己诈诱人作福建醮以肥己囊兼之魔鬼入心遂造出无数怪诞邪说迷惑害累世人如秦政时怪人诳言东海有三神山秦政遂遣入海求之此后代神仙邪说所由起也究其始不过一秦政受其惑所谓差之毫厘而后代则叠效尤于后至于固结不可解所谓失之千里者也又如汉武时怪人诳言祠灶丹砂可化黄金汉武遂信而祠之于是燕齐怪诞怪人多来言神仙怪事矣又如近代有怪人诳言东海龙妖发雨东海龙妖即是阎罗妖变身雨从天降众目所视者也孟轲云天油然作云沛然下雨则苗浡然兴之矣又周诗云天上同云雨雪雰雰益之以霢霂既优既渥既沾既足生我百谷又考番国旧遗诏书当挪亚时　皇上帝因世人背逆罪大连降四十日四十夜大雨洪水横流沉没世人此皆凿凿可据且众目所视实降于天者也而世人亦多信怪诞不经之怪说即一雨论而世人既多良心死尽大瞒天恩矣又遑论其他哉又如近代有怪和尚诳言阎罗妖怪事且有

玉历记怪书讹传于世而世之读死书者亦多惑其说独不思注生死一事岂是等闲既不是等闲宜为中国番国各前代所论及且笔于书以传后世而于今历考中国番国各前圣所论及且笔于书以传后世者只说天生天降　皇上帝生养保佑人未尝说及阎罗妖也只说死生有命亦是命于　皇上帝已耳毫无关于阎罗妖也只说　皇上帝审判世人阴骘下民临下有赫又毫无关于阎罗妖也而世人之读死书者不信古今远近通行各经典而信怪人无端突起之怪书不亦惑哉此无他好生恶死慕福惧祸恒情也以恒情而中人心则其入之也必易是以邪说一倡而天下多靡然信之从之信从久则见闻熟见闻熟则胶固深胶固深则难寻其罅漏难寻其罅漏则难出其范围

皇上帝纵历生聪明圣智于其间亦莫不随风而靡矣此近代所以多惘然不识　皇上帝悍然不畏　皇上帝尽中蛇魔阎罗妖诡计陷入地狱沉沦而不自知者也噫后之人虽欲谙天地人之道其孰从而求之甚矣人之好怪也不求其端不讯其末惟怪之欲闻予想夫天下凡间人民虽众总为　皇上帝所化所生生于　皇上帝长亦　皇上帝一衣一食并赖　皇上帝　皇上帝天下凡间大共之父也死生祸福由其主宰服食器用皆其造成仰观夫天一切日月星辰雷雨风云莫非　皇上帝之灵妙俯察夫地一切山原川泽飞潜动植莫非　皇上帝之功能昭然可见灼然易知如是乃谓　真神如是乃为天下凡间所当朝朝夕拜有执拗者说曰　皇上帝当拜矣必然有帮　皇上帝保佑人者譬如君长主治国中岂无官府辅治也不知君王之官府是其亲手设立调用故能辅君王以治事也至若凡人所立一切木石坭团纸画各偶像且问尔是　皇上帝旨意设立否乎非也类皆凡人被魔鬼迷蒙灵心据愚意愚见人手造出各等奇奇怪怪也况　皇上帝当初六日造成天地山海人物已设有其神使千千万万在天上任其差遣何用得凡人所造各等奇奇怪怪者乎且叛逆　皇上帝实甚考旧遗诏书　皇上帝当初下降西奈山亲手缮写十款天条在石碑付卑摩西　皇上帝亲口吩咐摩西曰我乃　上主皇上帝尔凡人切不好设立天上地下各偶像来跪拜也今尔凡人设立各偶像来跪拜正是违逆　皇上帝旨意尔凡人反说各偶像是帮　皇上帝保佑人何其被魔鬼迷蒙灵心蒙懂之极乎尔不想

皇上帝当初六日造成天地山海人物尚不要人帮助岂今日保佑人又要谁帮助且问尔设使　皇上帝当初造天不造地尔足犹有所企立且犹有田亩开垦否乎曰无也且又问尔今荷　皇上帝之恩既造有天地矣设使　皇上帝不造成地上桑麻禾麦菽豆及草木水火金铁等物又不造成水中鱼虾空中飞鸟山中野兽家中畜牲等物尔身犹有所穿口犹有所食饔飧犹有所炊爨器械犹有所运用否乎曰无也且又问尔今荷　皇上帝之恩万物备足矣设使　皇上帝一年不出日照耀尔凡人一年不降雨滋润尔凡人一年不发雷替尔凡人收妖一年不吹风散尔凡人郁气尔凡人犹有收成平安否乎曰无也且又问尔今荷　皇上帝之恩既有收成平安矣设使

皇上帝一旦怒尔断绝尔灵气生命尔口犹能讲目犹能视耳犹能听手犹能持足犹能行心犹能谋画否乎曰断断不能也且又问尔天下凡间欲一时一刻不沾　皇上

帝恩典得乎曰断断不得也由是观之天下凡间欲一时一刻不沾　皇上帝恩典亦不得此便是　皇上帝明明白白保佑人矣既是　皇上帝明明白白保佑人尔凡人却另立各偶像另求保佑有得食有得穿曰我菩萨灵明明　皇上帝恩典却误认为邪魔恩典其邪魔敢冒天恩者该诛该灭无论矣尔凡人良心死尽大瞒天恩究与妖魔同犯反天之罪何其愚哉嗟呼明明有至尊至贵之　真神天下凡间大共之天父所当朝朝夕拜而不拜而拜专迷惑缠捉人灵之妖鬼愚矣明明有至灵至显之　真神天下凡间大共之　天父求则得之寻则遇著扣门则开所当朝朝夕拜而不拜而拜无知无识之木石坭团纸画各偶像有口不能言有鼻不能闻有耳不能听有手不能持有足不能行之蠢物抑又愚矣虽然流之浊山源之不清后之差由前之不谨天下凡间无人一时一刻不沾　皇上帝恩典何至于今竟罕有知谢　皇上帝恩典者其祸本何自始哉历考中国史册自盘古至三代君民一体皆敬拜　皇上帝也坏自少昊时九黎初信妖魔祸延三苗效尤三代时颇杂有邪神及有用人为尸之错然其时君民一体皆敬拜　皇上帝仍如故也至秦政出遂开神仙怪事之厉阶祀虞舜祭大禹遣入海求神仙狂悖莫甚焉　皇上帝独一无他也汉文以为有五其亦暴悖之甚矣汉武临老虽有悔悟之言曰始吾以为有神仙今乃知皆虚妄也然其始祠灶祠泰乙遣方士求神仙其亦秦政之流亚也他若汉宣祠后土遣求金马碧鸡汉明崇沙门遣求天竺佛法汉桓祠老聃梁武三舍身唐宪迎佛骨至宋徽出又改称　皇上帝为昊天金阙玉皇大帝夫称昊天金阙犹可说也乃称玉皇大帝则诚亵渎　皇上帝之甚者也　皇上帝天下凡间大共之父也其尊号岂人所得更改哉宜乎宋徽身被金虏同其子宋钦俱死漠北焉总而论之九黎秦政作罪魁于前历汉文武宣明桓梁武唐宪接迹效尤于后至宋徽又更改　皇上帝尊号自宋徽至今已历六七百年则天下多惘然不识　皇上帝悍然不畏　皇上帝又何怪焉呜呼天地之中人为贵万物之中人为灵人何贵人何灵　皇上帝子女也贵乎不贵灵乎不灵木石坭团纸画各偶像物也人贵于物灵于物者也何不自贵而贵于物乎何不自灵而灵于物乎近千百年间能不惑神仙怪事者非无其人究之知其一莫知其他明于此转暗于彼卒无有高出眼孔徹始徹终而洞悉乎魑魅魍魉之诡秘也北朝周武废佛道毁淫祠唐狄仁杰奏焚淫祠一千七百余所韩愈谏迎佛骨宋胡迪焚毁无数淫祠明海瑞谏建醮之数人者不可谓无特识矣第其所毁所焚所谏仅曰淫祠曰佛曰建醮则其所不毁不焚不谏者仍在不知彼所毁所焚所谏者固当毁当焚当谏即彼所不毁不焚不谏者又何独非当毁当焚当谏乎何也　皇上帝之外无神也世间所立一切木石坭团纸画各偶像皆後起也人为也被魔鬼迷蒙灵心颠颠倒倒自惹蛇魔阎罗妖缠捉者也故今沥胆披肝实情谕尔等尔凡人何能识得　神乎　皇上帝乃是　真神也尔凡人跪拜各偶像正是惹鬼何也尔凡人所立各偶像其或有道德者既升天堂久矣何曾在人间受享其一切无名肿毒者类皆四方头红眼睛蛇魔阎罗妖之妖徒鬼卒自秦汉至今一二千年几多凡人灵魂被这阎罗妖缠捉磨害俗语云豆腐是水阎罗是鬼尔等还不醒哉及今不

醒恐怕迟矣实情谕尔等尔凡人何能识得　帝乎　皇上帝乃是帝也虽世间之主称王足矣岂容一毫僭越于其间哉　救世主耶稣　皇上帝太子也亦只称主已耳天上地下人间有谁大过　耶稣者乎　耶稣尚不得称帝他是何人敢称　帝者乎只见其妄自尊大自干永远地狱之灾也噫吁敬拜　皇上帝则为　皇上帝子女生前皇上帝看顾死后升升天堂永远在天上享福何等快活威风溺信各邪神则变成妖徒鬼卒生前惹鬼缠死后被鬼捉永远在地狱受苦何等羞辱愁烦孰得孰失请自思之天下凡间我们兄弟姊妹可不醒哉若终不醒则真生贱矣真鬼迷矣真有福不知享矣明明千年万万载在天上永远快活威风如此大福都不愿享情愿大犯天条与魔鬼同犯反天之罪致惹

皇上帝义怒罚落十八重地狱受永苦深可悯哉良足慨已

内河水师三获胜仗折　咸丰四年十二月三十日

奏为内河水师三获胜仗恭折驰奏仰慰

圣怀事窃水师于十二日焚烧湖口卡内贼船乘胜冲入内河业经另折具奏萧捷三段莹器等及各营长龙三板百二十余号挂帆上驶行至大姑塘尚无贼礮即行宿泊十三日上至平凰地方见贼战船民船共二百余号突起击之该逆自恃在湖口卡内百里不虞我军之猝至也大礮群枪抵死抗拒我军先烧其民船贼阵既乱乃焚其战舟凡焚船二百余号夺获三十五号夺礮七十余位各三板自先日出队小艇不便宿食至是始得一餐十四日该逆以前夕所拾我军之船冒为官兵自湖口驶上袭我内河之师辅以小划百余号时萧捷三段莹器等已闻十二夜老营被烧之信矣因约各哨寂静以待逆船扑近众礮齐发群子喷飞该逆立刻败下纷纷凫水击沈烧去小划三板共五十余号追至湖口见该逆搭浮桥二道旧卡一道关锁牢固势难冲出收队回泊大姑塘以上各营官以十三所抢民船恐其累重为贼所乘至是尽数焚之外既与九江大营隔绝内又与江省远离银两子药俱无所出不得已就取于南康十九日入至吴城镇探悉逆匪由彭泽湖口而来者约有数千人窃据都昌县城筑城挖濠据有大小船只四百余号停泊县河装载辎重二十六日水军各营官在灌子口熟商以都昌既有逆船窃踞倘我军一出仍复滋扰转不能一律肃清不如趁此时烧尽因派定三板划船四十余支营官萧捷三孙昌国段莹器贺虎臣邓翼升亲督之于二十七日五更即开行并派熟悉河道之翟秉懋前往指引是晨烟雾迷漫严戒各船不准放一礮出其不意突而袭之巳刻抵都昌县见逆船排于河面大小数百号黄旗飘拂该逆尚未警觉各营蜂拥而前枪礮齐施火毬火箭扎并发时值东南风顷刻之间火光贯日将逆匪辎重船数百号烧毁浮尽贼匪击死者扑水死者不计其数生擒五十一名即时正法余匪奔入县城因无陆兵不敢上岸穷追师还路过鸡公湖有小划船三百余号各营官带勇下水概行烧尽免为贼有此搜剿都昌河内大获全胜之实在情形也伏查水师自冲入内河日夜辛勤三获全胜搜洗鄱湖支河劳勚可嘉然冒险冲入与外江水师相隔疏失实甚目下外江苦乏小船即拟起添民划内河水师饬令决战冲出两面会剿以期力破湖口一关所有内河水师屡胜缘由谨会同江西抚臣陈启迈恭折由驿驰奏伏乞

皇上圣鉴训示施行遵

奏

水师三次获胜两次败挫折　咸丰四年十二月三十日

奏为水师三次获胜两次败挫恭折驰奏仰祈

圣鉴事窃水师攻破贼簰陆军在梅家洲获胜业经驰奏在案初十日胡林翼罗泽

南等锐意欲攻破梅家洲贼垒负布袋囊土人持火包一拥而前冲突于贼□攒簇之间前者虽伤后者犹进逼近贼墙超跃而入已入数十人矣抛掷火包误伤同入之侣以数人负送而出在外者误认为败退适南头一垒贼队冲出西路官军相率退奔入垒者恐外队挫失亦即退出奔溃至三四里之遥始行卓旗驻立迴军与战该逆亦反奔我军追之更急杀贼三十余人该逆遁入坚垒固匿不出水师自初六日攻破贼簰后该逆连夜将大船凿沈江心实以砂石仅西岸留一隘口拦以篾缆初十日陆军攻垒之时约水师同攻此卡彭玉麟孙昌国萧捷三等督三板各船斩缆冲入焚其战船三十余号民船三百余号毙贼约数百名我军受其隘口三面之礮伤亡亦数十人十二日陆军复攻贼垒攻逼终日以礮多垒坚卒不能破水师复冲入卡内燔贼战舟三十余号民船约五十号自是贼所夺江西战舟焚烧略尽仅余夹洲内十余船自湖口至姑塘四十里贼肃清矣此初十十二日陆军攻垒水师战胜之实在情形也营官萧捷三段莹器孙昌国等欲肃清鄱湖以内遂乘胜追至姑塘以上从之者各营长龙三板百二十余号皆轻便之舟勇锐之士扬帆内驶日暮不归讵料该逆窥我军小船冲入内河即出小划二十余号突出卡外围我军快蟹大船保升都司史久立首当其冲被围良久船只延烧力战死之是夜三更该逆复用小划三四十号攒入老营烧我船只两岸贼匪数千火箭喷筒迷离施放呼声震天我军以内河百余小船未归无以御之被焚大战船九号小者数号杂色坐船三十余号各勇狃于屡胜之余变起仓卒快蟹长龙等船挂帆上驶李孟群彭玉麟不能禁止次日悉回九江大营臣国藩闻信之下不胜愤懑战船焚失虽属无多而百余轻捷之船二千精健之卒陷入鄱湖内河业被贼卡隔绝外江所存多笨重船只运棹不灵如鸟去翼如虫去足实觉无以自立副将杨载福自攻破田镇后即在武穴养病因飞调来营十七日力疾往下游进剿行抵浔城十五里之张家洲头贼船已分两路上犯杨载福派哨官张荣贵陈金鳌等由新河下击自率各哨由老河下击澄海营官何敦五亦由老河随剿鏖战良久该逆败退下窜追至老湾其快蟹船贴靠北岸陆贼护之不能夺取礮毙贼数十名我军哨官沈光云阵亡张荣贵等自新河下者遇贼三板及小划约三十只我军九船胜之追至湖口县绕出老河与杨载福会合两路凡焚船二十六号夺船五号四更收队此十二夜水师败挫十七日进剿获胜之实在情形也自十二夜水师失利后贼之凶焰顿长梅家洲之贼夜夜往扑胡林翼罗泽南等营赖并力坚守得挫凶锋湖口之贼渡江上犯扎营九江对岸之小池口二十一日臣等派副将周凤山渡江击之四更渡毕黎明开仗该逆猝不及防踏平贼营一座杀贼百余江边一枝追出街外堤内一枝因抢夺马匹衣物为贼所乘先胜后挫被追七八里之遥臣等酌商以水师既陷于内河陆军复挫于小池口遂调胡林翼罗泽南二军由湖口回剿九江二十五日驻扎南岸官牌夹是夜三更浔城与小池口两岸之贼各抬小划数十只入江乘月黑迷漫攒入我军船夹内火弹喷筒百枝齐放右营被烧战船一只各哨慌乱挂帆上驶臣国藩坐三板督阵禁黑夜不许开船江阔船多莫能禁止该逆已用小划数十将臣坐船围住管驾官广东把总刘盛槐李子成监印官安乡县典史潘兆奎文生葛荣册阵亡文案全失臣国藩

遂饬各战船与罗泽南陆营紧相依护而遣人四出追回上驶之船黎明陆续归队复将贼船追击夺回船三只此二十一日陆军先胜后挫二十五夜水军复挫之实在情形也伏查水师自岳州以来屡获大捷武汉田镇声威尤震自至湖口苦战经月破簰焚船费尽气力贼舟所存无几讵意各营长龙三板过于勇鸷冲入内河竟夜不归而外江老营两次为该逆所偷袭实堪愤恨皆臣国藩调度无方所致应请

旨饬部将臣国藩交部严加议处广东保升蓝翎把总刘盛槐保升把总李子成典史潘兆奎请交部照例议恤哨官保升都司史久立奋勇忠直为阖营所推服请照都司例从优议恤候补把总李允升李选众或中礟阵亡或烧伤殒命均请交部议恤蓝翎军功沈光云田镇案内拟保把总尚未出奏文生葛荣册襄办劳勚田镇案内拟保主簿尚未出奏吁恳

天恩沈光云即照把总例

赐恤葛荣册即照主簿例

赐恤其余查明察例办理除内河水师屡获胜仗另折奏报外所有水师三胜两挫缘由谨会同湖广总督臣杨霈江西巡抚臣陈启迈恭折由驿具奏伏乞

皇上圣鉴训示施行谨

奏

实习系列

学习古代汉语，是一项实践性较强的任务。本教材突出文字学、音韵学、训诂学内容。学习这些知识更需要在实践中提高。为此本教材特设实习系列。

本书共两册，若分两个学期讲授，则每学期可安排实习三至四次。

实习系列共计九次，均可采取小测验形式进行。（下列实习方案，将在实践中不断发展与完善）

实习一：工具书（一）

①教师在课堂上讲授运用《辞海》《辞源》查找字词的方法——拼音检字法、旧部首检字法等。

②布置学生课下到实习室、图书馆练习。

③选择六至十个汉字，限定时间，让学生在实习室查阅《辞海》《辞源》等工具书，记下每个字的前五个义项。教师根据查找情况评分。

④比较两部辞书的解说，总结出二者各有什么特点。

⑤分小组讨论二者特点，然后每组推选一人在全班发言。

⑥教师对发言加以讲评、总结。

实习二：工具书（二）

①教师在课堂上介绍《说文解字》《古文字类编》的作者、成书时代背景、学术价值，以及查阅方法。

②布置学生课下到实习室、图书馆练习。

③选择四至六个汉字，限时在实习室查找《说文解字》和《古文字类编》，记下其解说和古文字字形。教师评分；

④将《说文解字》与《辞海》《辞源》作比较，总结出其特点；

⑤分小组讨论二者特点，然后每组推选一人在全班发言。

⑥教师对发言加以讲评、总结。

实习三：文字学（一）

①在课堂上讲解文字学常识与选篇。

②在实习室运用《辞海》《辞源》，限时查出实习二中所查的四至六个汉字，记下前五个义项。

③运用文字学知识，分析这些汉字各属于“六书”的哪一种，并分析五个义项中，哪个是其本义，哪些是引申义，并尽可能说明这些含义是如何引申的。

④在上述分析的基础上，写出自己对“六书”，以及对汉字的结构与发展的认识，尝试总结出汉字字义引申的一些途径。

⑤教师对上述各项评分。

实习四：文字学（二）

①在实习室运用《说文解字》查出“实习一”中所查的六至十个汉字。

②运用文字学知识，分析这些汉字各属于“六书”的哪一种，并分析五个义项中，哪个是其本义，哪些是引申义，并尽可能说明这些含义是如何引申的。

③在上述分析的基础上，写出自己对“六书”，以及对汉字的结构与发展的认识，尝试总结出汉字字义引申的一些途径。

④教师对上述各项评分。

再版后记

这次教材再版的修订工作主要是由张升与汝企和两位老师完成的。而在修订过程中，我们得到了来自许多方面的帮助，特此致谢。

由衷感谢北京大学教授张衍田教授，他在原教材出版后曾认真审读，并将所发现的标点、文字方面的问题毫无保留地告诉笔者——这种无私的宽广胸怀给我们留下了深刻印象。

特别要感谢责任编辑李雪洁女士，她为本教材的出版付出了艰苦的劳动！

还要感谢张婷博士，张桩、叶勤硕士高质量的录入和细致的校对，他们的辛勤工作大大降低了本书出现误字的几率。

在这里还要提到的是参加本书初版编写的诸位先生，他们是：来可泓，张富祥，梁方健，邱居里，周洪，刘淑英，张升，汝企和——他们共同的辛勤劳动为本次修订奠定了坚实基础。

汝企和

2008 年初春